dition Mars 1995
ant toutes les modifications
de la loi du 21.07.1994
et du décret du 15.02.1995

LA COPROPRIÉTÉ
PRATIQUE
EN 300 QUESTIONS

(4ème édition entièrement mise à jour)

A.R.C.

QUI EST
L'ASSOCIATION
DES RESPONSABLES DE COPROPRIETE ?

L'A.R.C. est une association à but non lucratif (loi de 1901) créée en 1987 et qui est implantée, en 1994, sur plus de 2500 immeubles en copropriété. C'est aujourd'hui, l'une des plus importantes associations de copropriétaires.

Important depuis mars 1995 l'**ARC** a créé, avec d'autres associations de copropriétaires, l'**UNARC** - Union Nationale des Associations de Responsables de Copropriété - qui couvre une grande partie de la France et bientôt, espérons-le, **TOUTE la France.**

Ses adhérents sont :

- des conseils syndicaux, dans des copropriétés gérées par des professionnels,
- des syndics non professionnels,
- des copropriétaires à titre individuel confrontés à des problèmes personnels

L'A.R.C. aide donc ses adhérents tout aussi bien à contrôler la gestion des syndics professionnels qu'à gérer eux-mêmes leur immeuble, avec, dans les deux cas, un souci d'améliorer la qualité de la gestion et d'obtenir le maximum d'économies. **Cela fait de l'A.R.C. une association unique en son genre, une association qui peut d'autant mieux aider à contrôler les professionnels, qu'elle connaît la gestion des immeubles de l'intérieur**.

L'A.R.C. est aussi l'une des seules associations d'usagers à avoir créé un groupement d'achat qui a deux objectifs :

- Négocier les prix pour avoir des références concrètes et montrer ainsi que les prix obtenus par certains syndics professionnels sont «curieusement» élevés,
- Permettre à ses adhérents qui le souhaitent d'obtenir des prix négociés sur du matériel de qualité ou sur des contrats de service (maintenance, assurance, etc...), ce qui entraîne des économies.

Bien entendu, à côté de cela, l'A.R.C. aide aussi **TOUS** ses adhérents à résoudre les problèmes d'ordre juridique, comptable et technique rencontrés dans leur copropriété.

Pour plus de renseignements, vous pouvez vous adresser à l'A.R.C.
29, rue Joseph Python - 75020 PARIS
Tél. : 40 30 12 82 - Fax : 40 30 12 63

Le 21 juillet 1994 a été promulguée la loi dite «Loi relative à l'habitat» qui comporte **quatre séries d'améliorations ou modifications à la loi sur la copropriété**. Le 15 février 1995 le décret d'application relatif à ces améliorations a été signé. Le présent guide - entièrement revu et corrigé après la sortie de cette loi et du décret - intègre ces changements. A titre informatif, il s'agit :

• de l'institution d'un privilège spécial au profit de la copropriété (en cas d'impayés),
• de l'institution d'une «administration judiciaire» adaptée à la copropriété,
• de l'institution de l'obligation de faire voter l'assemblée générale au moins tous les trois ans sur la création d'un «fonds travaux» non affecté,
• de la modification du calcul de la **double majorité** en cas de travaux d'amélioration.

Tous ces points sont, bien entendu, développés dans les pages de ce guide.

À noter :
Les adjonctions apportées à la loi de 1965 et au décret de 1967 par les lois du 21 juillet 1994 et le décret du 15 février 1995 sont reproduites en gras dans les textes que nous vous donnons en annexe, ceci pour en faciliter l'approche à nos lecteurs.

INTRODUCTION

Tout le monde le sait : le problème n'est pas de savoir *CE QU'EST LE DROIT* de la copropriété, ***mais comment faire appliquer ce DROIT*** ; le problème n'est pas non plus de savoir comment DEVRAIT fonctionner une copropriété, mais ***comment arriver à la faire fonctionner*** dans le respect des droits et obligations de chacun ; le problème, enfin, n'est pas de connaître la *théorie* de la copropriété, mais - si l'on peut dire - **sa *pratique***.

Nous sommes d'ailleurs étonnés de constater le nombre important de guides juridiques qui existent sur la copropriété et la faible place qui est faite aux aspects pratiques :

. Où peut-on apprendre les notions simples sur les problèmes de gestion du personnel de la copropriété ?

. Où peut-on avoir des réponses pratiques sur le fonctionnement du conseil syndical ?

. Où apprend-on à négocier un contrat de syndic ?

. Où peut-on apprendre ce qu'il faut savoir sur le traitement du bruit en copropriété ; les litiges lors de la vente ; les calculs des millièmes de charges ; la modification du règlement de copropriété ; le fonctionnement de la Justice en matière de copropriété, etc, etc...

L'ambition toute simple de ce guide est donc double :

1. donner au lecteur, non pas seulement "le droit" de la copropriété mais les moyens de faire appliquer ce droit.

2. donner le maximum de **notions pratiques, concrètes et opératoires** sur les problèmes de ***gestion*** des copropriétés.

Pourquoi cela ? Simplement pour faire en sorte que les copropriétaires soient :

- mieux armés face aux abus,

- mais aussi mieux formés et informés sur les différents aspects de la gestion des copropriétés, **afin d'y participer plus activement.**

Et pour ceux qui veulent aller plus loin, c'est simple : qu'ils n'hésitent pas à prendre contact avec nous ! Bonne lecture.

CHAPITRE 1

QU'EST-CE QUE LA COPROPRIETE

Ce premier chapitre est l'un des plus austères et abstraits de ce guide et nous nous en excusons un peu.

Cela concerne, en particulier, les deux premières questions. Aussi, voulons-nous rassurer le lecteur : si ces questions vous assomment un peu n'hésitez pas à passer et revenez-y quand vous connaîtrez mieux les problèmes de la copropriété.

1. Quand a-t-on affaire à une copropriété ?

. A première vue cette question pourra paraître à la fois saugrenue et sans grand intérêt pratique. On verra que ce n'est pas le cas.

. Si l'on vous demande "dans quels cas est-on en régime de copropriété" peut-être serez-vous tenté de répondre : "sont en copropriété des personnes qui ont en commun des biens immobiliers, tels qu'un bâtiment, des voiries, une chaufferie, ...". Cette réponse ne serait pas tout à fait exacte. Voyons pourquoi.

a/ Cas de l'indivision

Des personnes peuvent être propriétaires "indivis", comme l'on dit, d'un immeuble. Chacune aura un **pourcentage** de la propriété et pour autant on ne sera pas en copropriété. En effet, dans le cas de l'indivision, il n'y a pas de "lot" privatif, même si tel ou tel des propriétaires indivis peut se faire attribuer l'usage d'une partie du bien immobilier (un logement).

b/ Cas des "associations de propriétaires"

Une autre situation est celle de personnes qui sont "associées" dans une **association** de propriétaires (dite association foncière) qui est **propriétaire** des biens. Là encore, les personnes ne sont pas copropriétaires, le bien n'étant pas divisé en "lots" (on peut prendre l'exemple de personnes qui sont propriétaires de leur pavillon et du terrain sur lequel leur pavillon est implanté et qui possèdent en commun la voirie, par l'intermédiaire d'une association de propriétaires).

Alors, quand est-on en co-propriété ?

On est obligatoirement en copropriété quand on a affaire :

1. à un immeuble ou groupe d'immeubles bâtis,
2. quand cet immeuble est divisé en "lots" comprenant :

. des parties privatives,

. et une part (on dit une quote-part) des parties communes (soit le sol seul, soit également des parties bâties).

Reprenons les deux situations évoquées plus haut :

- dans le 1er cas (indivision), il n'y a pas de division en lots : les propriétaires sont propriétaires d'un immeuble un et indivisible,

- dans le 2ème cas, les pavillons sont situés sur des terrains qui sont propriété privée. Ce ne sont donc pas des LOTS comprenant une partie privative (le pavillon) et une quote-part du sol.

A noter qu'on peut avoir affaire à des cas où des pavillons sont construits sur un sol **commun** et, dans ce cas, on est bien en COPROPRIETE.

2. Pourquoi est-il important de savoir si on est en régime de copropriété ?

. La copropriété, au sens limité évoqué dans le point 1, est régie par des règles très strictes et une loi propre (celle du 10 juillet 1965 et son décret du 17 mars 1967, sur lesquels nous reviendrons).

- Si vous êtes en copropriété, toutes les règles de cette loi vous seront applicables,

- Si vous n'êtes pas en copropriété, vous pourrez être régis par des règles plus souples, mais aussi plus floues.

Prenons un exemple : Trente pavillons réalisés en même temps peuvent être :

- soit sous le régime de la copropriété (si par exemple le sol est commun, chaque pavillon constituant alors un lot privatif comprenant une quote-part du sol),

- soit sous le régime de l'association syndicale libre (propriétaire, par exemple, des voies et réseaux).

Dans le 1er cas, les relations entre copropriétaires sont régies par la loi de 1965 sur la copropriété et chaque copropriétaire aura des obligations et restrictions à ses droits plus fortes que dans le deuxième régime. Par exemple, le sol étant commun, les copropriétaires ne pourront pas en disposer librement (citons le cas d'un copropriétaire indigné parce qu'il avait, sans autorisation, construit un barbecue et s'est vu obligé de le démolir) ; par ailleurs les règles présidant aux prises de décision seront plus précises et plus strictes que dans un autre régime.

. Cependant, si la loi sur la copropriété est sur certains points assez stricte, elle a le mérite de fixer des règles générales concernant les droits et obligations de chacun.

Dans d'autres régimes, les règles n'étant pas fixées par la loi mais par le contrat qui lie les "associés", on pourra s'apercevoir :

a/ que des situations abusives peuvent exister en toute impunité ;

b/ que certains problèmes concernant les relations entre associés sont insolubles, faute d'un texte précis auquel on puisse se référer.

Nous reviendrons sur ce problème dans le deuxième chapitre dans lequel nous abordons le cas de l'Association syndicale libre.

Donc, savoir que l'on est ou non en copropriété n'est pas seulement un problème théorique : cela implique des aspects pratiques dont on verra qu'ils sont, dans certains cas, loin d'être négligeables.

Conclusion pratique sur ce point : il est important de savoir si vous êtes bien en régime de copropriété, totalement ou partiellement. C'est la première question à laquelle il faut répondre.

3. Comment naît une copropriété ?

. Dès qu'un immeuble bâti est divisé entre deux propriétaires, il y a naissance **de fait** d'un **syndicat de copropriétaires**, régi automatiquement par la loi du 10 juillet 1965.

. Syndicat est un mot d'origine grecque qui veut dire “groupement”.

. Donc, dès qu'il y a DEUX propriétaires, il y a syndicat. Il n'y a aucune déclaration à faire (ni en préfecture, ni en mairie...).

Précisons que - bien que la loi oblige à ce qu'un règlement de copropriété soit établi - le syndicat existe même si un règlement n'a pas été établi.

. En principe, la mise en place d'une copropriété se passe ainsi :

1. Un règlement de copropriété est établi ainsi qu'un état descriptif de division (voir plus loin) par ceux qui ont décidé de vendre un immeuble à plusieurs propriétaires distincts.
2. Le règlement est publié au fichier immobilier.
3. Les ventes sont effectuées.

Dans ce cas, le syndicat existe avant les copropriétaires, mais encore une fois, cela n'est pas obligatoire.

4. Comment fonctionne une copropriété ?

Nous allons dresser un tableau rapide du fonctionnement global d'une copropriété, renvoyant le lecteur, pour les détails, aux divers chapitres de ce guide.

Le fonctionnement d'une copropriété repose sur trois institutions :

a/ l'assemblée générale,
b/ le conseil syndical,
c/ le syndic.

a/ L'assemblée générale

Il est important de bien se mettre en tête que toutes les décisions que le syndicat des copropriétaires peut prendre ne peuvent l'être qu'en assemblée générale.

Qu'est-ce que cela signifie concrètement ?

Cela signifie que les décisions ne peuvent être prises NI par pétition, Ni par référendum ! Par exemple, un copropriétaire veut faire des travaux affectant les parties communes, il fait signer un document par les copropriétaires ; cette consultation n'a strictement aucune valeur : il faut que la décision soit prise en assemblée générale.

L'assemblée générale est convoquée au moins une fois par an (tous les membres du syndicat sont convoqués). L'assemblée générale peut décider :

- soit que le syndicat de copropriété sera géré sous une forme dite normale,
- soit que le syndicat de copropriété prendra la forme coopérative.

On va voir qu'il n'y a pratiquement aucune différence entre les deux systèmes, celle-ci étant pratiquement limitée à la position du syndic par rapport au conseil syndical.

b/ Le conseil syndical

Depuis fin 1985, l'assemblée générale est obligée :

- soit d'élire un conseil syndical,
- soit de renoncer explicitement (et à la **double majorité**, voir page 92) à l'existence d'un conseil syndical.

Le conseil syndical est le parlement de la copropriété. La loi précise qu'il contrôle la gestion du syndic et l'assiste.

Cela signifie que - sauf s'il reçoit des **mandats précis** de l'assemblée générale - le conseil syndical n'a aucun pouvoir de gestion.

c/ Le syndic

. Le syndic est l'exécutif de la copropriété, le gestionnaire et également le mandataire.

. Si l'assemblée générale a décidé d'opter pour le système coopératif, le syndic sera le président du conseil syndical (obligatoirement un copropriétaire, bien sûr).

. Si l'assemblée générale a décidé de rester dans le système normal, le syndic sera choisi en dehors du conseil syndical. Ce pourra être :

- un syndic professionnel,
- un syndic non professionnel (mais là encore, obligatoirement copropriétaire).

Insistons bien sur deux points :

a/ Contrairement à ce que beaucoup pensent, on peut être en AUTOGESTION (c'est-à-dire en système de gestion sans professionnel), sans être pour autant en système coopératif.

b/ Contrairement également, à ce que beaucoup croient, le syndic professionnel n'est pas **l'employé** du syndicat des copropriétaires, mais son **mandataire**. Nous reviendrons sur cet aspect du problème dans les questions consacrées au syndic ; nous pensons qu'il était important, dès à présent, de signaler ce point.

Conclusion : faites bien attention au vocabulaire. Trop souvent on entend des expressions barbares, du genre : “je suis le président du syndic” ou “je suis le conseil du syndic” ou “on a créé un syndic autogéré”.

Rappelez-vous :
. le syndicat des copropriétaires = l'ensemble des copropriétaires,
. le conseil syndical = le groupe des copropriétaires élus en assemblée générale pour contrôler le syndic,
. le syndic = le gestionnaire et mandataire de la copropriété (c'est toujours une personne physique).

5. Quels sont les textes qui régissent la copropriété ?

. Comme on l'a déjà vu DEUX textes régissent la copropriété :
- la loi du 10 juillet 1965,
- le décret du 17 mars 1967.

Ces textes ont été largement modifiés et améliorés au fil des ans. Mais il faut savoir qu'en France, quand une loi est modifiée par une autre loi, elle garde son nom de baptême, c'est-à-dire qu'on l'appelle toujours par sa date d'origine (ce n'est que lorsqu'une loi est abrogée qu'on repart à zéro).

Cette loi et ce décret ne sont pas très compliqués à lire. Bien sûr certains articles sont rébarbatifs, mais beaucoup sont très accessibles. Nous invitons le lecteur de ce guide à lire la loi et le décret - donnés en annexe - et avec une particulière attention à :
- ce qui concerne le syndic,
- ce qui concerne le conseil syndical,
- ce qui concerne les assemblées générales,
- ce qui concerne les majorités.

Comment lire un texte de loi ?

Une loi est parfois difficile à lire parce qu'elle est très **concise** et peu concrète. Par ailleurs, dans certains cas, il faut prendre garde qu'un article peut être éclairé ou complété par un autre ou, au contraire, **restreint** par un autre. Il ne faut donc pas toujours s'obnubiler sur un article. Prenons des exemples à partir de questions concrètes :

- 1ère question : est-ce que le syndic a le droit de ne pas tenir compte des demandes du conseil syndical concernant l'ordre du jour d'une assemblée générale ?

- réponse : la loi ne va pas répondre directement à cette question, la loi va dire :"c'est le syndic qui établit l'ordre du jour".

Cela signifie que, si rien dans le règlement de copropriété ou dans une décision d'assemblée générale n'oblige le syndic à établir l'ordre du jour **en concertation**, il peut effectivement l'établir SEUL (et ne pas tenir compte des demandes faites par le conseil syndical).

2ème question : si l'on est opposé au vote sur des travaux, peut-on payer ceux-ci sur 10 ans ?

Beaucoup de personnes lisant l'artice 33 de la loi croient que ce droit est acquis pour tous les travaux. Ils n'ont simplement pas fait attention à ce que cet article est situé dans une partie de la loi appelée :"Amélioration, addition de locaux". Cela signifie que le droit de payer sur 10 ans ne concerne que ces travaux (et non par exemple des travaux de ravalement qui sont des travaux d'entretien).

Donc, il faut lire la loi mais ne pas oublier qu'une loi est un *tout* et qu'il ne faut rien négliger dans sa lecture.

Qu'est-ce que la jurisprudence ?

Sans entrer dans des notions compliquées, disons que la jurisprudence est constituée par les jugements déjà rendus sur un sujet précis. Exemple : à quelle majorité la suppression de poste de concierge est-elle votée ?

Mais il y a jugement et jugement. Comme on sait, trois instances judiciaires rendent des jugements en matière de droit de la copropriété :

- le tribunal de grande instance,
- la cour d'appel,
- la Cour de cassation.

Le tribunal de grande instance juge en premier ressort ; on peut faire appel et, éventuellement, aller en cassation (cour appelée ainsi car elle ne juge pas, mais "casse" des jugements, obligeant ainsi à revenir devant un autre tribunal).

La vraie jurisprudence est constituée par des jugements (dits "arrêts") de la Cour de cassation. A noter que la jurisprudence peut être floue (arrêts contradictoires) ou évolutive.

A noter aussi que l'on peut toujours se référer à des jugements de cour d'appel ou du tribunal de grande instance, mais que cette référence est moins "probante" que la référence à la Cour de cassation.

Un juge n'est pas tenu par la jurisprudence, mais il se doit d'en tenir compte ; de même les professionnels doivent en tenir compte. Exemple : il serait parfaitement ridicule pour un syndic de soutenir que, dans un immeuble modeste de la banlieue parisienne, il faut l'unanimité pour supprimer le poste de concierge, alors que plusieurs arrêts de la Cour de cassation vont dans un sens différent.

CHAPITRE 2

QU'EST-CE QUI RESSEMBLE A DE LA COPROPRIETE MAIS N'EST PAS DE LA COPROPRIETE

1. Un lotissement est-il soumis au régime de la copropriété ?

Rappelons d'abord ce qu'est un lotissement au sens strict.

C'est un terrain qui a été divisé en parcelles (des lots) vendues séparément à des personnes qui vont construire, chacune, leur maison (en faisant appel au constructeur de leur choix), en respectant des règles édictées par le lotisseur.

Parfois on confond lotissement et "ensemble immobilier horizontal", ce qui n'est pas la même chose. En effet, on peut aussi avoir affaire à ce qu'on appelle improprement un "nouveau village". Il s'agit d'un ensemble de pavillons construits par un même promoteur qui va donc vendre à chaque acquéreur un terrain plus la maison.

Qu'il s'agisse d'un lotissement proprement dit ou d'un nouveau village, il est important de savoir que ces "ensembles" sont le plus souvent soumis non pas au régime de la copropriété, mais au régime de l'Association Syndicale Libre que nous allons étudier maintenant.

Néanmoins, rappelons qu'un ensemble immobilier de pavillons peut, dans certains cas, être soumis au régime de la copropriété (c'est le cas par exemple quand il n'est pas possible, pour des raisons d'urbanisme, de diviser un terrain en parcelles).

2. Qu'est-ce que l'association syndicale libre ?

Comme on l'a dit au début de ce guide, le régime de la copropriété (et donc la loi 1965) ne s'applique de façon obligatoire que dans certains cas précis. Hors ces cas, les personnes qui ont en commun des "biens ou services" peuvent gérer ceux-ci dans le cadre juridique qui leur convient.

. Le cadre juridique le plus répandu est l'association syndicale libre (dite A.S.L.).

. Qu'est-ce que l'A.S.L. ?

L'association syndicale libre est une association de propriétaires dite "libre" parce que créée spontanément et non pas à la suite d'une obligation préfectorale. En effet, dans certains cas le préfet peut obliger des propriétaires à se regrouper pour créer et gérer des biens communs (par exemple : une station d'épuration...).

. Par quoi sont régies les A.S.L. ?

Le vrai problème est là. Alors que les copropriétaires sont régis par une loi très précise qui fixe des règles de fonctionnement (loi du 10 juillet 1965), les A.S.L. sont régies par une loi de 1865 (mille huit cent soixante-cinq, vous avez bien lu), qui - schématiquement - dit que les A.S.L. sont régies par leurs statuts et que ceux-ci sont établis **librement. Le problème est que les statuts sont toujours élaborés avant la construction des pavillons ou des bâtiments et sont élaborés par les promoteurs...**

Dès lors, les statuts d'A.S.L. sont truffés de clauses **abusives** mais **légales**, précisément parce qu'aucune loi extérieure ne régit cette forme d'association.

3. Peut-il y avoir imbrication entre copropriété et A.S.L. ?

La forme la plus simple de l'A.S.L. est celle qui est constituée entre propriétaires de pavillons qui ont en commun quelques biens (espaces verts, voiries, antenne de télévision, ...).

Mais il est malheureusement un cas plus compliqué. C'est celui de copropriétés (des immeubles) qui ont en commun avec d'autres copropriétés des équipements qui sont gérés dans le cadre d'une A.S.L. Ainsi, certains "îlots" parisiens ou quartiers de villes nouvelles sont gérés par des A.S.L. (qui peuvent avoir la gestion du gardiennage, des espaces verts, du chauffage, voire même de l'eau !).

Souvent les copropriétaires de ces ensembles ne savent même pas qu'ils sont en A.S.L....

4. Qu'est-ce qu'une S.C.I. ? (Société civile immobilière)

Il existe une forme d'accession à la propriété très particulière qui consiste à acheter des **actions** dans une société civile immobilière dite "d'attribution".

. Dans ce système les personnes n'achètent pas la propriété d'un logement, mais achètent des parts de société leur ouvrant droit à **attribution** d'un logement, les personnes ne devenant propriétaires (éventuellement) que dans une phase ultérieure.

. Puisque ces personnes ne sont pas "propriétaires", elles ne sont pas non plus co-propriétaires : elles sont **associées** d'une société immobilière.

Deux cas se présentent :

- soit il est prévu que la société sera dissoute au bout d'un certain temps, ou que les associés pourront se retirer de la société : dans ce cas la dissolution ou le retrait entraîne la transformation des parts sociales (les associés deviennent propriétaires et donc copropriétaires) ;
- soit la dissolution ou le retrait sont impossibles (les statuts l'interdisent) : dans ce cas les associés ne deviendront **jamais** propriétaires ;

c'est le cas par exemple, des personnes qui ont la jouissance, en temps partagé, de logements de loisirs (à la montagne ou à la mer) ou qui ont la jouissance d'un logement dans une résidence du troisième âge.

Dans le premier cas , la société civile immobilière est appelée à se transformer en copropriété. D'ailleurs la loi fait obligation à ces sociétés de se doter d'un "règlement de jouissance" qui, automatiquement et sans modification, se transforme en "règlement de copropriété".

Quand les situations sont nettes (S.C.I., puis copropriété), il n'y a aucun problème de compréhension pour les associés ou les copropriétaires. Ce qui est beaucoup moins clair, c'est quand on a en même temps une copropriété et une S.C.I. Voyons cela.

5. Que se passe-t-il quand on a à la fois une S.C.I. et une copropriété ?

Bien que cela paraisse compliqué, en fait la situation est assez simple :

- dès qu'un associé s'est retiré de la société, il devient propriétaire ; dès lors il y a deux propriétaires : la société et le nouveau propriétaire. Puisqu'il y a deux propriétaires, il y a copropriété et on aura ainsi coexistence de deux structures :

- la copropriété,
- la S.C.I. (qui fonctionne toujours, avec son assemblée et ses règles propres).

Néanmoins, en assemblée générale, ce n'est pas la S.C.I. qui représente chacun des associés ; ceux-ci se représentent eux-mêmes. C'est pourquoi, parfois, des personnes ne savent pas quand elles sont dans une assemblée :

- si elles sont en assemblée générale de copropriété,
- ou si elles sont en assemblée générale de la S.C.I.

La confusion devient même totale quand les fonctions de syndic de la copropriété sont assumées par la même personne qui exerce les fonctions de gérant de la S.C.I. (ce qui n'est pas interdit), sachant qu'il peut s'agir, dans les deux cas, d'un professionnel ou d'un non professionnel.

A chacun d'exiger la clarté des situations.

CHAPITRE 3

PSYCHOLOGIE DE LA COPROPRIETE

Ceux qui vivent dans une copropriété ou côtoient la copropriété savent bien que l'univers de la copropriété est un univers un peu "curieux" et que, loin d'être une démocratie idéale, la copropriété est agitée de mouvements "étranges", "fous", incontrôlables, laissant perplexes, quand ce n'est pas groggy, les plus sages.

La copropriété est un univers à trois personnages :

- le syndic,
- le conseiller syndical,
- le copropriétaire isolé.

Alors qu'il serait si simple, avec un peu d'efforts, de faire vivre en bonne intelligence ces trois acteurs, ce sont la plupart du temps cris (par derrière), chuchotements (par devant), ressentiment, rancoeur de tous les côtés, autant de choses qui font que la copropriété est trop souvent un univers infernal et invivable. C'est d'ailleurs là qu'il faut voir la principale cause d'ABSENTEISME. Un copropriétaire normal supporte souvent mal le climat de la copropriété et recherche donc dans la FUITE une solution.

En effet, plutôt que d'ABSENTEISME, nous proposerions de parler de fuite des copropriétaires. Mais bien sûr, parler de **fuite**, c'est une façon de pointer des responsabilités et non pas seulement de culpabiliser les "absents", comme on se contente de le faire, en général.

Disons, pour être sincère, que chacun des 3 acteurs évoqués peut être atteint de maladies très spéciales qui ont la particularité de s'alimenter l'une l'autre dans ce qu'il est convenu d'appeler un cercle vicieux.

Pour chacun des partenaires, nous allons examiner les deux formes de maladie les plus courantes...

1. Quelles sont les deux maladies des syndics ?

Disons-le pour commencer, le métier de syndic est un métier affreux.

D'abord le syndic est, d'emblée, suspect ; ensuite il a une vie épouvantable (des assemblées générales tout le temps, à quoi s'ajoutent les réunions de conseil syndical) ; enfin, il subit des récriminations permanentes ("rien n'est fait, tout est sale, on n'arrive jamais à lui parler, etc.").

Face à celà, un syndic "normal" (heureusement qu'il y en a un certain nombre) va, par un patient dialogue avec ses copropriétaires, essayer de créer des relations, sinon harmonieuses, du moins équilibrées (dialogue, explications, correction des erreurs, abaissement du niveau d'exigences, etc.).

Malheureusement, on déplore trop souvent la mise en oeuvre de deux autres types de comportement, qui vont finir par créer des dégâts énormes :

1. Le comportement caractériel qui consiste à essayer d'intimider les copropriétaires (ce qui n'est pas toujours très difficile) pour des raisons qu'on verra plus bas.

2. Le comportement "manipulateur" qui consiste, pour le syndic, à essayer de s'attacher les bonnes grâces des copropriétaires actifs ou "puissants" (les gros porteurs de millièmes), même s'il faut pour cela créer des clans. Notons, en passant, que le syndic arrive facilement à se concilier les faveurs - allez savoir pourquoi - de certains copropriétaires actifs qui doivent de l'argent...

Inutile de préciser ce que produisent comme de juste, les deux premières attitudes :

- régime de "terreur" dans le premier cas,
- régime de "favoritisme", voire d'affrontement de clans dans le deuxième cas.

2. Quelles sont les deux maladies des conseillers syndicaux ?

Le métier de conseiller syndical n'est pas non plus facile. Disons qu'il en prend "plein la gueule pour pas un rond", expression dont le lecteur nous pardonnera la vulgarité, tant elle est expressive !!!

Néanmoins, là aussi, on s'aperçoit qu'on peut être confronté à des "types", voire des "caractères" un peu pathologiques, dont deux en particulier :

1. Le conseiller syndical suspicieux : il veut tout voir, tout contrôler, se méfie de tout et ne fait aucune confiance au syndic ; celui-là exaspère le syndic.

2. Le conseiller syndical "notable" : c'est le contraire du précédent ; il est toujours d'accord avec le syndic, ne lui pose jamais de question et justifie toujours le syndic auprès des autres copropriétaires (c'est le contremaître du syndic en quelque sorte) ; celui-là exaspère les copropriétaires. A noter : ce conseiller syndical "notable" peut être de deux natures :

- "honnête" : dans ce cas il ne cherche qu'à tirer un avantage symbolique de sa position,
- "malhonnête" : dans ce cas il recherche des avantages matériels (bien sûr il ne s'agit souvent pas, comme le croient certains copropriétaires, d'argent ; cela peut être des autorisations de travaux du syndic ; cela peut être des travaux non facturés ; cela peut être des facilités concernant le recouvrement des charges...).

A noter qu'à côté de ces deux "caractères", il existe néanmoins un type de conseiller syndical "idéal" : disons qu'il s'agit d'une personne qui assume son rôle de contrôle et de suivi de la gestion, tout en accordant au syndic suffisamment de confiance pour ne pas lui empoisonner l'existence (ces personnes-là sont, souvent, adhérentes à l'A.R.C.).

3. Quelles sont les deux maladies de certains copropriétaires isolés ?

Deux maladies également peuvent frapper les copropriétaires isolés :

1. La paranoïa,
2. La lâcheté.

1. Le copropriétaire paranoïaque est le pendant du conseiller suspicieux : il voit de la magouille partout, de la pourriture morale dans toutes les factures, s'insurge pour un oui, pour un non ; enfin il est pour tout ce qui est contre et contre tout ce qui est pour. Il a parfois raison, mais lasse vite les voisins les mieux disposés et finit très vite par se discréditer totalement, se transformant de minoritaire qu'il est, en marginal.

Notons que ces types de copropriétaires sont parfois des "écorchés vifs" ayant déjà, dans leur vie, subi des situations qui les inclinent à se battre.

2. Le lâche : la lâcheté est la chose la mieux partagée et la personne qui écrit ces lignes ne voudrait pas laisser croire qu'elle entend donner des leçons au lecteur.

Lâches, nous le sommes tous, mais en copropriété, la lâcheté est particulièrement palpable. Le cas le plus fréquent est celui du copropriétaire qui - ayant soulevé une "affaire" - en parle à ses voisins. Ceux-ci sont toujours d'accord avec lui, mais quand en Assemblée générale il s'agira de "voter", alors curieusement tous ces bons voisins regardent le plafond et ... lâchent leur pauvre voisin sous le regard rigolard du syndic.

Les copropriétaires sont ainsi souvent face au syndic comme des enfants devant le maître d'école, frondeurs par derrière, soumis par devant.

Les syndics les moins recommandables abusent de façon éhontée de cette situation, mais, encore une fois qui est le plus responsable, le loup qui mange les agneaux ou les agneaux qui se laissent manger par le loup ?

4. Que pouvons-nous conclure ?

Nous avons ainsi passé en revue les principaux caractères pathologiques de la copropriété. Les différentes situations que l'on rencontre ne sont, dès lors, qu'un croisement de ces diverses maladies, l'une appelant souvent l'autre.

Syndic	Conseil Syndical	Copropriétaires
- intimidation ou terrorisme - manipulation	- suspicion chronique - notabilisation	- paranoïa - lâcheté

Ce tableau a le mérite de montrer que, contrairement à ce qu'on laisse trop souvent dire, ce n'est pas le *syndic seul* qui est responsable des situations infernales que l'on rencontre : on a souvent le syndic qu'on mérite et souvent un syndic caractériel, avec en face des copropriétaires “normalement normaux” (qu'on nous excuse cette expression...), rentre vite dans le rang (ou part, ce qui revient au même).

Que conclure de cette analyse succinte ?

Le copropriétaire qui veut agir dans sa copropriété ne devra jamais oublier que, pour que “ça marche”, il faudra :

- non seulement trouver un syndic “homme de dialogue” et respectueux des intérêts de sa clientèle,

- mais aussi faire en sorte que certains voisins adoptent des attitudes différentes.

Il devra non seulement agir sur le syndic mais agir sur certains comportements de voisins aussi destructeurs que ceux de certains syndics.

Un homme averti en vaut deux ! Et que dire d'une femme avertie...

CHAPITRE 4

VOCABULAIRE DE BASE DE LA COPROPRIETE

Ceux qui s'occupent de leur copropriété sont amenés à rencontrer certains mots "difficiles" dont ils ne comprennent pas toujours bien le sens, même si parfois ils le devinent. Nous allons passer en revue ces mots "spécifiques" ou fréquents dans les textes sur la copropriété.

Acte extrajudiciaire : il s'agit tout simplement d'un acte (ou "exploit") d'huissier. Une mise en demeure par acte extrajudiciaire se distingue ainsi d'une mise en demeure par lettre recommandée avec A.R. La loi prévoit précisément les cas où l'acte d'huissier est obligatoire (exemple : opposition à la vente d'un lot).

Adjudication (vente par) : il s'agit de la vente aux enchères de lots qui ont fait l'objet d'une "saisie immobilière" (pour non paiement des charges).

Annexion : appropriation sans autorisation de l'assemblée générale d'une partie commune.

Aliénation : dans l'expression "aliénation des parties communes", le mot signifie *vente* ou *attribution en jouissance exclusive.*

Appels de fonds : il s'agit des sommes qui sont demandées aux copropriétaires, soit pour régler des charges (appels de charges), soit pour régler des travaux ou toute autre dépense.

Assemblée générale ordinaire : l'assemblée générale est tout simplement l'assemblée annuelle obligatoire.

Assemblée générale extraordinaire : il s'agit de toute assemblée qui n'est pas... ordinaire. A noter : on peut débattre de tous les problèmes souhaités en assemblée générale extraordinaire. Les règles de convocation, déroulement, vote, etc. sont exactement les mêmes que pour les assemblées générales ordinaires.

Associés : il s'agit la plupart du temps :
- soit des membres d'une A.S.L. (association syndicale libre - voir page 17),

- soit des membres d'une S.C.I. (société civile immobilière - voir page 18).

Avance permanente de trésorerie : il s'agit ni plus ni moins que du “fonds de roulement” (voir ce mot). Les deux expressions sont strictement synonymes.

Balance : c'est le document comptable qui permet de faire le point des crédits et des débits et permet donc de savoir si le solde est négatif ou positif (si la copropriété possède de l'argent ou non).
N.B. il est préférable de parler de “situation de trésorerie” (voir ce mot).

Budget prévisionnel : c'est le budget établi en début d'exercice et qui permettra de calculer les “appels de fonds provisionnels”.

Carence : on parle de “carence” du syndic, quand celui-ci ne fait pas son travail. La loi prévoit la possibilité de faire nommer un administrateur judiciaire pour faire **à la place du syndic** quelque chose qu'il ne veut pas faire.

Charges récupérables : cette expression désigne les charges locatives qu'un copropriétaire bailleur peut “récupérer” sur son locataire.

Clause : une clause est une disposition d'un règlement ou d'un contrat. On parlera donc des clauses d'un règlement de copropriété ou d'un contrat de service.

Créances liquides et exigibles : une créance est une somme que quelqu'un peut exiger de vous (pour lui c'est une créance ; pour vous c'est une dette). La notion de liquidité et d'exigibilité d'une créance sera exposée page 165.

Délégation de pouvoirs : une personne peut “donner son pouvoir” à une autre sur tel ou tel point précis.

Délibération : sont ainsi appelées les décisions des assemblées générales ayant donné lieu à des votes. On parlera de la 6ème délibération de l'assemblée générale du...

Dépens : Une personne qui, dans un procès, est “condamnée aux dépens” est celle qui doit payer les dépens. Ceux-ci sont constitués essentiellement par les frais d'huissier (assignation, signification, etc.).

Destination de l'immeuble : c'est la notion la plus floue du droit de la copropriété. Il s'agit de l'*AME* de l'immeuble. Pour ceux qui ne sont pas métaphysiciens, nous essayons de donner une réponse page 41.

Droit d'usage privatif : un bien peut ne pas vous appartenir bien que vous ayez le droit d'en jouir (comme on dit) seul. Tel est le droit d'usage privatif. Ce droit peut être :

- cessible (vous pouvez le céder à quelqu'un d'autre),
- assorti d'un droit de faire des travaux.

Emargement : pour convoquer une personne à une Assemblée générale il est possible de lui faire signer un papier dans lequel elle reconnaît avoir reçu une convocation. On dit "émarger" parce que la personne signe dans la marge.

Etat descriptif de division : belle expression qui signifie liste des lots d'une copropriété avec ce qu'ils comprennent.

Exonération : sont exonérés de charges ceux qui ne sont pas appelés à y participer (exemple : dans certains règlements de copropriété, des boutiques peuvent être exonérées des charges de ravalement quand elles ont la charge de l'entretien des vitrines et encadrements).

Feuille de présence : c'est la feuille qu'on doit obligatoirement signer en début de séance aux assemblées générales.

Fichier immobilier ou fichier des hypothèques : c'est le fichier tenu par l'administration (conservation des hypothèques) qui permet, par immeuble, d'obtenir :

- la liste des propriétaires,
- les actes de vente,
- les baux commerciaux,
- les états exacts des hypothèques de chacun des lots.

Fonds de roulement : c'est la somme qui est versée, dans certains cas, par chaque lot pour constituer le fonds de trésorerie permanent d'une copropriété. Ce fonds n'est pas obligatoire. Voir pour plus de détails page 129.

Gérant de biens :

1. Très souvent des copropriétaires appellent le syndic "gérant". Il s'agit d'une erreur : le syndic est l'administrateur des parties communes, le gérant est l'administrateur des biens mis en location.
2. Le gérant désigne le gestionnaire des sociétés civiles immobilières,

qui peut être un professionnel ou un associé (voir S.C.I., page 19).

Hypothèque : l'hypothèque est la garantie que prend un créancier sur un bien immobilier (un lot). Ainsi, en cas de vente de ce lot, si vous avez pris une hypothèque, vous serez remboursé de votre créance par le notaire.

A noter qu'il existe des hypothèques privilégiées (comme celle du Trésor public). Cela peut, dans certains cas, réserver des surprises.

Indivision : un lot en indivision est un lot qui appartient à plusieurs personnes à la fois (héritage ou achat en indivision, par exemple des concubins). Toute indivision doit avoir un représentant (appelé gérant).

Inscription hypothécaire : pour "prendre" une hypothèque (voir ce mot) sur un lot, il faut faire "inscrire cette hypothèque" au fichier des hypothèques, d'où l'expression.

Lot : pour dire vite, disons que le lot est une partie privative individualisée dans une copropriété : cave, grenier, logement, boutique. On parle, pour des raisons pratiques, de lots principaux (logement, boutique, bureau) et de lots annexes (parking, cave, ...).

Mandat : c'est le pouvoir donné par un copropriétaire à une autre personne, pour le représenter en assemblée générale.

A noter qu'on distingue entre le mandat **libre** (le mandataire fait ce qu'il veut) et le mandat **impératif** (le mandataire donne précisément ses instructions de vote).

Mutation : ce mot signifie qu'il y a changement de propriétaire (par vente ou héritage).

Millième : mot le plus spécifique du régime de la copropriété. Cette notion permet de connaître la valeur relative de chaque lot et la part que chaque lot doit acquitter en charges. Nous consacrons tout un chapitre à ce thème.

A noter : millièmes, tantièmes, quantièmes sont des expressions qui veulent dire la même chose.

Nu-propriété : dans un bien immobilier il peut y avoir dissociation entre le droit d'usage (usufruit) et le droit de propriété, alors appelé nu-propriété.

Nullité : "agir en nullité" d'assemblée générale ou de certaines délibérations d'assemblée générale, c'est saisir le tribunal pour obtenir que le juge annule l'assemblée générale ou certaines décisions.

Participation différée : en cas de travaux d'amélioration, certains copropriétaires peuvent demander à bénéficier d'un paiement étalé sur 10 ans. C'est ce que l'on appelle la participation différée.

Prescription : un délai de prescription est un délai au delà duquel on ne peut plus agir contre quelqu'un (qui n'a pas payé ses charges, par exemple...).

Prorata temporis : cette expression latine veut dire "en fonction du temps écoulé". On répartira les charges d'un trimestre "prorata temporis" entre vendeur et acheteur en fonction du temps pendant lequel chacun aura été copropriétaire.

Provision de charges : dans les copropriétés où les charges ne sont pas payées en fonction des dépenses réelles, les copropriétaires payent chaque trimestre des provisions de charges (en fonction du budget prévisionnel voté), ces provisions étant régularisées en fin d'exercice.

Quantième : (voir millième).

Quitus : c'est l'approbation de la gestion d'un syndic. On vote le quitus ou on donne quitus. On peut d'ailleurs ne voter qu'un quitus partiel.

Quorum : avant 1965 il fallait, pour qu'une Assemblée générale délibère valablement, qu'un minimum de copropriétaires soit présent. Ce n'est plus le cas dans la loi (mais les règlements peuvent ignorer ce quorum). Par contre il y a certaines décisions qui nécessitent un minimum de présence.

Quote-part : cette expression veut simplement dire : la part que chacun doit payer (fonction des millièmes). On dit : sa quote-part de charges.

Rapprochement bancaire : quand une copropriété dispose d'un compte bancaire, il est possible que le solde de trésorerie en fin d'exercice ne corresponde pas au solde bancaire : cela tient à divers facteurs possibles (chèques émis et non encaissés ; chèques reçus et non déposés). Le rapprochement bancaire est l'opération qui consiste à expliquer la différence entre les deux chiffres.

Règlement de jouissance : dans les S.C.I. (voir page 19) le règlement qui définit les droits et obligations et indique les quote-parts de charges s'appelle un règlement de jouissance. Celui-ci devient automatiquement un règlement de copropriété quand la S.C.I. se transforme en copropriété.

Situation de trésorerie : c'est le document comptable qui fait le point des dettes et créances d'une copropriété et permet donc de connaître la situation exacte d'une copropriété (voir page 87).

Syndicat de copropriété : nous reviendrons largement sur cette notion. Disons tout de suite que syndicat est un mot grec qui veut dire "regroupement". Le syndicat de copropriétaires = l'ensemble des copropriétaires. Ne pas confondre syndicat et syndic (le gestionnaire de la copropriété).

Tantièmes : (voir millièmes)

Usufruit : (voir nu-propriété)

CHAPITRE 5

LE REGLEMENT DE COPROPRIETE

1. Qu'est-ce que le règlement de copropriété ?

L'article 8 de la loi du 10 juillet 1965 prévoit ceci :

"Art. 8 - Un règlement conventionnel de copropriété, incluant ou non l'état descriptif de division, détermine la destination des parties, tant privatives que communes, ainsi que les conditions de leur jouissance ; il fixe également, sous réserve des dispositions de la présente loi, les règles relatives à l'administration des parties communes.

Le règlement de copropriété ne peut imposer aucune restriction aux droits des copropriétaires en dehors de celles qui seraient justifiées par la destination de l'immeuble, telle qu'elle est définie aux actes, par ses caractères ou sa situation".

Cet article nous apprend bien des choses :

a/ Un règlement de copropriété est obligatoire.

b/ Il doit comporter au minimum :

- des clauses qui déterminent la destination des parties communes et des parties privatives, par là, il faut entendre les affectations tant des parties communes - places de stationnement, locaux à usage spécifique - que des parties privatives (commerces, garages, logements).
- des clauses fixant les conditions de jouisance de ces parties communes et privatives (problème d'encombrement, de stationnement, de bruit, etc...).

c/ Le règlement fixe obligatoirement les règles d'administration de la copropriété (il peut aller au-delà de la loi, mais pas contre celle-ci ; nous reviendrons sur ce point).

d/ Par ailleurs, cet article 8 dit bien qu'on peut faire ce qu'on veut dans ses lots, à condition que cela n'ait pas pour conséquence de modifier "la destination de l'immeuble" telle qu'elle est définie dans le règlement et qui découle du caractère de l'immeuble et de sa situation" (voir plus loin).

Nous allons essayer de répondre à diverses questions que soulève cet article.

2. Qu'est-ce qu'un état descriptif de division ?

Cette expression renvoie simplement à la liste des lots, assortie de leur description et des millièmes de propriété.

Exemple : "lot n°1 : un appartement situé au rez-de-chaussée et comportant deux pièces, une cuisine, un WC, une salle de bain pour trente huit millièmes de propriété".

Dans la description peuvent aussi être transcrits certains droits de jouissance affectés au lot (exemple : droit de jouissance exclusif du jardin...).

A noter que l'état descriptif peut être distinct du règlement de copropriété ou inclus dans celui-ci, ce qui est le cas la plupart du temps.

Néanmoins, il faut préciser que le fait que cet état *soit* inclus dans le règlement de copropriété fait que la "description" des lots sert à en définir la "destination".

Par exemple, le fait qu'un état descriptif, inclus dans le règlement de copropriété, dise que le lot n° 7 est un box de stationnement *empêchera* la transformation de ce lot en autre chose, la description du lot ayant valeur de **destination**.

Par contre, non inclus dans le règlement de copropriété, l'état descriptif reste ce qu'il est : simplement une description, à un moment donné, de l'usage d'un lot, **usage pouvant plus facilement évoluer**.

On le voit, la place de l'état descriptif (dans ou en dehors du règlement de copropriété) est loin d'être indifférente.

3. Qu'est-ce que la "destination de l'immeuble" ?

Tous ceux qui s'intéressent aux problèmes de copropriété finissent par "tomber" sur ce problème, à mi-chemin entre la métaphysique et la théologie.

Le législateur dit en effet, en substance : "fais ce que tu veux de ton lot, pourvu que tes modifications ne changent rien à la **destination de l'immeuble**. Le problème c'est que personne ne sait très bien ce qu'est la destination de l'immeuble et qu'on en a plutôt une approche intuitive qu'objective.

Dès lors, certains juristes ont pu écrire des kilos de commentaires sans pour autant réussir à cerner le problème de façon définitive.

L'article 8 de la loi ne dit pas ce qu'est la **destination**, mais renvoie à trois sources qui permettent de la cerner :

a/ Ce qui en est dit dans le règlement de copropriété et dans l'état descriptif de division (occupation à titre d'habitation, ou mixte ; intangibilité plus ou moins forte de l'usage des lots).

Il est important de noter ici que semble se dégager de la jurisprudence le fait que l'affectation des parties privatives, telle qu'elle résulte de l'état descriptif **quand il est inclus dans le règlement de copropriété**, est un élément important permettant la définition de la destination d'un immeuble (voir plus haut).

Ainsi, si un état descriptif qualifie des lots de *caves*, celles-ci ne sauraient être transformées en logement ou commerce sans compromettre la **destination** de l'immeuble. On considère, en effet, que l'usage définit un équilibre et que le changement d'usage rompt cet équilibre.

b/ Les caractères de l'immeuble (ses matériaux), la nature de ses espaces communs : cela permet de définir s'il s'agit, par exemple, d'un immeuble de standing ou non.

c/ Sa situation : est-il situé dans un quartier résidentiel ou non ?

En ce qui nous concerne, les deux premières sources de définition de la "destination" nous semblent un peu curieuses, dans la mesure où elles semblent établir une hiérarchie des immeubles (du mieux au moins bien) avec cette idée sous-jacente que dans le "mieux" on ne peut pas faire grand-chose (sous peine de dévalorisation d'immeuble), alors que dans le "moins bien" on peut faire ce que l'on veut.

4. Qu'est-ce qui prévaut du règlement de copropriété ou de la loi ?

Le problème se pose pour différentes raisons :

a/ Etant donné que la loi change et que les règlements de copropriété peuvent être anciens et jamais mis à jour, comment savoir ce qui est valable dans un règlement et ce qui ne l'est pas ?

b/ Etant donné qu'il peut y avoir des clauses un peu "curieuses" ou spéciales dans un règlement de copropriété, comment savoir si ces clauses sont acceptables ou non ?

On le voit, il est important de savoir lequel prévaut sur l'autre.

La difficulté réside en ceci :

- pour certains points, c'est la loi qui prévaut,
- pour d'autres points, c'est le règlement.

Comment savoir ?

A. Clauses de la loi qui prévalent

. Les clauses légales qui prévalent sont celles qui concernent l'administration de la copropriété :

- clauses relatives au pouvoir des assemblées générales (un règlement ne peut dessaisir une assemblée générale de ses prérogatives, exemple : si le règlement de copropriété dit que le syndic est seul habilité à donner les autorisations de travaux affectant les parties communes),

- clauses concernant la convocation et la tenue des assemblées générales, (exemple : la loi prévoyant qu'on peut donner son mandat à n'importe qui, les clauses des règlements de copropriété prévoyant des restrictions sont nulles ; la loi prévoyant que le président de l'assemblée générale doit être élu par l'assemblée, la clause prévoyant que le président est le plus gros porteur est nulle),
- clauses concernant les règles de majorité,
- clauses concernant le syndic, ses droits et obligations,
- clauses concernant la répartition des charges (ainsi serait nulle une clause prévoyant que : "tout le monde doit payer pour tel équipement selon le même tarif et quelle que soit l'utilité de cet équipement pour le lot concerné").

Bien sûr, sur certains points le règlement de copropriété peut aller au-delà de la loi mais non en deçà. Exemple : rien n'interdit à un règlement de copropriété de prévoir l'obligation d'adresser les convocations trente jours avant l'assemblée générale. Il s'agit là d'un plus.

. Mais, par contre, une clause prévoyant que les travaux d'entretien devront être votés à la double majorité, et non à la majorité simple, serait illégale.

B. Clauses du règlement qui peuvent être introduites dans le règlement de copropriété et s'imposent

1. Les clauses qui concernent la jouissance des parties communes sont licites (exemple : clauses concernant l'interdiction d'encombrement des parties communes...).

2. Les clauses qui concernent la jouissance des parties privatives, en ce qu'elles concernent directement :
- les autres copropriétaires (bruit, odeurs),
- le respect de la destination de l'immeuble.

3. Les clauses qui organisent le fonctionnement du conseil syndical (la loi renvoie explicitement au règlement de copropriété sur ce point).

4. Pénalités

En matière de pénalités, les clauses sont, en général, licites. Exemple :
- clauses dites d'aggravation des charges (clauses prévoyant que celui qui aggrave les charges doit en subir les conséquences),
- clauses concernant la prise en charge des frais de recouvrement par le débiteur.

Mais les clauses prévoyant des "amendes" semblent illicites (exemple : amende pour faire sécher du linge aux fenêtres).

5. Pouvoir de police du syndic

Les clauses donnant certains pouvoirs au syndic après mise en demeure, ne semblent pas illicites (exemple : faire déménager aux frais du contrevenant les objets encombrant les parties communes).

6. Les clauses d'administration générale qui vont au-delà de la loi sans supprimer des droits aux copropriétaires.

Exemple : clauses rallongeant certains délais de convocation :

- clauses prévoyant la possibilité de convoquer une assemblée générale en cas de vacance de syndic, sans passer par le tribunal,
- clauses imposant au syndic certaines exigences :

. ne pas démissionner sans préavis,

. faire des appels d'offres en cas de travaux.

C. Clauses illicites

. Il s'agira de clauses portant atteinte aux droits des copropriétaires sans que l'exercice de ces droits ne nuise à la destination de l'immeuble ou aux autres copropriétaires. Exemple : clause interdisant la location (par contre une clause de simple limitation du droit de location - ne pas donner en location seule la chambre de service - peut être jugée licite).

. Clause prévoyant qu'en cas de non paiement des charges les propriétaires pourront être "privés" de certaines prestations (exemple : coupure de chauffage).

. Clause interdisant de mettre des fleurs au balcon, etc.

5. Comment faire respecter le règlement de copropriété ?

Cette question est l'une des plus importantes et préoccupantes de celles qui concernent la copropriété.

Beaucoup de copropriétaires constatent des manquements, parfois graves, au règlement et sont indignés que rien ne soit fait par le syndic.

. Quels sont les pouvoirs du syndic ?

En fait, si le règlement ne prévoit pas des pouvoirs spéciaux, le syndic ne peut rien faire d'autre qu'adresser des mises en demeure aux "contrevenants". S'il veut aller plus loin il doit se faire autoriser par l'assemblée générale pour aller en justice.

Il est possible, pour certains problèmes précis, d'introduire dans le règlement des pouvoirs spéciaux du syndic. Par exemple, en cas d'encombrement des parties communes, on pourra prévoir un **droit** de faire enlever les objets encombrants aux frais du contrevenant après mise en demeure restée sans effet. A défaut de disposition précise du règlement, le syndic ne pourra rien faire.

Il est également possible d'introduire dans le règlement de copropriété ce qu'il est convenu d'appeler (par erreur) des "clauses pénales" qui prévoient des “amendes” en cas de non respect du règlement. Il faudra évidemment n’introduire de telles clauses que pour des problèmes importants.

Exemple : il n’est pas anormal de vouloir supprimer le stationnement sauvage dans une résidence en introduisant des pénalités ; le problème du “linge aux fenêtres” est beaucoup plus douteux...

. Même quand sont introduites dans les règlements des “clauses pénales”, il faut se rappeler que, souvent, il faudra aller en justice pour obtenir, par exemple, une remise en état des parties communes sous astreinte. Il faut se rappeler aussi que le syndic **ne peut aller en justice** pour ce type de problème, sauf cas d’urgence, que s’il en a été autorisé par l’assemblée générale.

. Certains copropriétaires profitent abusivement de cette situation et font leur “mauvais coup” juste après l’assemblée générale annuelle, en se disant que, dans un an, les autres auront oublié.

Aussi, nous vous proposons en pareil cas, d’agir ainsi :

- convoquez ou faites convoquer une assemblée générale extraordinaire avec l’ordre du jour suivant :

1. “Autorisation donnée au syndic d’engager une procédure judiciaire contre X au cas où celui-ci refuserait de ... dans un délai de ...”.

2. “Imputation des frais de la présente assemblée générale à X, sur la base de la clause d’aggravation des charges”.

A noter : la clause en question est une clause qui, dans pratiquement tous les règlements de copropriété, prévoit que celui qui aggrave les charges communes de son fait devra en supporter les conséquences.

Si cette clause n’existe pas dans votre règlement, faites-la rajouter...

N.B. : pour compléter cette question voir aussi la question n° 6 du chapitre suivant.

6. Pourquoi et comment mettre son règlement de copropriété en conformité ?

. Beaucoup de copropriétaires sont confrontés à des règlements anciens et donc inadaptés sur un certain nombre de points.

. D’autre part, ils pensent qu’il est TRES DIFFICILE de modifier ou mettre en conformité les règlements de copropriété et que, par ailleurs, cela coûte forcément très cher. Nous allons voir que ce n’est pas forcément le cas.

A. Ce que devrait être un règlement de copropriété

. Le règlement de copropriété étant le document qui fixe les règles de gestion et de vie commune entre copropriétaires devrait avoir **QUATRE** qualités :

- être parfaitement clair et sans ambiguïté,
- être en conformité totale avec les lois existantes,

- être conforme à la réalité, c'est-à-dire tenir compte des évolutions qui se sont produites (par exemple quand des greniers ont été transformés en logements),
- être adapté aux besoins propres de chaque copropriété (chaque copropriété ayant sa spécificité).

B. Les constats que l'on peut faire

Or, que constate-t-on trop souvent ?

a/ Les règlements sont, sur certains points importants, obscurs, voire incohérents (cas des articles traitant de ce qui est "parties privatives" et "parties communes"), les promoteurs ou notaires pouvant, par exemple, se contenter de reprendre sans discernement des documents-types.

b/ Les règlements ne sont que rarement conformes à l'intégralité des lois en vigueur (celles-ci évoluant au moins tous les dix à quinze ans). On a donc des contradictions, en cas de problème, il faudra saisir les tribunaux pour faire constater la nullité de telles ou telles clauses d'un règlement caduc.

c/ Les évolutions de la copropriété ont pu ne pas être intégrées au règlement, ce qui est source de rancoeur et d'injustice (c'est le cas des greniers transformés en logements, des parties communes annexées sans contrepartie, ou des caves aménagées).

d/ Enfin, des décisions d'assemblée générale donnant des règles propres à la copropriété (en matière de recouvrement de charges, en matière d'obligation faites au syndic, etc.) n'ont pas non plus été intégrées et ne sont plus utilisées, faute d'être connues par les nouveaux syndics ou les nouveaux copropriétaires.

C. Les règles concernant la modification des règlements

. La modification du règlement peut être décidée à l'une ou l'autre des QUATRE majorités possibles et qui sont, rappelons-le :
- la majorité simple des présents,
- la majorité absolue de TOUS les millièmes,
- la double majorité, c'est-à-dire les deux-tiers des millièmes et la majorité des copropriétaires en NOMBRE,
- l'unanimité de TOUS les copropriétaires présents, représentés ou absents.. Certaines modifications peuvent être ainsi décidées à la majorité simple. Il s'agit de toutes les modifications qui constituent une mise en conformité avec les lois en vigueur.

. Peuvent également être votées à la majorité simple - et c'est important de le savoir - toutes les modifications de millièmes entraînées par la valorisation de certains lots (greniers transformés en appartement, caves ou garages en locaux commerciaux), quand cela est possible.

. La double majorité ou la majorité absolue sont requises quand des modifications de millièmes sont rendues nécessaires à la suite de décisions elles-mêmes prises valablement à l'une ou l'autre de ces majorités : ainsi la vente de la loge étant décidée à la double majorité, la nouvelle répartition des millièmes le sera aussi à la double majorité.

. La double majorité est également nécessaire dès qu'il s'agit de modifier ou d'instituer des règles concernant la jouissance, l'usage et l'administration de la copropriété. Par exemple, si vous voulez donner au président du conseil syndical le DROIT de convoquer une autre assemblée générale en cas de démission ou décès du syndic, il faudra la double majorité. Si vous voulez instituer des règles concernant le recouvrement des charges, même chose. etc...

. Enfin, il faut savoir que, même si vous vous êtes TROMPES, involontairement, de majorité, les décisions d'assemblée générale resteront acquises dès lors qu'aucune action judiciaire n'aura été engagée devant le tribunal de grande instance dans les deux mois suivant l'envoi du procès-verbal...

Nous n'avons donné là que quelques exemples. Si vous avez des exemples précis qui ne sont pas évoqués dans les paragraphes précédents, il faudra nous consulter (sachant qui'il y a des cas litigieux de toute façon).

D. Qui peut modifier le règlement de copropriété et à quel prix ?

. Beaucoup sont persuadés que seuls les géomètres-experts et les notaires peuvent rédiger des modifications à un règlement. C'est, il faut le dire, **entièrement faux**.

. Que ce soit un calcul de millièmes de charges ou une rédaction d'article de règlement, n'importe qui peut le faire. Si les propriétaires votent les propositions faites, celles-ci seront légales aussi bien si elles ont été formulées par un technicien ou un copropriétaire que si elles ont été formulées par un géomètre-expert ou un notaire.

. Cela n'empêche pas que dans les cas très compliqués on puisse faire appel à une de ces deux professions, mais il est important de savoir que ce n'est pas obligatoire (on verra que le notaire n'est obligatoire que pour la publication au fichier des hypothèques).

. Si vous confiez à des professionnels la modification de vos règlements, il peut en coûter facilement de 20 000 à 50 000 frs, même pour de petites copropriétés.

. Cela explique d'ailleurs que tant de règlements ne soient pas "mis en conformité", les copropriétaires reculant devant les prix.

. Avec des techniciens travaillant pour des associations telles que l'A.R.C., il faut savoir que l'on peut couper les prix en quatre, sans trop de difficultés. Ainsi, pour 5 000 frs, une copropriété de 20/30 lots peut mettre **entièrement à jour et aux normes** son règlement.

E. Les modalités pratiques de modification

a/ L'étude préalable

. Le conseil syndical peut, dans un premier temps, voter en assemblée générale le principe de faire procéder à une ETUDE du règlement, étude qui doit permettre de repérer TOUT ce qui est **non conforme** aux lois en vigueur, CONTRADICTOIRE, INADAPTE à la situation actuelle de la copropriété.

. Il pourra ensuite, une fois cette étude préalable réalisée et dans un deuxième temps, faire voter par l'assemblée générale la décision de faire procéder à une nouvelle REDACTION.

b/ Les propositions de nouvelles rédactions

. Le travail, conduit par les intervenants extérieurs, devra être réalisé en étroite collaboration avec le conseil syndical et les copropriétaires volontaires.

. Le concours éventuel d'un géomètre s'appréciera à ce moment.

c/ La décision

. L'ordre du jour de l'assemblée générale devra stipuler le vote d'une résolution spécifique "Modification du règlement de copropriété".

. Le projet de texte devra être envoyé avec la convocation de l'assemblée générale.

. Les différents éléments modificatifs pourront faire l'objet de votes séparés selon que la majorité nécessaire est différente.

d/ Après l'assemblée les formalités

. Le syndic déposera, chez un notaire, sous la signature comme "copie conforme" la résolution et le texte adoptés par l'assemblée.

Bien sûr, il est indispensable pour le faire, d'attendre la fin du délai de deux mois suivant la notification du procès-verbal aux absents et opposants. Ainsi, si aucune action n'a été engagée, aucune contestation ne sera plus possible.

. Le notaire procèdera ensuite aux formalités de publicité auprès du conservateur des hypothèques et en informera le syndic.

Celui-ci pourra alors faire une photocopie de l'original de l'acte notarié et l'adresser à chacun des copropriétaires.

f/ Modèles de résolutions :

1. Modèle de résolution pour l'étude préalable :

"L'assemblée générale informée de l'opportunité de procéder à une modification du règlement de copropriété, confie au conseil syndical le soin de procéder aux études nécessaires pour en soumettre le résultat au vote de la prochaine assemblée générale.

L'assemblée générale donne son accord pour couvrir les frais nécessaires aux études engagées dans la limite de ... frs".

2. Modèle de résolution pour la décision :

" L'assemblée générale ayant pris connaissance du projet de modification du règlement de copropriété, notifié à tous les copropriétaires avec la convocation, en approuve la rédaction qui est jointe au présent procès-verbal, et charge le syndic de procéder aux formalités correspondantes".

8. Toutes les modifications du règlement de copropriété doivent-elles être forcément publiées au fichier des hypothèques ?

Quand il s'agit de modifications importantes et nombreuses du règlement de copropriété, on a évidemment tout intérêt à faire publier au fichier immobilier au moins, comme on l'a dit, le procès-verbal qui a décidé des modifications.

La publication au fichier immobilier, faite par un notaire, rend opposable les décisions aux tiers. Les tiers, ce sont les futurs copropriétaires : il est important que les décisions prises puissent, en cas de contestation, leur être opposées.

Mais il existe un autre moyen, plus simple et moins coûteux, de faire en sorte qu'une décision soit opposable aux futurs acquéreurs : elle consiste, à l'occasion de chaque vente, à prévenir le *notaire* qu'il veuille bien informer l'acquéreur qu'elle a été votée en assemblée générale. Cette méthode est intéressante mais oblige le syndic à ne pas **oublier** de prévenir les notaires.

CHAPITRE 6

DROITS SUR LES PARTIES COMMUNES ET PRIVATIVES

1. Que dit le règlement de copropriété ?

. Rappelons que le règlement de copropriété doit toujours être consulté quand il s'agit de savoir quels sont les droits sur les parties communes et les parties privatives. Le problème sera de savoir si les clauses du règlement sont **toujours** valables et ne sont pas **abusives**, voire illégales.

. Rappelons également que le caractère abusif ou non des dispositions d'un règlement de copropriété doit toujours s'apprécier non pas dans l'absolu, mais en fonction de l'immeuble et plus particulièrement de la notion de "destination de l'immeuble" (voir page 41). Exemple : en principe, l'interdiction totale de pose d'enseigne commerciale sera jugée illégale si l'occupation commerciale du règlement de copropriété est autorisée. Mais dans certains cas d'immeuble de haut-standing, cette restriction au droit commercial pourra être jugée normale.

. Le règlement de copropriété édicte ainsi :

a/ des règles concernant l'usage des parties communes,

exemple : droit ou non de stationner dans une cour, ou limitation de ce droit ; droit d'apposer des enseignes ou écriteaux et conditions d'exercice de ce droit, etc...

b/ des règles concernant l'usage des parties privatives :

- certaines de ces règles sont générales (concernant le bruit, les odeurs, les odeurs émises par certains commerces, etc.),
- certaines règles sont très spécifiques : interdiction de louer une chambre de service indépendamment du logement principal, par exemple.

Comme on l'a dit, il faudra apprécier le caractère abusif ou non de ces règles spécifiques, toujours au regard de la **destination de l'immeuble.**

Un conseil donc : lisez bien votre règlement avant toute chose.

2. Peut-on changer l'usage de ses lots ?

Dans les questions qu'on nous pose, ce problème revient très souvent et - pourrait-on dire - de plus en plus souvent.

Nombreux sont ceux qui transforment des caves en "locaux commerciaux", des combles en logements, des logements d'habitation en cabinets de consultation, voire des garages en logements.

Le problème recouvre différentes questions, auxquelles nous allons nous efforcer de répondre :

a/ dans quels cas un copropriétaire a-t-il le droit de changer la destination de son lot ?

b/ s'il n'a pas le droit et passe outre, que faire ?

c/ s'il a le droit, comment agir pour qu'une majoration éventuelle de sa quote-part de charges intervienne ?

Dans quel cas un copropriétaire peut-il changer la destination de son lot ?

La liberté d'un copropriétaire peut se définir ainsi : il a le droit de faire ce qu'il veut de ses parties privatives à condition qu'il respecte la **DESTINATION** de l'immeuble.

Cette notion de destination est floue. Chaque immeuble a certaines fonctions (par exemple à dominante habitation avec réserve d'activités commerciales en rez-de-chaussée). Un équilibre existe **au départ** entre ces diverses fonctions (loger, accueillir des commerces, permettre de garer des voitures, permettre d'entreposer des marchandises).

La notion de destination de l'immeuble renvoie à cet **équilibre** que rien ne doit venir compromettre :

- lorsque des caves deviennent logements ou locaux commerciaux ou ateliers de confection,
- lorsque des garages fermés deviennent des lieux d'entrepôt ou d'activité ,
- lorsque des combles deviennent logement, etc.,

l'équilibre peut être rompu. Si tel est le cas, le changement d'usage de ces lots devra être autorisé à **l'unanimité des copropriétaires** (autant dire que c'est impossible). Néanmoins, il n'est pas toujours facile de savoir si **l'équilibre** est rompu. La loi ne tranche pas toujours et les magistrats se réfèrent donc à une jurisprudence évolutive (qui va plutôt dans un sens libéral).

Nous allons essayer ici de résumer la jurisprudence, en rappelant d'abord ceci : si votre règlement de copropriété fixe des règles claires et impératives, alors ce règlement prévaut sur toute jurisprudence ; c'est pourquoi nous vous invitons -si vous êtes confronté à ces problèmes- à relire attentivement votre règlement. Voyons maintenant, par type de locaux, ce qu'il faut penser et quelles sont les tendances dominantes.

1. Logements

- Les lots d'habitation doivent conserver leur affectation initiale, sous réserve des activités professionnelles qui seraient tolérées par le règlement.

2. Commerces

- Les lots à usage de boutiques, au contraire, peuvent être utilisés pour l'exercice d'un commerce différent à la condition que celui-ci ne rompe pas l'équilibre dont il a été question en aggravant les nuisances préexistantes.

- C'est le problème, en particulier, du passage d'un commerce tranquille à un commerce type "restaurant".

3. Garages

- Les lots "garages" destinés à procurer des facilités de stationnement doivent conserver leur affectation, sauf stipulations contraires du règlement de copropriété qui prévoit la possibilité d'un autre usage.

4. Caves

- Les lots à usage de caves et qui ont été conçus pour cette utilisation, ne peuvent, en principe, recevoir une affectation autre que celle de dépôt d'objets, sous réserve, là également, de clauses contraires du règlement.

5. Greniers

- Enfin, en ce qui concerne les lots qualifiés de combles ou greniers, on doit distinguer deux cas :

a/ le règlement de copropriété (ou l'état descriptif de division) stipule que les lots ne peuvent être affectés à un autre usage que "greniers". Cette restriction énoncée dans le règlement doit avoir son plein effet.

b/ le règlement se borne à qualifier les lots de "greniers", sans autre précision. Si les locaux en question sont matériellement habitables, les copropriétaires peuvent, en principe, les affecter au logement, sans enfreindre le règlement puisqu'il ne comporte pas d'interdiction.

Rappelons, cependant que, dans ce cas et dans la mesure où des travaux affectant d'une façon ou d'une autre les parties communes sont nécessaires (ce qui est forcement le cas, la viabilisation de locaux nus entraînant ce genre de travaux), une autorisation doit être obtenue de l'assemblée des copropriétaires, autorisation ne portant pas sur le changement d'affectation, mais sur les travaux. Par ce biais, on arrive à limiter les "dégâts".

Précisons que cette autorisation doit, pour être valable, être accordée à la majorité de l'article 25 (501/1000 en première assemblée) ramenée à la majorité des présents et représentés en deuxième assemblée.

3. A quelles conditions peut-on faire des travaux sur parties privatives affectant les parties communes ?

. Tous travaux sur parties privatives qui affectent les parties communes ou qui portent atteinte à l'aspect des parties communes doivent être autorisés par l'assemblée générale à la majorité de l'article 25.

. Rappelons que le syndic n'a aucun droit d'accorder cette autorisation, même si le règlement de copropriété lui donne ce droit.

. Rappelons aussi que si un copropriétaire a fait des travaux sans autorisation la tendance actuelle de la jurisprudence est de le condamner à remettre en état et, dans aucun cas, de lui accorder cette autorisation a posteriori. Que les amateurs de "coup de force" fassent donc bien attention.

4. Le syndicat a-t-il le droit de refuser l'autorisation de travaux affectant les parties communes ?

- Soyons clair : le syndicat a tous les droits dans ce domaine, même de refuser des autorisations pour des travaux visant à apporter le confort sanitaire.

- Le copropriétaire isolé n'a alors qu'un seul moyen : aller devant le juge pour se faire autoriser judiciairement ces travaux mais surtout qu'il n'aille pas faire les travaux avant : car, encore une fois, si le syndicat l'attaque, le juge ne pourra PLUS lui donner l'autorisation, en raison justement de son coup de force.

5. Peut-on s'opposer aux travaux sur parties communes affectant temporairement ses parties privatives ?

Qu'on ne puisse faire obstacle aux travaux d'entretien de l'immeuble, si ceux-ci requièrent le passage sur ses parties privatives, cela va de soi et cela depuis longtemps. En cas d'obstacle, il suffira pour le syndic d'agir en référé pour se faire autoriser par le juge à pénétrer dans le lot accompagné d'un serrurier et d'un commissaire de police.

Mais pour certains autres travaux, comme les travaux d'amélioration, d'économie d'énergie, etc., il était nécessaire que les droits et obligations des uns et des autres soient clarifiés. C'est ce qui a fait la loi de 1985 qui a utilement complété l'article 9 de la loi de 1965.

. L'article 9 de la loi a prévu qu'on ne pouvait faire obstacle (en plus des travaux d'entretien) à certains travaux décidés en assemblée générale, même si cela crée des troubles sur parties privatives, mais à condition que ces travaux n'altèrent pas de manière durable les parties privatives en question ; il s'agit :

- des travaux d'amélioration,
- des travaux rendus obligatoires en vertu des dispositions législatives ou réglementaires,
- des travaux nécessités par la mise en conformité aux normes de salubrité et de sécurité décidée en application de l'article
25 h,
- des travaux décidés en faveur des handicapés,
- des travaux concernant l'installation de dispositifs de fermeture de l'accès de l'immeuble.

L'article 9 de la loi qui prévoit ces dispositions est important à lire :

Article 9

"Chaque copropriétaire dispose des parties privatives comprises dans son lot : il use et jouit librement des parties privatives et des parties communes sous la condition de ne porter atteinte ni au droit des autres copropriétaires, ni à la destination de l'immeuble. (L.n° 85-1470

du 31 déc. 1985). Toutefois, si les circonstances l'exigent et à condition que l'affectation, la consistance, ou la jouissance des parties privatives comprises dans son lot n'en soient pas altérées de manière durable, aucun des copropriétaires ou leurs ayants droit ne peut faire obstacle à l'exécution, même à l'intérieur de ses parties privatives, des travaux régulièrement et expressément décidés par l'assemblée générale en vertu des e, g, h, et i de l'article 25 et des articles 26-1 et 30.

Les travaux entraînant un accès aux parties privatives doivent être notifiés aux copropriétaires au moins huit jours avant le début de leur réalisation, sauf impératif de sécurité ou de conservation des biens.

Les copropriétaires qui subissent un préjudice par suite de l'exécution des travaux, en raison soit d'une diminution définitive de la valeur de leur lot, soit d'un trouble de jouissance grave, même s'il est temporaire, soit de dégradations, ont droit à une indemnité.

Cette indemnité, qui est à la charge de l'ensemble des copropriétaires, est répartie, s'agissant des travaux décidés dans les conditions prévues par les e, g, h, et i de l'article 25 et par les articles 26-1 et 30, en proportion de la participation de chacun au coût des travaux."

On notera que les copropriétaires concernés ont DROIT à une indemnité, mais que la loi reste muette (et c'est normal) sur le niveau de cette indemnité. Dès lors, nous donnons au propriétaire concerné le conseil suivant : si des travaux parmi ceux évoqués plus haut concernent ses parties privatives, qu'il demande à l'assemblée générale une indemnité (évidemment raisonnable et justifiée), en rappelant que cette indemnité constitue un droit.

Qu'il indique qu'en cas de refus, il refusera l'accès de son lot laissant éventuellement le syndicat l'attaquer en justice, ce qui aura pour conséquence la fixation judiciaire du niveau de l'indemnité.

6. Comment faire respecter les dispositions concernant l'usage des parties communes ?

. Il faut savoir deux choses :

1. Si aucune sanction n'est prévue concernant les inobservations graves en matière de respect des clauses du règlement relatives à l'usage des parties communes, il sera très difficile de faire respecter le règlement. En effet, il faudra aller devant le juge et pour cela se faire autoriser, préalablement, par l'assemblée générale.

2. Mais il faut préciser qu'il n'est pas interdit d'introduire dans son règlement des clauses prévoyant des sanctions en cas d'inobservation.

Nous allons reproduire l'intégralité d'une question d'un parlementaire au ministre et la réponse de celui-ci concernant les sanctions possibles dans les ensembles immobiliers en cas d'inobservation des clauses de règlement de copropriété relatives à l'usage des parties communes.

*"**Question** : L'attention du ministre de l'Intérieur a été attirée sur les difficultés que rencontrent les grands ensembles immobiliers dans le domaine du respect de l'ordre public ou privé, en raison de l'impossibilité quasi complète d'appliquer des sanctions contre les contrevenants au règlement de copropriété et à toute forme de règlementation. La solution consistant à assermenter les gardiens concierges s'avérant insuffisante pour résoudre ce problème, il lui est demandé s'il ne pourrait être envisagé de mettre à la disposition de ces grands ensembles, à temps partiel ou complet, des membres de la police municipale qui pourraient y faire respecter l'ordre et sanctionner par des amendes ou des poursuites pénales les infractions constatées, ainsi que cela se pratique déjà dans des ensembles immobiliers communaux.*

***Réponse** : La nature du problème posé est différente selon que les troubles constituent des infractions pénales ou des simples manquements aux clauses du règlement des copropriété.*

1° Les faits qui constituent des infractions pénales doivent être constatés par des officiers ou des agents de police judiciaire (code de procédure pénale, art. 16, 20 et 21), ce que font effectivement les agents de police municipale. A cet égard la difficulté dans le cas des grands ensembles immobiliers tient à ce que, sauf crime ou délit flagrant, les officiers et agents de police judiciaire ne sont pas habilités à opérer de leur propre initiative sur le domaine privé des particuliers. En cas de désordre sérieux, les copropriétaires ou les locataires ainsi que le syndic pour les parties communes peuvent toutefois requérir l'intervention des services de police.

*2° Propriétaires et locataires ont la faculté de convenir dans le contrat qui les unit que les seconds verseront aux premiers des indemnités prévues par ledit contrat en cas d'inobservation des conditions relatives à l'usage des biens loués ou en cas de dommages causés à ces biens. **Il en va de même en matière de règlement de copropriété.** Mais il s'agit toujours de dispositions ayant un caractère contractuel et qui sont de la compétence exclusive du juge civil en cas de litige. Les faits constatés dans ce cas s'analysent donc comme des fautes contractuelles ne donnant lieu qu'à des réparations civiles, bien que par un abus de langage répréhensible, ces dispositions soient fréquemment reprises dans les règlements de copropriété sous l'appellation de "clause pénale". Dans la pratique et nonobstant l'existence de telle clause contractuelle, la réparation du trouble constaté ou du préjudice subi est souvent rendu malaisée en raison des difficultés à établir la matérialité des faits. A cet égard, le fait d'assermenter un garde particulier est dépourvu en l'espèce de tout intérêt pratique puisque, aux termes de l'article*

29 du code de procédure pénale, les gardes particuliers assermentés constatent par procès-verbaux tous délits et contraventions portant atteinte aux propriétés dont ils ont la garde, c'est-à-dire exclusivement des ***infractions pénales****. Les gardes ne peuvent pas utiliser leurs pouvoirs de police judiciaire pour faire respecter des dispositions de nature contractuelle, infliger et percevoir des indemnités qui ont le même caractère.*

Quant à l'intervention de la police municipale s'agissant de fautes contractuelles ne pouvant justifier l'ouverture de poursuites pénales, elle ne paraît pas non plus de nature à apporter une solution efficace au problème soulevé par l'honorable parlementaire. Il n'entre évidemment pas dans les attributions de la police municipale de constater des manquements à des règles civiles.

3° Les mêmes difficultés surgissent à nouveau lorsque les troubles ne constituent pas des infractions et sont le fait de personnes étrangères à la copropriété ne répondant de leur faute que sur le terrain de la responsabilité civile délictuelle.

Mes services étudient actuellement, en liaison avec le ministère de la Justice, la possibilité d'ériger en contraventions certaines fautes qui ne constituent actuellement que des fautes civiles.

(Réponse question écrite n° 38666 : Journal Officiel débat Assemblée nationale du 19 novembre 1977)."

Que nous apprend cette longue réponse ministérielle ?

1. Que les clauses contractuelles incluses dans le règlement de copropriété (initialement ou par voie d'adjonction) et prévoyant des "sanctions" en cas de non respect des clauses du règlement, sont valables et légales.
2. Qu'il n'est pas besoin, pour que ces clauses jouent, qu'il y ait un gardien assermenté.
3. Que le syndic peut donc fort bien - à condition qu'il puisse établir la preuve de l'abus - appliquer les sanctions.
4. Qu'en cas de contestation, c'est le juge civil qui tranchera...

7. Comment réagir face aux appropriations de parties communes non autorisées ?

. Ce cas est malheureusement trop fréquent. En fonction des situations, plusieurs cas sont envisageables :

a/ vous souhaitez la restitution,

b/ vous acceptez l'appropriation, mais souhaitez une régularisation (achat plus augmentation des millièmes).

a/ Restitution et remise en état

Cela se joue en plusieurs temps :

- il faut établir un constat (d'huissier de préférence),
- puis faire faire une mise en demeure par lettre recommandée avec A.R. par le syndic,
- si rien ne se passe, il faudra faire renouveler la mise en demeure par délibération spéciale de l'assemblée générale,
- parallèlement la même assemblée générale devra donner mandat au syndic d'agir judiciairement en cas de refus d'obtempérer.

b/ Régularisation

- Pour cela il faut faire voter une résolution en assemblée générale qui peut s'inspirer du modèle ci-dessous :

"L'assemblée générale constatant que M. X s'est approprié, sans autorisation préalable de l'assemblée générale, des parties communes, ratifie cette appropriation moyennant le respect des conditions suivantes :

- achat des parties communes concernées pour le prix de ... ,
- modification des tantièmes de charges,
- prise en charge des frais de modification.

Au cas où ces conditions ne seraient pas respectées intégralement, la présente ratification deviendra caduque et le syndic devra engager une procédure judiciaire pour obtenir la remise en état initial sous astreinte".

CHAPITRE 7

TANTIEMES OU MILLIEMES DE COPROPRIETE

1. Tantièmes ou millièmes ?

. Appelés plus couramment “millièmes”, les tantièmes de copropriété sont l’une des notions de base de la copropriété. Etre copropriétaire c’est être propriétaire de lots - partie privative à quoi est attachée une QUOTE-PART de la propriété des parties communes.

. Pour déterminer cette quote-part, au lieu de s’exprimer en pourcentage (3%, 4%), on s’exprime en millièmes.

Ainsi, avoir cent millièmes de la copropriété, c’est comme en avoir dix pour cent. Dans les grosses copropriétés, on divisera la propriété non pas en 1000èmes, mais en 10 000, 100 000, parfois 1 000 000èmes.

2. Millièmes de copropriété et millièmes de charges

Vous avez peut-être entendu parler de millièmes de charges. Est-ce la même chose que les millièmes de copropriété ?

Nous allons essayer de résoudre ce problème un peu compliqué.

. Les millièmes de propriété - dont on verra un peu plus loin comment ils sont déterminés - sont utilisés pour les votes en assemblée générale, pour le partage des primes d’assurances en cas de démolition de l’immeuble, ainsi que pour le partage du produit des ventes de parties communes. Si ces millièmes sont aussi utilisés pour répartir les charges générales, alors ils sont aussi appelés “millièmes de charges”.

Mais il peut y avoir, dans certains cas, une autre grille servant à répartir les charges générales ; dès lors millièmes de propriété et millièmes de charges sont distincts.

A noter que nous parlons là de charges générales, car en matière de charges particulières (charges de bâtiment, si elles existent, ou charges d’équipement), il y a pratiquement **toujours** une grille de charges particulières. Nous verrons cela après avoir vu comment sont déterminés les millièmes de propriété.

3. Comment sont déterminés les millièmes de copropriété ?

Alors que pour les charges, comme on le verra, la loi impose le respect de critères, ce n’est pas le cas pour les millièmes de propriété qui peuvent être établis par les auteurs du règlement sur les critères qu’ils veulent. C’est ce qui ressort de l’article 5 de la loi du 10 juillet 1965. En général, néanmoins, ces millièmes sont établis sur “la consistance, la superficie et la situation des lots” (voir ici même, point 5).

4. Charges générales, charges spéciales, charges d'équipement ou service, charges concernant les travaux d'amélioration.

En matière de charges, la loi de 1965 permet de distinguer quatre catégories de charges **possibles** :
- charges générales,
- charges spéciales,
- charges d'équipement ou service,
- charges de travaux d'amélioration.

a/ La loi définit strictement ce que sont les charges **générales** : ce sont les charges relatives "à la conservation, à l'entretien et à l'administration de l'immeuble" (art. 10). Ces expressions recouvrent :
- les dépenses d'entretien du gros oeuvre,
- les frais d'éclairage et de nettoyage des parties communes,
- les frais de gestion,
- les frais d'assurance,
- les frais de procédure.

b/ Certaines de ces charges générales peuvent, si le règlement de copropriété le prévoit, devenir des **charges spéciales à chaque bâtiment** : c'est le cas souvent des charges d'entretien du gros oeuvre s'il y a plusieurs bâtiments.

c/ **Charges d'équipement ou services**

Ce sont les charges qui concernent un équipement (ascenseur, vide-ordure, ...) ou un service (chauffage, eau chaude ...).

d/ Enfin, on a des **charges concernant les travaux d'amélioration**.

Nous allons voir dans les questions suivantes les critères imposés par la loi pour opérer la répartition.

5. Comment sont déterminés les millièmes de charges générales et spéciales ?

- Pour ce qui est des millièmes de charges, la loi oblige à ce qu'ils soient établis sur la consistance, la superficie et la situation des lots.

- Nous verrons un peu plus loin ce que cela signifie. Ce qu'il faut dire d'emblée est ceci : aucune **règle précise** de calcul n'a jamais été élaborée, les "experts" étant libres d'appliquer les impératifs de la loi comme ils l'entendent. Il y a donc des usages professionnels (non codifiés, d'ailleurs) mais pas de règles précises.

- A noter aussi que les experts en question sont souvent les géomètres-experts, mais que - contrairement à ce que l'on peut croire - ils n'ont aucun monopole concernant le calcul des millièmes.

Voyons maintenant ce que signifient concrètement les trois notions évoquées :

a/ La consistance

La consistance recouvre elle-même plusieurs notions :

- celle de l'aménagement intérieur (bureaux, logements, boutiques, greniers, caves, ...),
- la qualité des matériaux,
- le degré de confort (existence de balcons, ascenseurs, ...).

b/ La situation

La situation renvoie à différents facteurs :

- l'étage (éclairement),
- l'orientation (ensoleillement),
- le côté rue ou le côté jardin (plus ou moins de bruit),
- la vue ...

c/ La superficie

Cela n'a pas besoin de commentaire.

En prenant en compte ces trois séries de critères, tel expert affectera tel lot à usage de logement de 100 m2 de 65/1000e et tel lot à usage de remise de 25/1000e.

Il est tout de même surprenant que les calculs soient, en fin de compte, laissés à l'appréciation des seuls experts et de leur usage. Il est curieux aussi que la loi n'oblige nulle part les experts à indiquer, dans chaque règlement de copropriété, les barêmes et coefficients retenus pour arriver aux chiffres qu'ils imposent. Ce serait pourtant la moindre des choses que chacun puisse savoir COMMENT ont été calculés ses millièmes de charges... A quand cette réforme de la transparence ?

6. Comment sont déterminés les millièmes de charges d'équipement ?

Pour les équipements et les services, la loi prévoit que la répartition des frais doit se faire en fonction de l'UTILITE pour chaque lot.

L'utilité est une notion parfois difficile et imprécise. Nous essaierons de montrer comment un expert peut calculer celle-ci (à noter que dans d'autres cas, elle est très simple ; exemple : l'utilité d'une antenne de télévision est la même pour chaque lot.

Ce qu'il faut dire, c'est que la notion d'utilité renvoie à l'utilité potentielle pour le lot et non à l'utilisation. Ainsi, un lot qui n'est pas raccordé au chauffage ou au service de l'eau chaude mais pourrait l'être devra payer des charges pour cet équipement.

Notons que, là aussi, l'appréciation de l'expert pour déterminer le degré d'utilité est souveraine.

7. Comment sont déterminés les millièmes de charges de travaux d'amélioration ?

Enfin, en cas de travaux d'amélioration, la loi dit que les frais sont répartis en fonction de l'avantage que chaque lot en retire. Cette notion d'avantage est assez proche de celle de l'utilité et, encore une fois, à la libre appréciation des experts qui calculent cet avantage lot par lot.

8. Comment, sur un exemple précis, est fait un calcul de millièmes d'ascenseur ?

Nous allons prendre le cas d'un immeuble de cinq étages. L'ascenseur ne dessert pas le sixième étage. Par ailleurs, l'ascenseur ne s'arrête pas aux étages, mais à mi-paliers.

Voyons comment, concrètement, un expert a déterminé l'utilité pour chaque lot.

“ ***. Description du problème***

- immeuble de six étages,

- l'ascenseur dessert non pas les étages de plain-pied, mais les étages à mi-niveau,

- il n'y a pas de profession libérale en étage.

a/ Rappel de la définition de la notion de l'utilité pour l'ascenseur

L'utilité va être fonction :

. D'un coefficient d'habitabilité, c'est-à-dire du nombre de personnes affectées, à priori, à chaque lot : ceci n'a aucun rapport avec les tantièmes des parties communes mais dépend du nombre de pièces, voire des cas particuliers des petites chambres ou débarras. Nous appliquons les règles du DTU qui précisent que l'on doit compter une personne par pièce + une personne par appartement. Ceci signifie qu'un appartement de 4 pièces est assimilé à 5 personnes ; un studio à 2 personnes. Bien entendu, dans les cas particuliers où il existe une petite pièce non habitable, il faut en tenir compte.

. De l'existence de professions libérales ou de commerces (ce qui n'est pas le cas ici).

. D'un coefficient d'étage qui intègre la véritable utilité, à savoir :

- économie de fatigue,

- gain de temps,

- répartition du contrat d'entretien et de la quittance EDF.

Les coefficients utilisés sont en général les suivants :

- 1er étage 1,00

- 2ème étage ... 1,33

- 3ème étage ... 1,67

- 4ème étage ... 2,00
- etc...

b/ Application de la méthode pour l'immeuble 100, Bd de la Liberté

Il faudra dans cet immeuble tenir compte du cas particulier de l'ascenseur ne desservant pas les appartements de plain-pied mais à mi-niveaux.

. 1er étage

On peut admettre, sur le plan du principe, que les occupants se rendant au 1er étage ne prennent pratiquement pas l'ascenseur puisque ce dernier démarre à mi-niveau entre le rez-de-chaussée et le 1er étage.

Cependant, rien n'interdit, lorsque l'on veut, par exemple, transporter de lourdes charges, de prendre l'ascenseur au niveau 0,5, de monter au niveau 1,5 et de redescendre à pied une demi-volée d'escalier avant d'atteindre le 1er étage. Il est moins fatiguant de descendre une demi-volée à pied que d'en monter une lorsque l'on est très chargé.

Aussi, pour tenir compte de cet inconvénient, nous ramenons le coefficient normal du 1er étage de 1 à 0,1. Les coefficients deviennent alors les suivants :

- lots 3 + 4 : 4 pièces, soit 5 personnes, ce qui compte tenu du coefficient d'étage de 0,1 représente 0,50 tantième, soit 0,5%.

- lot 5 : même raisonnement, soit 0,5% (ou 50 millièmes).

. 2ème étage

- lot 6 : 4 pièces soit 5 personnes. Le coefficient d'étage normal est de 1,33. Néanmoins, nous le ramenons à 1 pour tenir compte du fait que l'utilité pour les copropriétaires du 2ème étage est relativement réduite compte tenu du fait que l'ascenseur ne démarre qu'au niveau 0,5 et s'arrête à l'étage 1,5. Les tantièmes sont donc de 5,00, soit 5%.

- lot 7 : même raisonnement, soit 5%.

. 3ème étage

- lot 8 : 4 pièces soit 5 personnes. Le coefficient d'étage 1,67 ne doit pas être changé mais conservé, ce qui donne des tantièmes de 8,30 arrondis à 8% en valeur relative.

- lot 9 : même raisonnement, soit 8%.

. 4ème étage

- lot 10 : 4 pièces soit 5 personnes. Les tantièmes sont de 10,00 soit en valeur relative 10%.

- lot 11 : même raisonnement soit 10%.

. 5ème étage

- lot 12 : 4 pièces soit 5 personnes. Le coefficient normal est de 2,33 et doit être conservé, ce qui donne des tantièmes de 11,60 arrondis à 12%.

- lot 13 : même raisonnement, soit 12%.

. 6ème étage

Les lots situés au 6ème étage sont assez particuliers en ce sens que plusieurs lots ont été réunis.

De toute façon, les occupants devront monter à pied une demi-volée d'escalier, si bien que la dépense ne peut être supérieure à celle engendrée pour aller au 5ème étage, mais qu'en outre il est plus ennuyeux de monter à pied une demi-volée d'escalier que d'en descendre une. C'est la raison pour laquelle le coefficient d'étage normal de 2,67 doit donc être ramené à 2,30. Il est très légèrement inférieur à celui retenu pour le 5ème étage : 2,33.

- lot 14 : il n'y a qu'une petite pièce de dimension très réduite. C'est la raison pour laquelle nous avons ramené le coefficient d'habitabilité de 2 à 1. Compte tenu du coefficient d'étage de 2,30, les tantièmes sont de 2,30 en valeur absolue arrondis à 2, soit 2%.

- lots 15 + 16 : il s'agit d'un studio (donc assimilé à 2 personnes). Compte tenu du coefficient d'étage de 2,30, les tantièmes en valeur absolue sont de 4,60 arrondis à 5, soit 5%.

- lots 17 + 18 + 19 + 20 + 21 : ces lots ont été réunis pour former un appartement comprenant notamment un séjour et une chambre, ce qui signifie que le coefficient d'habitabilité est égal à 3. Si on applique le coefficient d'étage de 2,30 on obtient des tantièmes en valeur absolue égaux à 6,90. Compte tenu du fait que cet appartement est constitué par 5 lots rassemblés, nous portons ces tantièmes en valeur relative à 8%.

- lots 22 + 23 : il s'agit d'un appartement un peu plus petit comprenant 2 pièces, c'est-à-dire équivalant à 3 personnes. En appliquant le coefficient d'étage de 2,30, on obtient des tantièmes égaux en valeur absolue à 6,90 arrondis à 7%.

- lots 24 + 25 + 26 : même raisonnement que pour les lots 22 et 23, ce qui représente des tantièmes en valeur relative de 7%.

Cela donne donc le tableau suivant :

Lots	*Destination*	*1.020e généraux*	*Proposition de millièmes par l'expert*
. Rez-de-chaussée			
Lot 1	*Boutique*	*84*	*0*
Lot 2	*Boutique*	*83*	*0*
. Premier étage			
Lot 3+4	*Appartement*	*80*	*5*
Lot 5	*Appartement*	*80*	*5*
. Deuxième étage			
Lot 6	*Appartement*	*80*	*50*
Lot 7	*Appartement*	*80*	*50*
. Troisième étage			
Lot 8	*Appartement*	*80*	*80*
Lot 9	*Appartement*	*80*	*80*

. Quatrième étage			
Lot 10	*Appartement*	*80*	*100*
Lot 11	*Appartement*	*80*	*100*
. Cinquième étage			
Lot 12	*Appartement*	*73*	*120*
Lot 13	*Appartement*	*73*	*120*
. Sixième étage			
Lot 14	*Chambre*	*7*	*20*
Lots 15+16	*Studio*	*10*	*50*
Lots 17+18+ 19+20+21	*Appartement*	*19*	*80*
Lots 22+23	*Appartement*	*14*	*70*
Lots 24+25+ 26	*Appartement*	*17*	*70*
	Totaux	*1020*	*1000*

9. Quand et dans quels cas peut-on modifier la répartition des charges ?

La loi prévoit 3 cas de modification des grilles de charges :

1. Quand les millièmes de charges ont été MAL calculés, au départ, ou à la suite d'erreurs dans les calculs des superficies par exemple, et qu'il y a plus de 25% de différence.

Mais, dans ce cas, il faut des conditions de délais pour engager l'action visant ces modifications : la loi prévoit, en effet, qu'on ne peut agir que dans les 5 ans suivant la publication du règlement de copropriété ou les 2 ans qui suivent la première mutation (vente ou cession) d'un lot.

2. Quand des modifications de parties privatives - légales ou autorisées par l'assemblée générale - ont pour **conséquence naturelle** la modification des charges : exemple, si l'assemblée générale a autorisé la surélévation du dernier étage, partie privative, le lot concerné devra voir ses millièmes de charges **modifiés**.

3. Quand les grilles de charges appliquées ne sont pas conformes aux dispositions de la loi prévoyant qu'en matière d'équipement, les copropriétaires doivent participer aux charges en fonction de l'UTILITE. Ce cas ne doit pas être confondu avec le premier cas. En effet, il s'agissait là de modifications à apporter à la suite d'erreur ; dans le troisième cas il s'agit de mofications à apporter à la suite d'une mauvaise application de la loi (exemple : si la grille d'ascenseur est la même que celle des 1000e de charges de chauffage, cela voudra dire que le critère d'utilité n'a pas été appliqué). Dans ce cas on parle d'action en nullité.

Bien sûr, en dehors de ces trois cas, une assemblée générale peut, à l'unanimité des copropriétaires, modifier la grille des charges. Sauf dans les toutes petites copropriétés, il s'agit évidemment d'une hypothèse d'école.

CHAPITRE 8

QUELQUES PROBLEMES PRATIQUES EN MATIERE DE REPARTITION DES CHARGES

1. Les charges d'"escaliers" sont-elles à répartir sur les seuls copropriétaires utilisant les escaliers ?

L'escalier est considéré par certains comme un équipement et, dès lors, ils pensent que les charges d'entretien sont à répartir entre ceux qui "utilisent" les escaliers. Ils ont tort.

Les escaliers, même intérieurs, d'un immeuble constituent des éléments du gros-oeuvre et, comme tels, des parties communes de la copropriété. Dès lors les copropriétaires doivent participer aux dépenses entraînées par le ravalement intérieur des cages d'escalier et de leurs paliers et les réparations nécessitées par l'usure des marches en fonction de leurs millièmes de copropriété.

Les articles du règlement de copropriété imposant une répartition dans ces charges suivant une quote-part différente des valeurs relatives des parties privatives comprises dans les lots sont donc contraires à la règle d'ordre public figurant à l'article 10 de la loi et doivent être réputés non écrits.

A noter cependant que les tapis qui les couvrent appartiennent à la catégorie des éléments d'équipement dont les charges peuvent être réparties en fonction de l'utilité qu'ils présentent pour chaque lot.

2. Les charges de nettoyage et d'éclairage des parties communes sont-elles des charges communes générales ou des charges "particulières" ?

Cette question rejoint la première. La réponse a été apportée à trois reprises par la Cour de cassation : "Les charges de nettoyage et d'éclairage des parties communes sont des charges communes générales, parce qu'elles sont comprises dans les charges relatives à la conservation, l'entretien et l'administration de l'immeuble auxquels les copropriétaires sont tenus de participer proportionnellement à leurs millièmes de copropriété" (3ème chambre civile de la Cour de cassation 6 mars 1991, 27 novembre 1991, 11 juillet 1991).

3. En cas de terrasse privative ou de jouissance privative de terrasse commune, qui doit payer la réfection de l'étanchéité ?

La réponse est plus simple : l'étanchéité est toujours à la charge de la copropriété. Exemple de l'arrêt de la 23ème chambre du tribunal de grande instance de Paris : "Lorsque le règlement de copropriété prévoit que le copropriétaire d'un lot aura la jouissance et l'entretien du jardin aménagé sur une dalle, partie commune, comme élément constitutif du gros-oeuvre, les travaux d'étanchéité ne sont pas à sa charge car ils ont le caractère de travaux de gros oeuvre dont le coût doit incomber à la copropriété".

4. En cas de travaux sur étanchéité d'une terrasse, qui doit payer la dépose et la repose des aménagements privatifs réalisés sur ces terrasses ?

La plupart des règlements de copropriété prévoient que les copropriétaires qui aggravent par leur fait les charges communes doivent en supporter les conséquences. Dès lors, si des "aménagements privatifs" qui ne sont pas d'origine doivent être déposés et reposés, il a été jugé que l'assemblée générale pouvait valablement décider d'en imputer les charges aux copropriétaires concernés (tribunal de grande instance de Versailles, 20 décembre 1990).

5. Un règlement de copropriété peut-il attribuer des charges de chauffage à des parkings et caves ?

Non, celà est tout à fait illégal et c'est pourquoi est réputée non écrite la clause d'un règlement de copropriété qui affecte des charges de chauffage collectif à des lots à usage de parkings et de caves qui, en raison de leur situation dans l'immeuble, ne bénéficient pas de ce service collectif, lequel ne leur est par conséquent d'aucune utilité. (Paris, 23ème chambre, 21 novembre 1989.

6. Le "gardiennage" doit-il être réparti en charges générales ou en charges particulières ?

Dans ce domaine, après avoir beaucoup "hésité" la Cour de cassation a tranché et estimé que les charges de gardiennage doivent être considérées comme des charges relevant de l'entretien et de la conservation de la copropriété (3ème chambre civile, 4 janvier 1991 ou encore 27 novembre 1991).

7. L'application d'un forfait de consommation d'eau chaude pour ceux qui ne font pas relever leur compteur, peut-il être voté à la majorité simple ou doit-il l'être à l'unanimité ?

L'intérêt pratique de la réponse est très grand, car pouvoir appliquer des forfaits à ceux qui ne font pas relever leur compteur est très important. Certains ayant fait croire que ces forfaits représentaient une modification des charges disent qu'il faut l'unanimité. Un arrêt du tribunal de grande instance de Paris, vient heureusement confirmer que le vote d'un forfait peut être valablement pris à la majorité simple, celui-ci pouvant s'interpréter comme une simple mesure de gestion permettant de pallier la carence des copropriétaires concernés, en leur faisant payer un acompte forfaitaire à valoir sur leur consommation, afin que celle-ci ne soit pas supportée par les seuls copropriétaires dont les compteurs peuvent être relevés.

CHAPITRE 9

COMMENT DOIVENT ETRE REPARTIS LES FRAIS DE CHAUFFAGE

Le problème de la répartition des frais de chauffage est très particulier puisque - en plus de la loi sur la copropriété étudiée sur cet aspect dans le chapitre précédent - existent des dispositions générales sur la répartition des frais de chauffage qui, **dans certains cas**, obligent à appliquer d'autres modes de répartition.

Le problème étant particulièrement embrouillé, nous avons pensé que le mieux était de consacrer à ce problème un chapitre spécial.

1. Comment se mesure la consommation individuelle de chauffage ?

Disons qu'on a 2 types d'appareils :

. **les évaporateurs** : ce sont des petits appareils placés sur chaque radiateur ; plus les radiateurs seront chauds pendant l'hiver, plus l'évaporation sera forte. On détermine donc la consommation de chacun en fonction de l'évaporation.

. **les compteurs de calories** : ils calculent la différence de température à l'entrée d'un logement (ou d'un local) et à la sortie et transforment cette différence en calories consommées. Ces compteurs ne sont envisageables que sur des installations où l'on dispose d'une boucle par lot, ce qui n'est pas toujours le cas.

2. Quels sont les grands principes concernant la répartition des frais de chauffage selon la consommation ?

a/ La loi oblige les immeubles où cela est possible et sauf dérogations que nous étudierons plus loin, à équiper les logements d'appareils permettant de connaître la part de consommation de chacun (il s'agit soit de répartiteurs de chaleur - dont les évaporateurs - soit de compteurs de calories).

b/ la loi fixe ensuite des règles concernant la répartition des frais de combustible.

Le principe est le suivant : on va considérer le total des frais de combustible :

- une partie sera répartie entre les copropriétaires de façon fixe (en fonction des millièmes de copropriété),
- une partie sera répartie entre les copropriétaires en fonction de leur consommation.

Schématiquement, cela se passe donc ainsi :

Coût global chauffage

réparti en :

frais d'entretien = A	combustible = B

• A est réparti en fonction des millièmes de copropriété.

• B est réparti ainsi :

. une partie est répartie en fonction de la consommation

. une partie est répartie en fonction des millièmes de charge chauffage

3. Pourquoi la partie combustible n'est-elle pas forcément répartie intégralement en fonction de la consommation ?

Avant d'analyser dans le détail :

- les règles présidant aux exceptions,
- les règles présidant à la répartition des frais de combustible,

expliquons pourquoi la loi ne prévoit pas que, forcément, la totalité de la part combustible soit répartie en fonction de la consommation. Le législateur est, en effet, conscient du fait qu'il existe entre les logements des possibilités de "vol de calories" : un logement bien situé dans un immeuble peut ne pas se chauffer du tout et "pomper" ainsi les calories de ses voisins. Pour ne pas trop favoriser ce genre de manoeuvre, les pouvoirs publics ont voulu laisser de toute façon une part de combustible à payer, même à ceux qui ne consomment RIEN. On verra que seuls les immeubles très récents et donc bien isolés peuvent échapper à cette règle.

4. Quels sont les immeubles qui ne sont pas obligés de se doter, dans chaque local, d'appareils de mesure ?

a/ Certains types d'immeubles sont exclus en fonction de leurs caractéristiques propres. Il s'agit (cf. art. R 131-3 du code de la construction):

- des établissements d'hôtellerie, des logements-foyers, des locaux agricoles et des locaux à usage sportif qui ne sont pas situés dans un immeuble collectif,
- des immeubles où il est techniquement impossible de poser des appareils de mesure (exemple : immeubles équipés du chauffage au sol),

- des immeubles collectifs bénéficiant du label provisoire "haute performance énergétique ou solaire" ou du label "qualitel HPE" (Haute Performance Energétique),
- des immeubles collectifs faisant appel, au moins pour la moitié de la puissance de chauffage des locaux, aux énergies renouvelables (solaire, géothermie, biomasse, rejets thermiques),
- des immeubles pourvus d'une installation de chauffage mixte comprenant un équipement collectif complété par des émetteurs de chaleur individuels.

b/ Par ailleurs, les immeubles qui ont fait l'objet d'une demande de permis de construire avant le 31.12.1988 peuvent échapper à l'obligation si la consommation de combustible pour l'année 1988-1989 est inférieure 40 frs TTC par m2 de surface chauffée.

Toutefois, pour les immeubles qui n'étaient pas normalement occupés au début de la saison de chauffe 1988-1989, la saison de chauffe de référence est la première saison de chauffe connue, l'immeuble étant normalement occupé.

De même, pour les immeubles ayant fait l'objet de la réalisation de travaux de maîtrise de l'énergie entre le début de la saison de chauffe 1988-1989 et le 1er octobre 1991, la saison de chauffe de référence est la première saison de chauffe suivant la réalisation des travaux, cette saison de référence ne pouvant pas être postérieure à la saison de chauffe 1992-1993.

Si la saison de référence n'est pas celle de 88-89, le seuil de 40 frs TTC devra être corrigé par :
- un coefficient de correction climatique par département,
- un coefficient de correction économique.

c/ En ce qui concerne les immeubles dont la demande de permis de construire est postérieure au 31.12.88 (et qui en principe ont des consommations annuelles par m2 inférieures à 40 frs), les textes prévoient qu'ils peuvent être également dispensés d'équipement dans les logements, sous deux conditions :

. d'une part, les logements de l'immeuble considéré doivent comporter un prééquipement permettant la mise en place ultérieure d'un système de répartition des frais de chauffage,

. d'autre part, le ratio de consommation par m2, calculé pour une période de douze mois consécutifs comprenant la première saison de chauffe complète suivant l'achèvement des travaux et l'occupation normale des locaux, ne doit pas dépasser le seuil de 40 frs TTC, avec les deux coefficients évoqués plus haut.

Très schématiquement, l'ensemble de ces dérogations peut se résumer ainsi :

- les immeubles de logements dont le coût d'énergie par m2 est inférieur à 40 frs TTC pour la saison 88-89 (ou une somme corrigée par des coefficients locaux et saisonniers si cette somme ne peut être prise en compte) sont dispensés d'équiper les locaux d'appareils de mesure.

A noter : le vote concernant la pose des appareils se prend à la majorité absolue de l'article 25 (501/1000e en première lecture).

Vous suivez ? Alors on continue.

5. Comment est répartie la part "combustible" dans les immeubles équipés d'appareils de mesure (répartiteur ou compteur) ?

a/ 1er cas : la règle

La loi prévoit que sont répartis selon les consommations des occupants 50% des frais de combustible (le reste étant donc réparti en fonction des millièmes).

b/ 2ème cas : le choix possible des assemblées générales

Mais la loi prévoit aussi que ce pourcentage peut ***augmenter*** si l'assemblée générale le décide :

- Il peut aller jusqu'à 75% dans les immeubles qui ont fait l'objet d'une demande de permis de construire avant le 31.12.88.
- Il peut aller jusqu'à 100% dans les autres immeubles.

Mais seule l'assemblée générale peut fixer une proportion allant au-delà de ce qui est prévu par la loi. (Cette décision est valablement prise à la majorité simple, la loi ne prévoyant pas explicitement une autre majorité.)

CHAPITRE 10
LE SYNDIC

1. Qu'est-ce qu'un syndic de copropriété ?

. Le syndic est le "mandataire" du syndicat de copropriété, c'est-à-dire qu'il est la personne qui **représente** le syndicat et agit en son nom.

. Nombreux sont ceux qui croient que le syndic est "l'employé" de la copropriété. Faux ! Archifaux ! Il est, comme on vient de le dire (et nous insistons volontairement) son représentant, son mandataire.

. Ceci explique d'ailleurs que, en cas de faute de sa part - même si un copropriétaire peut, depuis peu, attaquer directement le syndic - il devra aussi attaquer le syndicat des copropriétaires (qui reste responsable de son mandataire).

. Dans la pratique, le syndic est le **gestionnaire de la copropriété**, ou encore "l'exécutif".

. Les obligations du syndic sont définies assez précisément par l'article 18 de la loi du 10 juillet 1965 que nous reproduisons ci-dessous : "*Art. 18 - Indépendamment des pouvoirs qui sont conférés par d'autres dispositions de la présente loi ou par une délibération spéciale de l'assemblée générale, le syndic est chargé :*

- d'assurer l'exécution des dispositions du règlement de copropriété et des délibérations de l'assemblée générale,

- d'administrer l'immeuble, de pourvoir à sa conservation, à sa garde et à son entretien et, en cas d'urgence, de faire procéder de sa propre initiative à l'exécution de tous travaux nécessaires à la sauvegarde de celui-ci,

- de représenter le syndicat dans tous les actes civils et en justice.

Seul responsable de sa gestion, il ne peut se faire substituer. L'assemblée générale peut seule autoriser, à la majorité prévue par l'article 25, une délégation de pouvoir à une fin déterminée.

En cas d'empêchement du syndic pour quelque cause que ce soit ou en cas de carence de sa part à exercer les droits et actions du syndicat et à défaut de stipulation du règlement de copropriété, un administrateur provisoire peut être désigné par décision de justice.

- d'établir le budget prévisionnel du syndicat et de le soumettre au vote de l'assemblée générale et de tenir pour chaque syndicat une comptabilité séparée qui fait apparaître la position de chaque copropriété à l'égard du syndicat ainsi que la situation de trésorerie du syndicat,

- soumettre au vote de l'assemblée générale, lors de sa première désignation et au moins tous les trois ans, la décision d'ouvrir un compte bancaire ou postal séparé au nom du syndic sur lequel seront versées toutes les sommes ou valeurs reçues par ce dernier. Cette décision est

prise à la majorité mentionnée à l'article 25 de la présente loi. Le syndic dispose d'un délai de six mois pour exécuter la décision de l'assemblée générale lorsqu'elle a pour effet de modifier les modalités de dépôt des fonds du syndicat. Faute par le syndic de faire délibérer l'assemblée sur l'ouverture ou non d'un compte séparé dans les conditions ci-dessous définies, son mandat est nul de plein droit ; toutefois, les actes qu'il aurait passés avec les tiers de bonne foi demeurent valables".

Les obligations du syndic sont nombreuses. En ne respectant pas ces obligations, le syndic s'expose à voir engager sa responsabilité.

. Prenons deux exemples :

. 1er exemple

Il a l'obligation de "conserver" l'immeuble. Cela veut dire que - en cas d'urgence et alors que la loi lui donne tout pouvoir pour engager les travaux nécessaires (même sans accord préalable de l'assemblée générale) - si le syndic n'agit pas, il peut être tenu pour responsable. Si la pluie rentre chez vous parce que le toit fuit et que le syndic ne fait pas procéder à la réparation, en se cachant derrière le fait que l'assemblée générale n'a pas encore voté ces travaux, vous pouvez le menacer d'engager sa *propre* responsabilité, parce que c'est lui qui est responsable de la conservation de l'immeuble et qu'il a tout pouvoir pour agir.

. 2ème exemple

Si un copropropriétaire ne respecte pas le règlement de copropriété (ce qui cause un trouble) et que le syndic ne peut pas justifier avoir agi contre ce copropriétaire, là encore, il peut voir sa responsabilité engagée judiciairement.

2. Qui peut être syndic de copropriété ?

. Deux types de syndic peuvent gérer un immeuble :

- les syndics dits professionnels,
- un copropriétaire (appelé alors syndic non-professionnel).

A. Les syndics professionnels

. Les syndics professionnels ne peuvent exercer leur profession que s'ils sont titulaires d'une carte de gestion délivrée par la préfecture de police.

Cette carte est délivrée et renouvelée tous les ans aux syndics remplissant les conditions énoncées dans une loi de 1970 (dite loi HOGUET) et un décret.

Les conditions ne sont d'ailleurs pas très dures et, en particulier, rien n'empêche un syndic condamné civilement pour faute de gestion d'exercer cette profession ...

. Les syndics professionnels doivent, en outre, avoir une "garantie bancaire" (de façon à ce que les sommes déposées par les copropriétaires soient remboursées en cas de faillite). Insistons sur le fait que cette garantie n'est pas TOTALE et qu'elle est toujours plafonnée : si un syndic fait faillite à 6 000 000 frs et qu'il doive 8.000 000 frs aux copropriétaires, deux millions ne seront pas remboursés aux copropriétaires.

. Enfin, les syndics professionnels ont l'obligation d'avoir une assurance concernant leur responsabilité civile professionnelle. Un conseil : quand vous élisez un syndic, prenez soin de lui demander communication de son numéro de police d'assurance responsabilité civile professionnelle ; n'attendez pas qu'un problème survienne pour le lui demander, car il ne vous le communiquera plus à ce moment-là.

B. Les syndics non-professionnels

Nous consacrons un chapitre de ce guide à la "gestion directe". Aussi, renvoyons-nous le lecteur à ce chapitre pour qu'il sache tout sur le syndic non-professionnel.

Disons simplement ici que, contrairement à ce que n'hésitent pas à affirmer des personnes mal intentionnées, l'élection d'un syndic-copropriétaire ne nécessite nullement la modification du règlement de copropriété et se décide en assemblée générale dans les MEMES CONDITIONS que celles présidant à l'élection d'un syndic professionnel. Ce n'est que dans le cas d'un syndicat coopératif que les modifications sont nécessaires (nous reviendrons sur ces problèmes).

3. Qui contrôle les syndics professionnels ?

a/ On a dit que la préfecture accordait les cartes de gestion. Est-ce à dire qu'elle contrôle ? Non ! Elle se contente :

- de vérifier que le syndic n'a subi aucune condamnation pénale,
- de vérifier qu'il a bien une garantie bancaire et une assurance professionnelle.

Que le syndic détourne éventuellement en permanence la loi et ne respecte pas les textes en vigueur, les préfectures ne s'en préoccupent pas.

b/ Les caisses de garantie : elles contrôlent la santé financière des syndics mais se désintéressent complètement du fait que les syndics respectent ou non les lois.

c/ Les chambres professionnelles : il existe des chambres professionnelles (exemple : FNAIM, CNAB, SNIP) dont le rôle devrait être de contrôler leurs adhérents. Peut-être le font-elles, peut-être ne le font-elles pas. Ce qu'il y a de sûr, c'est que, dans de nombreux cas où des usagers ont saisi les chambres professionnelles contre des syndics, ces chambres ont parfois "couvert" - de façon incompréhensible - les erreurs et les fautes de leurs adhérents (nous serons heureux de donner les dossiers au juge si l'une de ces chambres pensait utile de nous assigner en diffamation).

Conclusion

Personne ne contrôle vraiment les syndics. On renvoie donc les usagers vers les tribunaux, engorgés - comme chacun sait - de façon désespérante, ce qui assure une quasi-impunité à ceux des syndics qui ont décidé de n'appliquer la loi que lorsqu'ils ne pouvaient vraiment pas faire autrement

4. Comment sont déterminés les honoraires de syndic ?

Les honoraires de syndic sont définis par un CONTRAT. D'où l'importance de ce contrat, qui doit être soumis au vote des assemblées générales.

Si le contrat est voté par l'assemblée générale, vous ne pouvez dénoncer aucun abus. Par contre si des honoraires vous sont comptés alors qu'ils ne sont pas prévus dans le contrat ou se réfèrent à un contrat non voté, vous pouvez les refuser (bien sûr si la majorité des copropriétaires acceptent ces honoraires **après coup**, il n'y a rien à faire).

Rappelons que les honoraires se décomposent souvent en :

- honoraires de gestion courante,
- honoraires de gestion particulière.

C'est dans cette deuxième catégorie qu'on repère les abus les plus nombreux.

5. Peut-on négocier les contrats de syndic ?[1]

Une fois que vous avez élu un syndic, il est pratiquement impossible de négocier le contrat.

Par contre AVANT, vous pouvez tout négocier. Certains syndics ont même des contrats volontairement EXCESSIFS. Si les copropriétaires ne discutent rien, c'est bon ; sans quoi cela leur laisse une marge de négociation...

Nous donnons ci-dessous quelques points qui méritent attention, quand vous étudiez ou négociez un contrat de syndic.

a/Durée du mandat

Seuls les contrats d'une durée de 1 an vous assurent que votre syndic “fera attention”. Si celui-ci a obtenu un contrat de 3 ans et est donc, en principe, inamovible, vous aurez souvent des problèmes.

1. Vous pouvez vous procurer un contrat-type réalisé spécialement par l'ARC, en adressant trois timbres pour les frais de port et de photocopie.

b/Préavis

Vérifiez bien que le syndic doit un "préavis" en cas de démission en cours de contrat. C'est le seul moyen d'éviter de vous retrouver en administration judiciaire.

c/Compte séparé

Le syndic prévoit-il cette possibilité (et à quel coût) ou l'exclut-il de façon délibérée ? C'est un point évidemment important dans l'approche du Cabinet. Nous conseillons à nos lecteurs de fuir les cabinets trop hostiles au compte séparé.

Rappelons qu'un compte séparé permet un meilleur suivi de la gestion ; facilite les placements de trésorerie ; permet - en cas de faillite ou de changement de syndic - d'éviter plus facilement les problèmes.

d/Rémunération pour travaux

Ce point est très sensible, comme chacun sait. Les syndics demandent à la fois des "frais de gestion" en cas de travaux (dont personne ne sait ce qu'ils recouvrent) et des frais (éventuels) de suivis techniques, également peu explicites. Nous vous invitons donc :

1. à négocier un tarif dégressif en cas de frais de gestion (exemple : 2 % jusqu'à 100 000 frs et 1 % au-delà).

2. à demander au syndic qu'il précise ce que recouvrent ces frais de gestion et ce que comprend le "suivi technique" (appel d'offres, réunions de chantier, réception de travaux).

Un "bon" syndic accepte assez volontiers de négocier ces points.

e/Visites d'immeuble

Beaucoup de contrats prévoient des "visites d'immeubles" sans précision. Demandez que ce point soit éclairci (du genre : il y aura une visite trimestrielle (ou mensuelle...) en compagnie d'un membre du conseil syndical). Si le syndic refuse, c'est mauvais signe.

f/Gestion du personnel

Vérifiez bien que le syndic assure le remplacement des gardiens ou employés d'immeuble, en cas de congés, dans le cadre de la gestion courante. Nous voyons de plus en plus de cas où les syndics facturent EN PLUS la recherche des remplaçants et la signature des contrats.

g/Recouvrement des impayés

- Vérifiez bien que le syndic ne prévoie pas des frais excessifs en cas de "relance" d'impayés (on voit les simples relances facturées 70 frs HT), ce qui crée des frictions inutiles.

- Faites inscrire une clause selon laquelle le syndic devra obligatoirement, dans le cadre de sa gestion courante, calculer les intérêts de retard aux débiteurs prévus à l'article 36 du décret du 17 mars 1967. Si les syndics refusent, c'est très mauvais signe.

h/Coûts annexes

Méfiez-vous des syndics qui annoncent les prix annexes de façon sournoise (du genre : seront facturés en plus les frais de papeterie, informatique, photocopies, etc...) sans que soient mentionnés des coûts précis). Il faut absolument que vous exigiez que les coûts (exemple : coût unitaire de la photocopie) soient précisés.

i/Frais de transmission de dossier

Il est inadmissible que des syndics facturent les frais de passation de dossier en cas de non-renouvellement de leur mandat. Il est donc important de vérifier que le syndic-candidat ait bien exclu cette clause.

j/Coordonnées de l'assurance responsabilité civile du syndic

Demandez aux candidats-syndics de vous communiquer leur numéro de police d'assurance responsabilité civile professionnelle... En fonction de la tête qu'ils feront, vous pourrez juger à qui vous avez affaire.

6. Un syndic peut-il démissionner sans préavis ?

Si aucune clause de son contrat ne s'y oppose, il le peut, en effet. Cependant, la copropriété - si elle subit un préjudice suite à cette démission - peut obtenir, par voie de justice, des dommages et intérêts. Mais cela reste très théorique.

Par contre, si son contrat prévoit un préavis, le syndic DOIT ce préavis.

7. Quelle est la durée du mandat du syndic ?

Les mandats de syndics sont de durées libres mais ne peuvent être supérieurs à trois ans (mais bien sûr, ce mandat de trois ans peut être renouvelé indéfiniment).

Si le syndic est élu pour une durée indéterminée, la loi considère qu'il est élu pour trois ans.

La loi prévoit une seule restriction : quand le syndic ou une personne de sa famille est lié, de près ou de loin, à la construction de l'immeuble, son mandat ne peut dépasser un an (renouvelable), ceci pendant toute la durée de la garantie décennale.

8. Quelles dépenses le syndic peut-il engager ?

. Le syndic doit faire voter un budget prévisionnel, même si la copropriété fonctionne sur charges réelles.

. Dès lors il ne peut engager de dépenses que dans le cadre de ce budget et n'a aucun droit de dépassement.

. Même chose pour les travaux votés.

. Par ailleurs, la loi prévoit un autre garde-fou : elle oblige le syndic à faire voter une somme au-delà de laquelle il devra obligatoirement consulter le conseil syndical en cas d'engagement de dépenses de sa part. Exemple : une somme de 3 000 frs a été votée. Pour toute dépense supérieure (même si un budget a été voté) la consultation du conseil syndical est obligatoire.

9. Comment faire si le syndic a engagé des dépenses non autorisées ?

Le plus simple est :

1. de ne pas payer,
2. d'appeler l'assemblée générale à refuser la ratification de ces dépenses.

. Si tel est le cas, le syndic devra soit prendre en charge les dépenses, soit saisir son assurance de responsabilité professionnelle.

. S'il refuse, il faudra :

- engager une procédure de révocation (voir plus loin),
- engager une procédure judiciaire.

Si vous n'êtes pas suivi par la majorité de l'assemblée générale, alors cela équivaudra à une ratification par l'Assemblée générale et vous devrez payer.

10. Que veut dire : voter le "quitus" ?

Quitus est un mot latin qui veut dire "accord" (cf. être quitte avec quelqu'un). Voter le quitus c'est donc donner son accord aux actes de gestion du syndic.

A noter : cette notion de QUITUS n'existe pas dans la loi actuelle (elle existait dans la loi de 1938 sur la copropriété, abrogée en 1965). La loi de 1965 ne parle que "d'approbation des comptes".

Mais il est vrai que la notion d'approbation des comptes est plus restrictive que la notion de QUITUS qui recouvre la totalité de la gestion. Or, les comptes peuvent être bons mais pas la gestion.

Bien que la loi de 1965 ne parle que "d'approbation des comptes", comme on l'a dit, il résulte des dispositions de l'article 1993 du code civil que le mandataire "doit rendre compte de sa gestion", donc demander "quitus" de celle-ci.

C'est pourquoi, dans la pratique il est bon de procéder ainsi :

- prévoir un vote pour l'approbation des comptes,
- prévoir un vote pour le QUITUS de gestion.

Un conseil : si des problèmes apparaissent dans les comptes ne refusez pas les comptes "en bloc" mais votez les comptes à l'exception de telle ou telle facture, de telle ou telle dépense, c'est ce qui s'appelle "voter les comptes **sous réserve**". Ainsi, si votre copropriété doit engager des poursuites contre un débiteur, celui-ci ne pourra se prévaloir du refus de voter des comptes…

Est-il possible de se retourner contre un syndic qui a obtenu son quitus ?

En principe, non, sauf si l'on peut prouver la fraude.

La question se pose néanmoins de savoir si, lorsqu'une erreur de gestion se révèle après le quitus, sans qu'il y ait eu fraude de la part du syndic, sa responsabilité peut être engagée. En principe le quitus ne purge la responsabilité du syndic que si l'Assemblée générale a pu délibérer en connaissance de cause. Nous dirons donc que si une faute **apparaît** après l'obtention du quitus, celle-ci n'ayant pas été portée à la connaissance de l'Assemblée générale, le quitus ne purgera pas la responsabilité sur cette faute.

11. Comment faire en cas de "carence de syndic"

On parle de carence de syndic si celui-ci ne fait pas son travail en général ou un travail précis (exemple : il ne fait pas procéder à des travaux votés en Assemblée générale ; il "oublie" d'engager une procédure contre un copropriétaire ; etc…

S'il néglige de convoquer l'Assemblée générale, reportez-vous au point 21 du chapitre consacré à l'Assemblée générale.

. Dans les autres cas, vous avez deux possibilités :

1. Engager contre lui une procédure de "révocation".

Pour celà, il faut utiliser les dispositions de l'article 8 du décret du 17 Mars 1967 reproduit page 213 de ce guide.

Le Conseil syndical ou des copropriétaires représentant 250/1000e au moins, adresse une lettre de mise en demeure en recommandé avec accusé de réception au syndic, en lui demandant de convoquer l'Assemblée générale et en lui précisant l'ordre du jour demandé.

Exemple :

- "révocation du syndic pour fautes graves" (….),
- élection d'un nouveau syndic selon contrat joint,
- ouverture ou non d'un compte bancaire séparé

Si le syndic ne convoque pas l'Assemblée générale, vous pouvez :

- soit le convoquer vous-même (si vous êtes président du Conseil syndical),
- soit vous adresser au Tribunal de grande instance, suivant l'article 50 du décret de 1967.

2. La deuxième possibilité que vous avez est de faire nommer un administrateur qui va suppléer sur UN ou plusieurs problèmes la carence du syndic.

L'article 49 du décret de 1967 prévoit que tout copropriétaire peut - après mise en demeure par LRAR - assigner en référé le syndic pour faire désigner un administrateur qui va **agir** à la place du syndic.

Dans la mise en demeure faite au syndic, il faut :

- indiquer que vous utiliserez l'article 49 du décret,
- indiquer que vous agirez parallèlement pour que TOUS les frais liés à la procédure soient imputés au syndic pour faute profesionnelle.

En principe, si vous êtes persuasif et faites comprendre au syndic que vous avez vraiment l'intention d'agir ainsi, il fera ce qu'il doit faire.

12. Comment changer de syndic ?

Changer de syndic n'est pas forcément la bonne solution. La meilleure chose est encore d'arriver à obtenir de son syndic qu'il fasse correctement son métier, en respectant la loi et en acceptant la discussion avec le conseil syndical et les copropriétaires.

Dans certains cas cependant, il n'y a pas d'autre solution que de changer de syndic, surtout si une équipe de copropriétaires est prête à se lancer dans l'autogestion...

a/Avant l'assemblée

Si vous souhaitez prendre un autre syndic professionnel, n'attendez pas la dernière minute pour demander des projets de contrats à d'autres syndics.

Faites ce qu'on nomme un "appel d'offre" auprès de deux ou trois syndics. Si vous souhaitez être aidés pour étudier les contrats, vous pouvez vous adresser à l'A.R.C.

Si vous souhaitez vous mettre en autogestion, il faudra réunir les copropriétaires dans une réunion sans syndic, de façon à connaître le sentiment majoritaire.

Notre conseil

Ne demandez pas au syndic **avant** la convocation à l'Assemblée générale de prévoir à l'ordre du jour : "Election d'un nouveau syndic selon propositions jointes". Vous risqueriez d'attendre longtemps l'Assemblée générale, à moins que le syndic ne décide de fixer une date impossible (15 août...).

Nous allons voir comment on peut s'y prendre différemment. Il suffit en effet d'attendre la convocation et, à ce moment, utilisant le droit de compléter l'ordre du jour (le plus souvent rédigé ainsi en ce qui concerne le syndic : "Renouvellement du mandat de syndic"), d'en demander (dans les six jours suivant la notification de la convocation et par L.R.A.R., voir chapitre 12, question 4) le complément suivant :

- si vous voulez un syndic professionnel :

"... ou à défaut élection d'un nouveau syndic selon propositions jointes" (vous pouvez joindre un simple tableau résumant les propositions des syndics),

- si vous voulez un syndic non-professionnel, simplement :

"... ou à défaut, élection d'un nouveau syndic".

Dans ce cas, faites aussi ajouter la question suivante : "Ouverture ou non d'un compte bancaire séparé". En effet, le mandat d'un nouveau syndic encourt la nullité s'il n'a pas été procédé à ce vote. Cela évitera donc une nouvelle assemblée...

Il faut savoir, en effet, qu'on ne peut délibérer que sur des questions à l'ordre du jour et qu'on ne peut valablement délibérer que si les conditions essentielles des contrats appelés à être votés sont adressées aux copropriétaires par l'intermédiaire du syndic.

b/Pendant l'assemblée

Vous prendrez bien soin de faire en sorte que le secrétaire de séance - celui qui va rédiger le procès-verbal - soit un copropriétaire non dévoué au syndic ; ainsi il n'y aura pas de problème... Même chose, bien sûr, pour la présidence de séance.

Ne vous laissez intimider par aucune menace concernant le refus de vote du quitus et des comptes. Rappelez-vous seulement qu'il est indispensable pour vous de motiver vos refus, même partiels.

Si vous vous engagez dans la gestion directe, prenez bien soin de voter une délibération autorisant le nouveau syndic non professionnel à ouvrir un compte bancaire, sur lequel, éventuellement, M. ou Mme X ou même Mme Y auront la signature (de préférence non liée).

Dernier conseil : ne laissez pas l'ancien syndic partir avec la feuille de présence de l'assemblée ; gardez-la précieusement.

c/Après l'assemblée

Le seul problème est celui de la récupération des fonds, des archives, etc... L'article 18-2 de la loi du 10 juillet 1965 a prévu des dispositions précises pour éviter ce problème. Nous vous invitons à lire cet article.

Au cas où le syndic ne respecterait pas les dispositions légales, la loi prévoit qu'on peut engager un référé, procédure pour laquelle l'assistance d'un avocat n'est pas obligatoire.

Venez voir notre association pour que nous vous indiquions comment faire...

13. Quels sont vos droits face à un syndic «judiciaire» si vous êtes dans une copropriété dite «en difficulté» ?

Ce point est très important. C'est pourquoi nous vous invitons à lire le chapitre 25 de ce guide pour trouver les réponses à cette question.

CHAPITRE 11
LE CONSEIL SYNDICAL

1. Qu'est-ce que le conseil syndical ?

Rappelons brièvement comment fonctionne une copropriété.

L'ensemble des copropriétaires forme ce qu'on appelle le :

syndicat des copropriétaires

Les copropriétaires se réunissent tous les ans en :

assemblée générale

Si le syndicat a la forme normale, il élit :

. **un conseil syndical**

composé de copropriétaires, et

. **un syndic**

professionnel ou non. Dans ce cas, le conseil syndical contrôle la gestion du syndic et l'assiste.

Si le syndicat a la forme coopérative, l'assemblée générale désigne un :

conseil syndical

celui-ci élit un :

président

qui fait office de :

syndic

Le syndic est le gestionnaire. Dans ce cas, le conseil assiste le syndic dans sa gestion.

2. Le conseil syndical est-il obligatoire ?

Depuis la loi du 31 décembre 1985 modifiant partiellement la loi du 10 Juillet 1965 sur la copropriété, le conseil syndical est OBLIGATOIRE.

Néanmoins, le législateur a prévu un moyen d'échapper à cette obligation : pour cela il faut un **renoncement** du syndicat des copropriétaires voté à la majorité (deux tiers des millièmes et la moitié des copropriétaires en nombre).

3. Qui peut être membre du conseil syndical ?

a/ Ne peuvent être membres du conseil syndical que les copropriétaires, leurs conjoints, les acquéreurs à terme ou leurs représentants légaux

. Voyons ce que cela veut dire :

1. Cas des copropriétaires personnes physiques

- Seules les personnes copropriétaires (ou acquéreurs à terme) peuvent être au conseil syndical. Cela veut dire qu'un concubin non copropriétaire ne peut pas être au conseil syndical.

- Cela veut dire qu'un enfant majeur ne peut pas non plus être au conseil syndical.
- Cela veut dire enfin qu'un MANDATAIRE en assemblée générale ne peut pas non plus être au conseil syndical. En effet le représentant à l'assemblée générale n'est pas un "représentant légal" (le représentant légal sera le tuteur d'un mineur, par exemple).

Question : Mais si une personne non copropriétaire a été élue au conseil syndical, doit-elle en partir une fois qu'on s'est aperçu de l'irrégularité ?

Réponse : Non, sauf si son élection a été contestée devant le tribunal dans les délais légaux (deux mois après reception du procès-verbal par les opposants ou absents.

2. Cas de copropriétaires personnes morales

- Pour les sociétés, seuls les représentants légaux peuvent être au conseil syndical (exemple : les gérants ou les personnes à qui la société donne délégation de pouvoir).
- Pour les sociétés civiles immobilières d'attribution, **chacun des associés peut se présenter au conseil syndical**.

b/ Par ailleurs ne peuvent pas être membres du conseil syndical :

- le syndic, son conjoint, ses ascendants ou descendants,
- ses préposés.

Cette interdiction s'applique même si ces personnes sont copropriétaires.

. On notera ici que les employés d'immeubles et concierges sont considérés comme des "préposés" du syndic (même s'ils sont les employés du syndicat). Donc ces personnes ne peuvent pas être au conseil syndical (certaines revues spécialisées ayant affirmé le contraire, il n'est pas inutile d'insister sur ce point).

4. Comment sont désignés les membres du conseil syndical ?

a/ Les membres du conseil syndical sont désignés par l'assemblée générale à la majorité de l'article 25 de la loi du 10 juillet 1965

Cela signifie qu'ils doivent être élus à la majorité de TOUS les millièmes en première assemblée générale et, si la majorité nécessaire n'a pas été acquise, à la majorité simple en deuxième assemblée générale.

Concrètement cela veut dire que si un copropriétaire a recueilli au cours de la 1ère assemblée générale 465/1000e en première assemblée générale sur 800/1000e présents et représentés, le syndic doit reconvoquer une deuxième assemblée générale et n'a, en aucun cas, le droit de considérer de façon définitive que la personne n'est pas élue (voir article 25 de la loi).

b/ Si aucun copropriétaire n'est élu, tout copropriétaire peut demander au juge à être désigné comme conseiller. Ce cas est fort rare. Nous renvoyons ceux qui pourraient y être confrontés à l'article 21 de la loi (voir annexe).

c/ Faut-il élire une liste ou chaque copropriétaire individuellement ?

En principe le vote concerne non pas un conseil syndical mais **des** conseillers syndicaux. Donc on peut exiger de voter pour chaque conseiller.

Souvent, dans la pratique, et si personne n'y voit d'inconvénient, on vote souvent une liste de candidats, ce qui permet d'aller plus vite.

d/ Doit-on envoyer sa candidature avant l'assemblée générale ?

- Non, vous pouvez très bien présenter celle-ci au cours de l'assemblée générale.

e/ Un mandataire peut-il présenter la candidature de son mandant (c'est-à-dire le copropriétaire qui a donné son pouvoir) ?

- Oui, mais il est prudent, alors, que cette candidature soit inscrite sur le pouvoir.

f/ Si la question du renouvellement du conseil syndical n'est pas portée à l'ordre du jour parce que le conseil syndical a un mandat de trois ans non expiré, un copropriétaire peut-il rentrer malgré cela au conseil syndical ?

C'est possible, sauf si le nombre maximum de copropriétaires indiqué éventuellement dans le règlement de copropriété est atteint ; mais il faut alors prendre soin de faire inscrire la question à l'ordre du jour (en demandant au syndic avant l'assemblée générale ou par lettre recommandée avec avis de réception dans les six jours suivant la notification de l'assemblée générale).

g/ Faut-il élire des suppléants ?

Ce n'est pas obligatoire, mais c'est très conseillé. En effet, comme on le verra, si plus du 1/4 des membres du conseil syndical ne sont plus au conseil syndical (vente, décès...), le conseil syndical n'est plus valablement constitué. Dès lors, il est prudent de prévoir des suppléants pour éviter d'être dans cette situation (voir plus loin).

5. Quelle est la durée du mandat du conseil syndical ?

- Sauf si le règlement de copropriété prévoit une durée précise, c'est l'assemblée générale qui fixe la durée.

- A noter que si aucune durée n'est fixée, cela signifie que le mandat est de trois ans (durée indéterminée = trois ans).

- Un conseiller syndical peut-il faire plusieurs mandats de trois ans ?

Oui, le fait qu'un mandat soit limité à trois ans n'empêche pas de faire plusieurs mandats...

6. Quel est le rôle du (de la) président(e) du conseil syndical ?

- L'une des rares exigences de la loi concernant le conseil syndical est l'obligation d'élire un(e) président(e).

- La loi ne fixe pas le rôle du président, mais dans la pratique, le président est la personne qui fait le lien avec le syndic.

Bien sûr, comme on le verra, le règlement peut fixer des rôles précis au président. Indiquons néanmoins que la loi parle à deux reprises des attributions propres du président :

a/ en cas de convocation d'une assemblée générale par le président,

b/ en cas de récupération des fonds et archives auprès de l'ancien syndic.

a/ Convocation de l'assemblée générale par le président

. **Premier cas** : si le conseil syndical ou des copropriétaires représentant plus de 1/4 des millièmes de copropriété demandent (par lettre recommandée avec accusé de reception) au syndic de convoquer une assemblée générale et que celui-ci ne le fait pas, le président du conseil syndical peut convoquer l'assemblée générale (article 8 du décret du 17 mars 67).

. **Deuxième cas** : le règlement de copropriété peut également prévoir que le président puisse convoquer l'assemblée générale en cas de "vacance" du poste du syndic (démission, décès).

Mais cela n'est possible que si le règlement le prévoit.

b/ Récupération des fonds et archives auprès de l'ancien syndic

Si vous changez de syndic, l'ancien syndic risque de se faire "tirer l'oreille" pour restituer fonds et archives.

Le législateur a bien prévu que le nouveau syndic puisse engager une action contre l'ancien, mais, comme chacun sait que les syndics ne se font pas grand tort entre eux, le législateur a **aussi** prévu que le président du conseil syndical puisse **lui-même** engager l'action au tribunal (sans avocat).

. Qui élit le président ?

La loi est précise sur ce point : c'est le conseil syndical et non l'assemblée générale qui élit le président du conseil.

Attention ne pas confondre : "président de l'assemblée générale", qui lui n'exerce son rôle que le temps de l'assemblée et "président du conseil syndical" qui est le lien privilégié entre le syndic et le conseil syndical.

Refusez donc toute élection du président en assemblée générale (souvent c'est un moyen pour les syndics de faire élire leur "poulain") ou exigez une suspension de séance.

. Peut-on changer de président en cours de mandat ?

Oui, bien sûr. Il ne faut d'ailleurs pas hésiter à le faire si le (la) président(e), soit ne fait rien, soit crée des obstructions.

7. Quelles sont les attributions du conseil syndical ?

. La loi dit que le conseil syndical contrôle et assiste le syndic dans sa gestion. Cela veut dire que le conseil syndical n'est pas considéré comme une instance gestionnaire.

. Voyons précisément ses attributions qui sont néanmoins plus importantes que ce que les syndics en disent parfois :

1. Il a un droit de regard permanent sur la gestion et les comptes (art. 21 de la loi de 1965), et, à ce titre, peut interroger le syndic et lui demander copie de tout document intéressant la copropriété (facture, contrat, signification de procès, etc.).

Certains syndics font croire que le conseil syndical n'a droit de contrôler les comptes qu'une fois par an : c'est évidemment complétement faux : il faut contrôler les comptes à tout moment.

2. Il doit être **associé** à l'élaboration du budget prévisionnel (c'est rarement le cas) : art. 26 du décret.

3. Il doit être obligatoirement consulté par le syndic :

- en cas de travaux d'urgence,
- en cas de travaux dépassant un montant voté en assemblée générale (exemple : si l'assemblée générale a voté une somme de 3000 frs, le syndic doit consulter le conseil syndical pour tout engagement au-delà de cette somme ; à noter : la consultation doit se faire par écrit selon l'article 21 de la loi.

N.B. : Ne votez pas en assemblée générale un montant trop élevé ; si vous votez une somme de 10 000 frs, cela veut dire qu'en dessous de cette somme le syndic peut faire ce qu'il veut...

4. Il peut demander au syndic (par lettre recommandée avec A. R.) la convocation d'une assemblée générale et, en cas de refus ou de silence, le président du conseil syndical est habilité à convoquer l'assemblée générale.

5. Il peut se faire donner des mandats **précis** par l'assemblée générale (exemple : choisir un devis, choisir une entreprise, choisir un avocat, article 25 de la loi).

6. Enfin, comme on l'a déjà vu, le (la) président(e) peut engager une action judiciaire contre l'ancien syndic en vue de récupérer les fonds et les archives de la copropriété (art. 18.2 de la loi).

Comme on peut le constater, les attributions du conseil syndical sont assez larges.

8. Quels sont les moyens mis à la disposition du conseil syndical ?

Le conseil syndical a, à sa disposition, deux séries de moyens :

1. Il peut obtenir, à tout moment, communication et COPIES de tous les documents ou pièces qui concernent la gestion de la copropriété. Aucune limitation ni restriction ne peut être apportée à ce droit (le syndic ne peut opposer aucun caractère de confidentialité).

2. Par ailleurs, il peut faire appel à tout technicien de son choix (article 27 du décret) : comptable, thermicien, etc.

. Comment sont payés ces techniciens ?

La loi (art. 27 du décret) dit ceci : "ils sont payés par le syndic dans les conditions fixées par le règlement de copropriété éventuellement modifiées ou complétées par une décision d'assemblée générale".

Beaucoup de syndics interprètent cette phrase ainsi : si le règlement ou l'assemblée générale n'ont pas fixé de modalités, ces techniciens ne peuvent pas être payés. De notre côté, nous interprétons ces textes ainsi : le syndic doit régler les factures dans la limite éventuelle du règlement de copropriété ou d'une décision d'assemblée générale (exemple : en cas de budget du conseil syndical, on ne peut pas dépasser celui-ci). Si rien n'est écrit ou voté, cela signifie qu'il n'y a pas de restriction (si l'assemblée générale n'est pas d'accord, elle sanctionnera le conseil syndical par la révocation).

. Nous pensons, néanmoins, qu'il est préférable que les conseils syndicaux fassent voter en assemblée générale un budget, de façon à eviter les dérapages éventuels.

. Dernière précision : les conseillers syndicaux peuvent être remboursés de leurs dépenses (déplacements, téléphone, timbres) mais ne peuvent pas être rémunérés.

9. Quelles sont les règles de fonctionnement du conseil syndical ?

. En ce qui concerne ce point, la réponse est claire. La loi ne prévoit aucune règle de fonctionnement et renvoie entièrement

- soit au règlement de copropriété,
- soit à une décision d'assemblée générale.

. Le problème est le suivant. Comme de nombreux règlements de copropriété ne prévoient RIEN et comme les syndics ne font rien pour faire voter des règles par l'assemblée générale, de très nombreux conseils syndicaux n'ont aucune règle de fonctionnement.

. Il est évidemment essentiel d'y remédier. En effet, comment faire si rien ne prévoit comment pallier à une absence de convocation par le président du conseil syndical ? Comment faire si on ne prévoit aucune règle de majorité ? etc.

. La première chose à faire sera donc de faire voter à la prochaine assemblée générale des régles de fonctionnement.

En première annexe de cette brochure nous vous proposons à cet effet un modèle de règlement de fonctionnement, dont vous pourrez vous inspirer en l'allégeant ou en le complétant.

10. Les réunions du conseil syndical

Les questions concernant les réunions du conseil syndical sont fréquentes et variées et se rejoignent toutes.

. Combien de fois par an le conseil syndical doit-il se réunir ?

A cela pas de réponse précise. Si le règlement de copropriété fixe la périodicité, il faudra la respecter. Sinon c'est l'importance de la copropriété, les problèmes rencontrés qui détermineront la fréquence de ces réunions.

Ajoutons qu'il est très important de prévoir des règles qui permettent, le cas échéant, à une minorité du conseil syndical de provoquer une réunion de celui-ci au cas où le président oublierait de le faire (voir plus loin notre modèle de règlement de fonctionnement).

. Le conseil syndical peut-il se réunir sans le syndic ?

Le contrat du syndic indique souvent que ce dernier assiste aux réunions du conseil syndical. C'est vrai en général pour la réunion qui prépare l'ordre du jour de l'assemblée générale. En dehors de cela, c'est au conseil syndical de juger si la présence du syndic est opportune ou non.

Il est bien certain que si de nombreux reproches sont à faire au syndic et à sa gestion, les membres du conseil syndical seront plus à l'aise d'étudier, entre eux, les questions qui se posent et les exigences à avoir, en dehors de la présence du syndic.

. Les copropriétaires peuvent-ils assister aux réunions du conseil syndical ?

. Là aussi pas de réponse précise et a priori. Il est bien évident que des problèmes précis (un avant-projet de travaux à étudier, une modification de tantièmes, une implantation d'ascenseur, etc.) peuvent avoir intérêt à être abordés plus largement avant l'assemblée générale. Dans ce cas, des réunions du conseil syndical ouvertes aux copropriétaires peuvent être judicieuses.

Il nous semble également intéressant (les syndics ne répondant pratiquement jamais aux questions précises et écrites des copropriétaires), qu'une partie de la réunion du conseil syndical puisse être ouverte pour entendre les litiges créés justement par ce manque de dialogue. Le président sera plus à même d'interroger le syndic et d'exiger l'éclaircissement du problème rencontré par le copropriétaire.

Des refus de paiement de charges, justifiés par l'absence de réponse de la part du syndic peuvent, par ce biais, être évités.

. Le compte-rendu des réunions du conseil syndical doit-il être diffusé ?

En l'absence d'obligation de ce procès-verbal dans le règlement de copropriété, l'assemblée générale pourra très bien, si le besoin s'en fait sentir, voter l'affichage de ce compte-rendu.

Il ne s'agit pas d'alourdir le travail bénévole des conseillers syndicaux, mais il est vrai que, dans les grosses copropriétés surtout, il y a urgence à instaurer une communication efficace des informations. La diffusion d'un procès-verbal de conseil syndical en est un moyen.

. Un conseiller syndical peut-il mandater un copropriétaire pour le remplacer à une réunion du conseil syndical ?

La loi est muette à ce sujet. Par ailleurs, quand des suppléants ont été élus, leur rôle consiste uniquement à remplacer définitivement les membres titulaires qui démissionnent, vendent ou décèdent. Donc, si le règlement de copropriété prévoit la possibilité pour un membre du conseil syndical de **mandater une autre personne**, le remplacement est possible. Dans le cas contraire, cela ne l'est pas. A vous de vous en assurer.

Disons d'ailleurs qu'à l'A.R.C. nous sommes contre cette pratique qui risque d'inciter cetrains conseillers à ne jamais assister eux-mêmes aux séances du conseil.

11. Les mandats donnés au conseil syndical

Comme on le sait, c'est l'assemblée générale qui est souveraine et c'est donc elle qui prend les décisions.

Toutefois, sur certaines questions qui n'ont pu être étudiées à fond, faute de documents, sur certaines décisions qui n'ont pu être prises faute de devis, pour le choix d'un avocat, il peut être intéressant de rappeler que l'assemblée générale peut donner un mandat PRECIS au conseil, ce qui permettra :

- de ne pas laisser libre cours au syndic,
- de ne pas avoir, pour autant, à reconvoquer une assemblée générale.

Mission et mandat précis devront être votés à la majorité de l'article 25. On évitera, néanmoins, de multiplier ces mandats, en n'oubliant jamais qu'il n'est pas bon de déposséder l'assemblée générale de ses pouvoirs si l'on ne veut pas que s'installe la suspicion.

12. Le problème des conseillers syndicaux minoritaires

. On parle toujours DU conseil syndical, comme si celui-ci était toujours homogène. Ce n'est malheureusement pas toujours le cas.

. Dans la pratique, cela pose des problèmes non résolus. Par exemple, la loi dit : "Le conseil syndical ou toute personne désignée par lui pourra avoir accès aux documents". Cela signifie que les membres minoritaires risquent de n'avoir accès à aucun contrat, aucun document. Avouons que c'est frustrant et inefficace. Malheureusement, il n'y a rien à faire dans l'état actuel de la loi.

. Ce que l'on peut suggérer, c'est que dans les règles qui seront mises au point par la copropriété, les droits des minoritaires soient prévus. Par exemple, en introduisant une phrase du genre : "le président du conseil syndical devra communiquer tout document concernant la copropriété aux conseillers syndicaux qui pourraient lui en faire la demande".

13. Le conseil syndical en cas de syndicat secondaire

. En cas de syndicat secondaire, il est bon de savoir que la loi prévoit que le syndicat secondaire est représenté au conseil syndical du syndicat principal en fonction des millièmes du syndicat secondaire.

. Cette disposition est intéressante à connaître, car celà permet de contourner certains abus de majorité.

Prenons le cas d'un bâtiment où les copropriétaires, étant minoritaires, NE SONT JAMAIS ELUS au conseil syndical. S'ils se constituent en syndicat secondaire, alors ils sont **de droit** représentés au conseil syndical principal, au prorata des millièmes de leur bâtiment (exemple : s'ils représentent 400/1000e et qu'il y a 10 membres au conseil syndical, il y aura 4 membres pour le syndicat secondaire.

14. Comment s'y prendre quand le syndic refuse de communiquer certains documents ?

. Il arrive souvent que des syndics se refusent à communiquer certains documents (contrats, copies de jugements, liste des copropriétaires, etc.).

. Comment faire ?

. Un seul moyen, à notre avis : lui écrire un courrier R.A.R. au nom du conseil syndical ainsi rédigé :

"Monsieur,

A plusieurs reprises, nous vous avons demandé communication des documents suivants : .....

Or, à ce jour, nous constatons qu'il nous est impossible d'en obtenir copie.

Nous nous permettons de vous rappeler que la communication de tous les documents concernant la copropriété est prévue par l'article 21 de la loi du 10 juillet 1965 et que cet article est d'ordre public.

Maintenir votre position constituerait donc une entrave aux droits du conseil syndical et donc une faute professionnelle grave. Au cas où nous ne pourrions obtenir ces documents sous huitaine, le conseil syndical engagera une procédure de révocation à votre encontre, en utilisant les dispositions de l'article 8 du décret du 17 mars 1967.

Nous souhaitons ne pas en arriver là et, dans l'attente d'une réponse satisfaisante à notre demande, vous prions de recevoir nos meilleures salutations".

. Si le syndic est affilié à une chambre professionnelle, indiquez en bas de lettre que vous adressez copie de votre courrier à cet organisme.

L'article 8 du décret du 17 mars permet au conseil syndical d'exiger la convocation d'une assemblée générale et, à défaut, de la convoquer lui-même. Pour révoquer un syndic en cours de mandat, il faut demander une assemblée générale dans les formes prévues par l'article 8 avec, comme ordre du jour :

- révocation du syndic pour faute grave.
- élection d'un nouveau syndic, X... étant candidat (selon contrat joint, s'il s'agit d'un professionnel)".

15. Comment obliger un syndic à faire ce qu'il doit faire ?

. Si le syndic refuse d'accomplir des actes qui :

- ont été décidés par l'assemblée générale,
- sont de son ressort,

là aussi (voir point précédent) il faut taper sur la table. Vous pouvez vous inspirer du modèle de la lettre ci-dessous:

"Monsieur,

Bien que le conseil syndical vous ait, à plusieurs reprises, demandé de bien vouloir...., comme cela ressort (dire ici : soit vos attributions, soit de telle décision de telle assemblée générale), rien ne semble être fait à ce jour.

Nous nous permettons donc de vous mettre, par la présente adressée sous forme R.A.R., en demeure d'avoir à .... et de nous adresser tout document attestant qu'une action a bien été engagée en ce sens.

A défaut, le conseil syndical se verra contraint d'engager une procédure en révocation pour **carence** grave portant préjudice au syndicat des copropriétaires, en utilisant les dispositions de l'article 8 du décret du 17 mars 1967.

Souhaitant néanmoins ne pas avoir à en arriver là et vous remerciant de la suite apportée à la présente, nous vous prions de recevoir, Monsieur, nos salutations distinguées."

16. Comment agir contre les abus de certains conseils syndicaux ?

. Certains conseils syndicaux se croient tout permis et, avec l'accord, voire la complicité des syndics, s'autorisent des actions dépassant largement leurs attributions.

. Ainsi, on s'aperçoit que certains conseils syndicaux peuvent "autoriser" le syndic à engager des travaux ou des dépenses importantes.

. Il faut se rappeler que, en cas de dépenses **non prévues** dans un budget ou non votées par l'assemblée générale, c'est celle-ci qui, en dernier ressort, décide ou non de ratifier les dépenses.

. C'est pourquoi, nous vous proposons, en cas d'abus constaté de la part des conseils syndicaux, d'agir ainsi :

- vous appellerez l'assemblée générale à refuser les dépenses correspondantes,
- vous ferez voter une résolution ainsi libellée :

"L'assemblée générale constatant que c'est à tort que le conseil syndical a autorisé le syndic à engager une telle dépense, refuse de ratifier celle-ci et invite le syndic et les conseillers syndicaux qui ont donné leur accord, à supporter les frais ainsi occasionnés".

Si la collusion entre syndic et conseil syndical est trop forte, il ne faut pas hésiter à engager une procédure de **révocation** du conseil, y compris en cours de mandat, en provoquant une réunion d'assemblée générale extraordinaire.

. Rappelons que l'article 8 du décret du 17 mars 1967 permet à des copropriétaires de demander la convocation d'une assemblée générale, à condition qu'ils réunissent 25% des millièmes. Il suffit d'adresser une lettre recommandée en précisant l'ordre du jour souhaité, en l'occurence :

- "Révocation du conseil syndical et élection d'un nouveau conseil syndical".

. Révocation et réélection se font à la majorité de l'article 25 (501/1000e en première lecture) et à la majorité des présents et représentés en deuxième lecture.

17. Quelques suggestions pour un conseil syndical idéal

Pour conclure ce chapitre nous voudrions, en quelques mots, indiquer ce qui, pour nous, peut être considéré comme une action idéale du conseil syndical.

a/ Le rôle du Conseil est d'abord de vérifier que le syndic fait bien rentrer l'argent. Pour cela il devra :

- connaître les impayés,
- les analyser : voir qui sont les débiteurs de bonne foi et ceux de mauvaise foi,
- proposer des plans de remboursements aux uns, exiger des actions dures et rapides contre les autres,
- vérifier que le syndic :

. engage bien les actions en recouvrement décidées par l'Assemblée générale,

. suit l'avocat désigné par le syndic ou le Conseil syndical.

b/ Le rôle du Conseil est ensuite de vérifier que le syndic utilise correctement l'argent des copropriétaires

- les contrats existants sont-ils corrects ? (ce qui signifie qu'il faut les demander et les étudier),
- les fournisseurs de la copropriété présentent-ils un bon rapport qualité/prix ?
- les consommations (combustible, eau, électricité) sont-elles normales ?
- les travaux facturés sont-ils réellement faits ?
- les fournisseurs sont-ils payés dans les délais raisonnables ?

c/ Le rôle du conseil sera ensuite de vérifier que le syndic ne demande pas trop d'argent aux copropriétaires et qu'il gère au mieux cet argent

- le fonds de roulement n'est-il pas trop élevé ?
- le budget prévisionnel est-il correct ?
- le syndic place-t-il l'excédent de trésorerie au profit du syndicat ?

d/ Enfin, le rôle du Conseil est de veiller à ce que le syndic suive correctement la copropriété

- visites de l'immeuble,
- actions préventives,
- interventions rapides en cas de problèmes.

Bien sûr, les Conseillers syndicaux peuvent aider le syndic dans cette tâche difficile, surtout si la copropriété n'a pas de gardien.

Toutes ces tâches vous paraissent lourdes, voire impossibles ! C'est un tort. Avec de la patience, du bon sens et l'aide de l'A.R.C., vous verrez qu'en très peu de temps vous deviendrez le Conseiller syndical idéal qu'il faut à votre copropriété.

> Pour ceux qui veulent aller plus loin sur le problème du Conseil Syndical, précisons que l'ARC édite un Manuel complet du Conseil Syndical (1ère édition : avril 1995).

CHAPITRE 12

L'ASSEMBLÉE GÉNÉRALE

1. Quel est le rôle d'une Assemblée générale ?

En copropriété, toutes les décisions se prennent en Assemblée générale et l'Assemblée générale doit, en principe, décider de tout[1].

Cela veut dire qu'aucune décision ne peut être prise par «pétition». Exemple : si quelqu'un veut faire des travaux affectant des parties communes, il devra en demander l'autorisation EN ASSEMBLÉE GÉNÉRALE et non pas faire circuler une feuille pour obtenir l'autorisation.

Par ailleurs, c'est l'Assemblée générale qui prend les décisions et non le syndic, celui-ci ne pouvant prendre de décision que dans le cadre des «affaires courantes». Ainsi l'assemblée générale :

- vote les comptes et le budget,
- vote les travaux,
- élit syndic et conseil syndical,
- donne les autorisations de travaux,
- décide des ventes (parties communes, ventes judiciaires),
- décide de modifier le règlement de copropriété,
- décide d'engager des procédures judiciaires (en dehors de celles concernant le recouvrement des charges),
- décide des augmentations de salaires au-delà du minimum conventionnel, etc...

2. Qu'est-ce qu'une Assemblée générale ordinaire ?
Qu'est-ce qu'une Assemblée générale extraordinaire ?

L'assemblée générale ordinaire est tout simplement l'assemblée **annuelle** obligatoire qui approuve les comptes de l'année écoulée

Une assemblée générale extraordinaire est une assemblée générale non-ordinaire (c'est-à-dire une assemblée **supplémentaire** où l'on ne vote pas sur les comptes).

Il peut y avoir autant d'assemblées générales qu'il y a de jours dans l'année... Les règles de convocation et tenue d'assemblée générale sont les mêmes, qu'il s'agisse d'assemblée générale ordinaire ou d'assemblée générale extraordinaire.

Nous verrons plus loin comment faire si le syndic oublie de convoquer l'assemblée générale ordinaire obligatoire.

3. Qui fixe l'ordre du jour initial (ODJ) d'une Assemblée générale ?

C'est celui qui convoque, c'est-à-dire, en général, le syndic (mais pas

---

1. Sauf dans le cas des copropriétés dites et reconnues par le juge «en difficulté». Voir chapitre 25.

uniquement lui, comme on le verra).

Beaucoup de questions nous sont posées sur le problème de l'ordre du jour. Il faut donc savoir que - sauf si le règlement de copropriété prévoit des dispositions précises - le Conseil syndical n'a pas de DROITS concernant l'élaboration de l'ordre du jour. Bien sûr, le syndic peut (et même devrait) le faire pour des raisons de bon sens, mais il **n'est pas obligé de le faire**.

Par ailleurs, tout copropriétaire peut suggérer au Conseil syndical ou au syndic, préalablement à l'envoi de la convocation, les questions qu'il souhaiterait voir aborder. Mais encore une fois cela ne s'impose pas au syndic, bien que l'on puisse rappeler à celui-ci, qu'en ne tenant pas compte de la demande, il va obliger le syndicat à supporter des dépenses supplémentaires.

4. Peut-on compléter l'ordre du jour ?

Heureusement oui, mais il faut faire vite. Vous avez six jours après avoir reçu la convocation et cela doit être fait par lettre recommandée avec accusé de réception.

Les six jours sont comptés à partir du **lendemain de la réception** de l'avis de convocation et vont jusqu'à la date de présentation chez le syndic(et non la date de votre expédition).

A noter que le syndic étant, en principe, obligé de renotifier aux autres copropriétaires, par lettre recommandée avec A.R. les questions complémentaires, il vaut mieux éviter de faire des compléments pour des sujets mineurs.

A noter encore que si vous voulez que l'Assemblée générale débatte d'un problème concernant des travaux ou un contrat, ou même se prononce sur le choix d'un nouveau syndic, il faudra **joindre** les contrats, faute de quoi vous pourriez vous faire refuser le droit de «poser votre question en Assemblée générale».

5. Quels sont les délais de convocation ?

Comme chacun sait, le délai minimum légal est de quinze jours francs (c'est-à-dire jour de présentation et jour d'assemblée non compris).

Néanmoins, il est possible que le règlement de copropriété prévoie des délais plus longs (trois semaines).

A noter aussi qu'en cas d'urgence les délais peuvent être raccourcis, mais dans ce cas il faut :

- que l'urgence soit invoquée explicitement dans la convocation,
- que celle-ci soit motivée.

6. Que doit contenir une convocation ?

En principe, mais c'est rarement le cas, la convocation doit contenir de nombreuses choses. Nous ne résistons pas à la tentation de reproduire la plus grande partie de l'article 11 du décret du 17 mars 1967 :

"Article 11

Sont notifiés au plus tard en même temps que l'ordre du jour :

*1. **Lorsque l'assemblée est appelée à approuver les comptes, le compte des recettes et des dépenses de l'exercice écoulé, un état des dettes et des créances et la situation de la trésorerie, ainsi que, s'il existe, un compte bancaire ou postal séparé, le montant du solde de ce compte.***

2. Le budget prévisionnel accompagné des documents prévus au 1° ci-dessus, lorsque l'assemblée est appelée à voter les crédits du prochain exercice.

3. Le projet de règlement de copropriété, de l'état descriptif de division, de l'état de répartition des charges ou le projet de modification desdits actes, lorsque l'assemblée est appelée, suivant le cas, à établir ou modifier ces actes (...)

4. Les conditions essentielles du contrat proposé, lorsque l'assemblée est appelée à approuver ou à autoriser une transaction, un devis ou un marché pour la réalisation de travaux ou l'un des contrats visés aux articles 29 et 39 du présent décret.

(...)

*6. **L'avis rendu par le Conseil syndical lorsque sa consultation est obligatoire, en application du deuxième alinéa de l'article 21 de la loi du 10 juillet 1965."***

Comme on le voit, des documents importants sont à fournir :

a/ Notification des documents comptables (quand l'Assemblée générale, bien sûr, est appelée à se prononcer sur les comptes). Il s'agit des documents suivants :

. Le budget prévisionnel

Ce budget est établi non seulement en fonction des dépenses de l'année précédente sur lesquelles on applique un pourcentage d'augmentation correspondant à une hypothèse d'inflation, mais aussi en fonction de propositions d'actions nouvelles : travaux à réaliser, nouveaux contrats à passer, économie d'énergie prévue suite à des travaux, etc. Il faudra donc bien éplucher chaque poste pour savoir si les augmentations ou diminutions prévues correspondent bien à quelque chose ou ne sont pas fantaisistes.

Le compte des recettes et dépenses de l'exercice écoulé

C'est l'un des documents les plus importants. Rappelons que l'expression "exercice écoulé" signifie tout simplement "l'année écoulée".

Les recettes sont principalement toutes les sommes qui ont été demandées aux copropriétaires pendant l'année, et les dépenses sont toutes les sommes versées par le syndic pour faire vivre la copropriété.

Comme on le verra il y a différentes catégories de dépenses, que l'on appelle postes :

- les honoraires de syndic,
- les travaux,
- les salaires de concierge,
- les frais de chauffage, etc.

Ce document est essentiel, puisqu'il résume toutes les dépenses réalisées sur une année, et il vous sera indispensable pour le contrôle.

. La situation de trésorerie

Ce document vous permet d'apprécier s'il y a trop ou pas assez d'argent en caisse pour faire face aux dépenses courantes.

. L'état des dettes et des créances

C'est la situation de tous les copropriétaires vis-à-vis du syndicat. Cet état mentionne :

- qui doit de l'argent (donc ne règle pas ses charges de copropriété),
- qui a donné trop d'argent (provisions mal calculées).

Ce document vous permet de savoir si votre syndic fait ce qu'il faut pour récupérer l'argent auprès des copropriétaires qui en doivent ; s'il y a trop de copropriétaires débiteurs, c'est mauvais signe, et cela montre que le syndic ne fait pas bien son travail.

La question est souvent posée de savoir si le syndic doit fournir la liste de TOUS les débiteurs et si la loi Informatique et libertés n'empêche pas cette diffusion.

Pour plus de clarté, nous reproduisons donc :

- la question d'un député,
- la réponse du ministre à ce sujet.

"Monsieur Jean-Pierre Fourré appelle l'attention sur la difficulté engendrée par un avis de la commission Informatique et libertés pour appliquer l'article 11 du décret n. 67-223 pris en application de la loi du 10 juillet 1965. En effet, cet article oblige à notifier, au plus tard, en même temps que l'ordre du jour, un état des dettes et des créances et la situation de trésorerie. Un jugement du Tribunal de grande instance de Paris du 8 juillet 1976 a considéré que la notification des dettes et créances devait faire apparaître les noms des copropriétaires retardataires et les noms des défaillants. Or, la Commission nationale de l'informatique et des libertés, saisie ponctuellement de la légalité d'une liste faisant apparaître le solde comptable des copropriétaires, a émis un avis selon lequel de telles informations portaient atteinte à leur vie privée et ne pouvaient, par conséquent, être communiquées à des tiers. Le problème juridique posé par cet avis est de définir la notion de tiers. Il paraît, sous réserve de l'application souveraine des cours et tribu-

naux, difficile de considérer les copropriétaires comme des tiers. En effet, en deuxième analyse, ce sont eux qui sont responsables des dettes et des créances de la copropriété et ils doivent être informés des sommes dont ils sont créanciers ou débiteurs. En conséquence, il lui demande son avis sur ce problème et si, en particulier, les copropriétaires doivent être considérés comme des tiers au regard de la loi du 6 janvier 1978, dite Informatique et libertés.

***Réponse** - L'article 18 de la loi du 10 juillet 1965 modifiée fait obligation au syndic «(...) de tenir pour chaque syndicat une comptabilité séparée qui fait apparaître la position de chaque copropriétaire à l'égard du syndicat ainsi que la situation de trésorerie du syndicat». Cette comptabilité constitue un document interne à la copropriété et la loi du 6 janvier 1978 relative à l'informatique, aux fichiers et aux libertés ne paraît pas faire obstacle à sa communication aux membres du syndicat de copropriété. Cette communication est indispensable pour assurer, d'une part, le recouvrement des dettes des copropriétaires à l'égard du syndicat et, d'autre part, une information complète de ces copropriétaires telle que l'exige la loi du 10 juillet 1965 précitée, notamment avant la tenue de l'assemblée générale devant se prononcer sur les comptes et l'exécution par le syndic de son mandat (Rép. min. : J.O. déb. Ass. nat. 5 janv. 1987, p. 68)".*

b/ Notification des conditions essentielles des contrats et marchés qui sont soumis à l'Assemblée générale

Contrairement à ce que l'on croit généralement, le syndic n'est pas obligé de fournir les devis. La loi parle bien (article 11 du décret, point 4) de «conditions essentielles». Il peut donc s'agir d'un résumé des devis (mais jusqu'à quel point ?).

Notons incidemment que la loi n'oblige pas à présenter plusieurs devis (cette question nous est posée très souvent). En revanche, si votre règlement de copropriété prévoit que le syndic devra demander plusieurs devis, cette disposition s'impose à lui impérativement.

A noter également que le syndic, sur la base de cette disposition DOIT fournir AVANT l'Assemblée générale son contrat ou du moins un résumé détaillé de celui-ci. S'il ne le fait pas, il est en tort et cela peut se retourner contre lui (voir chapitre sur les syndics). Bien sûr si le syndic a fourni une année ce contrat, il n'est pas obligé de le fournir à nouveau, bien que les copropriétaires nouveaux acquéreurs pourraient l'exiger.

c/ Notification de tous les projets sur lesquels l'Assemblée devra se prononcer

Cela peut aussi bien concerner les projets de modification du règlement de copropriété, les projets de grille de répartition de charges d'ascenseur, les projets d'autorisation de travaux à un copropriétaire, les projets de vente de parties communes, etc... Cette disposition est, elle aussi, très souvent pas ou mal respectée.

d/ Les avis écrits du conseil

La loi fait obligation aux syndics de faire voter une somme au delà de laquelle il doit, en cas de dépenses courantes, obligatoirement consulter le Conseil syndical. Cette consultation doit se faire par écrit et les avis du Conseil syndical doivent être joints à la convocation.

Cette disposition a pour but, d'une part d'obliger le syndic à consulter le Conseil syndical, d'autre part d'obliger le Conseil syndical à prendre ses responsabilités.

Inutile de dire que ces avis ne sont, pratiquement, JAMAIS joints. Cette absence peut vous donner une raison de **refuser** une dépense qui n'aurait pas été assortie de l'avis écrit du Conseil syndical.

e/ Les modalités de consultation des comptes

Là encore, rares sont les convocations qui précisent ce point, ceci pour une excellente raison : les syndics en général ont «oublié» de faire voter les assemblées sur ces modalités ; ils ont donc beaucoup de mal à les indiquer dans la convocation. Notre position est la suivante : si le syndic n'a pas pris soin de faire voter par l'Assemblée générale les modalités de consultation, la sanction doit être qu'entre la convocation et la tenue de l'Assemblée générale, TOUT copropriétaire doit pouvoir A TOUT MOMENT exiger d'avoir accès à ces documents.

7. Qui peut voter en Assemblée générale ?

A/ Les copropriétaires

a/ Comment cela se passe-t-il dans le cas d'un couple marié ?

Cette question peut paraître un peu naïve et pourtant, nombreuses sont les questions pratiques qui tournent autour de ce thème.

. Si les époux sont mariés sous le régime de la séparation des biens, c'est **l'époux propriétaire** qui seul peut voter (bien sûr, il peut donner mandat à l'autre, comme à n'importe qui).

. Si les époux sont mariés sous le régime de la communauté (Monsieur OU Madame) chacun peut représenter la communauté, mais il représente **toute** la communauté, non la moitié. L'autre peut assister à l'Assemblée générale mais, en principe ne doit pas prendre part ni aux votes ni aux débats.

b/ Cas d'une indivision

Si un lot est propriété d'une indivision (et si le règlement de copropriété ne prévoit rien de spécial), les indivisaires ne votent pas à l'Assemblée générale en fonction de leurs parts d'indivision. Il faut que l'indivision désigne **un mandataire**. Si les indivisaires n'arrivent pas à se mettre d'accord sur le choix de l'un d'eux, il faudra qu'il soit désigné par le juge. Bien entendu, le mandataire quand il vote engage la totalité des millièmes du lot en bloc (on ne peut pas dire : «je vote «oui» pour 40% et «non» pour 60% des voix que je représente).

c/ Cas d'une division de la copropriété en nu-propriété et usufruit.

Dans ce cas, et si là encore le règlement de copropriété ne prévoit rien, la loi retient la même solution qu'en matière d'indivision : il faut qu'un mandataire commun, soit désigné par accord entre les parties, soit désigné par voie de justice.

d/ Cas d'une société

Sauf quand il s'agit d'une société civile dite d'attribution (voir point e), les sociétés sont représentées par leurs responsables légaux ou par une personne disposant d'une délégation de pouvoir en bonne et due forme.

e/ Cas d'une société dite d'attribution

Il s'agit d'une société civile dans laquelle, comme on l'a vu, les associés ont, en contrepartie de leurs parts sociales, un droit de jouissance sur des lots précis

Dans ce cas, la loi prévoit que chaque associé est convoqué et participe aux Assemblées générales où il vote en fonction de ses parts.

A noter que les droits individuels des associés s'arrêtent là : seule la société pourra engager une action en nullité d'Assemblée générale, par exemple.

f/ Cas d'un lot, objet d'un contrat de location-accession

Lorsqu'un lot a fait l'objet d'un contrat de location-accession régi par la loi n° 84-595 du 12 juillet 1984 la situation est la suivante durant la période précédant la date à laquelle le locataire-accédant lève l'option pour devenir propriétaire :

- le propriétaire-bailleur dispose du droit de vote pour toutes les questions de l'Assemblée générale concernant les grosses réparations (?) qui demeurent à sa charge ou portent sur des problèmes de vente et d'achat de parties communes,
- le locataire-accédant détient seul le droit de vote sur toutes les autres questions en tant que subrogé dans les droits et obligations du copropriétaire.

Chacune des deux parties peut assister à l'Assemblée générale des copropriétaires et y formuler des observations sur les questions pour lesquelles elle ne dispose pas du droit de vote.

B/ Les mandataires

En plus des personnes directement concernées dont nous venons de faire la liste, peuvent voter des personnes mandatées par des copropriétaires.

Rappelons tout d'abord que, depuis fin 1985, tout le monde peut être mandataire. Aussi, si certains règlements de copropriété restreignent ce droit (exemple : on ne pourra confier un mandat qu'à d'**autres** copropriétaires), cela doit être réputé comme «nul et non avenu».

Néanmoins, certains copropriétaires en raison de leur FONCTION dans la copropriété, ne peuvent recevoir de mandats. Il s'agit du syndic, de son conjoint ou de ses préposés.

A noter qu'un concierge ou un employé d'immeuble est UN PRÉPOSE du syndic (sous ses ordres), bien qu'il soit l'employé de la copropriété : il ne peut donc avoir de pouvoirs.

8. Combien de pouvoirs peut-on détenir ?

La loi dit qu'on peut avoir trois pouvoirs OU plus à condition que le total des millièmes dont on dispose soi-même et de ceux de ses mandants ne représente pas plus de 5% des millièmes.

Cette disposition est souvent mal comprise :

Certains, en effet, comprennent qu'on ne peut pas détenir plus de 5% des millièmes. C'est évidemment faux.

a/ On peut détenir trois mandats, même si, avec ces trois mandats, la personne est MAJORITAIRE et détient 800 millièmes, elle est dans son droit le plus total.

b/ A condition de ne pas détenir plus de 5% des millièmes, on peut détenir plus de trois pouvoirs : dans certaines grosses copropriétés un pouvoir = 0,052% des tantièmes. Pour éviter que certains votes ne puissent être valables faute de millièmes représentés, le législateur a permis aux mandataires de détenir plus de trois pouvoirs, mais à condition de ne pas dépasser 5% des millièmes.

9. Comment se passe l'élection du bureau de l'Assemblée ?

Toute assemblée générale doit élire son BUREAU, c'est-à-dire au moins un président et un secrétaire auxquels on peut ajouter un ou plusieurs assesseurs (ou scrutateurs).

Le président, le secrétaire et les assesseurs sont élus à la majorité simple : leur rôle est de rédiger et signer le procès-verbal, de vérifier les pouvoirs et de contrôler les votes.

A noter que si le règlement de copropriété prévoit que le président est d'office tel copropriétaire (exemple : le plus gros porteur de millièmes) cela n'a strictement aucune valeur.

A noter aussi que le secrétaire n'est pas obligatoirement le syndic ; si vous souhaitez que ce soit une autre personne, demandez à ce qu'un vote ait lieu.

10. Dans quel ordre doit-on voter ?

Important : s'il est vrai qu'on ne peut modifier un ordre du jour en Assemblée générale, on peut décider de l'ordre des votes lors de l'Assemblée. Si vous souhaitez que telle question soit débattue avant telle autre, vous pouvez demander au président de séance de faire voter l'Assemblée générale sur ce point : le syndic ne peut s'y opposer.

11. Qu'est-ce que le quorum ?

Certains syndics font croire qu'il faut un minimum de copropriétaires présents pour qu'une Assemblée puisse valablement se tenir. Cela est faux (cette disposition existait dans une loi de 1938, abrogée en 1965). Certaines décisions doivent, en effet, requérir un minimum de voix mais d'autres décisions peuvent être prises à la majorité des présents et représentés. Dès lors, pour ces décisions aucun quorum (c'est-à-dire aucun minimum) n'est exigible et toute assemblée doit délibérer sur les questions qui requièrent la majorité simple.

12. Comment se fait le calcul des «millièmes» ?

Les millièmes (ou voix) sur lesquels on vote sont ceux qui sont précisés dans le règlement de copropriété. La loi a cependant prévu que si UN copropriétaire était à lui seul majoritaire, le nombre de ses millièmes était ramené au total des voix des autres.

13. Quelles sont les règles de majorité ?

Il existe cinq types de majorité, selon les décisions à prendre :

. **La majorité simple** des présents et représentés (soit par exemple 351 millièmes si 700 millièmes sont présents et représentés).

. **La majorité absolue** (501/1000°, quel que soit le nombre des présents et représentés).

. **Double majorité** : deux-tiers de TOUS les millièmes et la moitié des copropriétaires en nombre (s'il y a 10 copropriétaires, il faudra alors 667 millièmes ET six copropriétaires).

. **Double majorité allégée** : depuis le 21 juillet 1994, les travaux d'amélioration sont votés à la double majorité «allégée», soit deux tiers des millièmes des copropriétaires présents et représentés et la moitié de TOUS les copropriétaires.

. **L'unanimité** : c'est-à-dire TOUS les copropriétaires de l'immeuble, que ceux-ci soient présents, représentés ou même absents.

A titre indicatif, vous pouvez consulter (tableau, page 000) une liste de décisions possibles avec, en face, le type de majorité requise.

14. Comment doit-on voter ?

. Règles relatives au vote

La loi ne précise pas comment on doit voter (à main levée ou par bulletin). Si le règlement de copropriété ne prévoit rien, la règle est le vote à main levée.

A noter que, préalablement à un vote, un copropriétaire peut demander au président de séance à ce que l'assemblée se prononce sur les modalités du vote (à main levée ou par bulletin), décision qui sera prise à la majorité simple.

Rappelons de plus, que sont interdits le vote par correspondance et le vote à bulletin secret. La première interdiction est rendue nécessaire par des impératifs de sécurité, tandis que la seconde tient au fait qu'il faille impérativement connaître le nom des opposants qui pourront, ainsi, contester les décisions.

15. Quand et pourquoi peut-il y avoir une deuxième assemblée générale ?

L'article 25 de la loi du 10 juillet 1965 prévoit que, si une décision qui doit être prise à la majorité absolue (501/1000e) **n'a recueilli qu'une majorité simple, elle doit être soumise à nouveau en deuxième assemblée générale**, étant entendu qu'alors la majorité simple est suffisante.

Beaucoup de syndics interprètent mal (volontairement ou non) cette disposition et font **revoter** une deuxième fois, même quand la résolution n'a pas recueilli la majorité simple en première lecture. Exemple : un candidat au Conseil syndical a obtenu 235 «oui» et 330 «non» en première Assemblée générale. Comme il n'a pas obtenu la majorité relative, il n'a pas droit à la session de rattrapage.

Par ailleurs, depuis le 21 juillet 1994, en ce qui concerne les travaux d'amélioration, si ceux-ci ont recueilli une «double majorité allégée» en première lecture, ils doivent être **ratifiés** par une deuxième assemblée générale et devront recueillir la même double majorité allégée (il s'agit d'une disposition visant à empêcher des «votes-surprise»). Voir page 102 le calcul de cette «double majorité allégée»[1]

16. En cas de deuxième Assemblée générale, y a-t-il un délai pour reconvoquer ?

Malheureusement non, ce qui est incroyable. Le syndic fait ce qu'il veut, ce qui fait qu'on ne sait jamais s'il a décidé de ne pas reconvoquer ou s'il prend son temps.

---

1. **À noter** : le décret du 15 janvier 1995 précise que la convocation à cette deuxième assemblée générale **DOIT** rappeler que la majorité requise est bien celle de la majorité de **TOUS** les copropriétaires représentant les 2/3 au moins des millièmes des présents et représentés.

On verra néanmoins, un peu plus loin, comment s'y prendre pour contourner la difficulté.

A noter : en cas de deuxième lecture et si l'ordre du jour n'est pas modifié, le délai entre la convocation et l'Assemblée générale peut être ramené à huit jours.

17. Qu'est-ce que le procès-verbal ?

Le procès-verbal est une pièce essentielle de la vie de la copropriété : il authentifie les débats. C'est le secrétaire (souvent - trop souvent - le syndic) qui rédige le procès-verbal. Le président et les assesseurs qui **doivent** signer le procès-verbal, feront donc très attention. En particulier, ils refuseront de signer le procès-verbal le soir de l'Assemblée générale. Il n'existe aucune obligation à cet égard. Ils se feront envoyer une copie du projet de procès-verbal et corrigeront ce qu'il y a à corriger.

Si le bureau a des objections importantes, il faudra qu'il les signale par lettre recommandée avec accusé de réception et qu'il refuse de signer le procès-verbal tant que ces corrections ne seront pas apportées.

Signalons à cet égard un point particulier : la loi dit que le procès-verbal doit être signé. Dès lors, un procès-verbal non signé n'est pas un procès-verbal valable.

Bien sûr, certains tribunaux ont pu décider le contraire, mais nous ne voyons pas comment aller contre la loi.

Le vrai problème naît quand il y a division au sein du Bureau : le président acceptant de signer le procès-verbal et les assesseurs refusant. Dans ces conditions, malheureusement, on a tendance à considérer que la signature du président suffit.

A noter : le procès-verbal doit, pour être valable :

- reproduire les délibérations,
- indiquer le détail des copropriétaires n'ayant pas approuvé la décision de l'assemblée générale ou s'abstenant.

A noter : si vous avez l'impression que les conditions dans lesquelles se déroulent les votes ne sont pas correctes, vous pouvez exiger que vos réserves soient reproduites. Exemple : si un vote est pris alors que la question n'était pas à l'ordre du jour, vous pouvez demander qu'il soit précisé dans le procès-verbal que vous avez informé l'Assemblée générale que ce vote était illégal.

18. Comment s'effectue l'envoi du procès-verbal ?

Rappelons que l'envoi du procès-verbal (par lettre recommandée avec A.R.) n'est obligatoire que pour les copropriétaires qui étaient absents ou opposants. Les syndics ont tendance à adresser le procès-verbal en lettre recommandée A.R. à tous les copropriétaires, ce qui a pour conséquence de faire faire des frais inutiles (demandez au syndic de prendre en charge ces frais).

Le procès-verbal doit être adressé dans les **deux** mois suivant l'assemblée. Le problème est que la loi ne prévoit aucune sanction en cas de non respect de ce délai... La seule conséquence pratique est donc celle-ci : les décisions d'une assemblée ne sont pas opposables aux absents et opposants tant que le procès-verbal ne leur a pas été adressé.

19. Comment se font les contestations d'Assemblée générale ?

Nous voulons attirer ici l'attention sur deux points :

1. La contestation des décisions d'Assemblée générale ne se fait pas par lettre recommandée avec accusé de réception comme le croient encore trop de copropriétaires, mais par assignation au Tribunal de grande instance. Il est important d'ailleurs, de préciser que c'est le syndicat des copropriétaires qui doit être attaqué et non le syndic... Il est important de préciser aussi qu'une telle procédure - si vous n'avez pas de protection juridique - est coûteuse (entre 6 000 frs et 10 000 frs pour les cas simples...).

2. La contestation peut être engagée avec des chances de succès pour des raisons de forme, rarement pour des raisons de fond.

Exemple : un copropriétaire s'indigne que l'Assemblée générale ait voté les comptes du syndic et lui ait donné quitus de sa gestion alors qu'il a fait des erreurs. L'assemblée étant souveraine, il y a **peu de chance** que le juge annule une décision pour cette raison. Par contre, si le copropriétaire n'a pas été convoqué dans les délais, si les documents comptables n'ont pas été fournis, etc.., alors le copropriétaire pourra obtenir cette annulation (mais ce n'est pas une certitude).

20. Que faire si une décision est illégale ?

Une décision peut être prise illégalement.

Exemple : la question votée n'était pas à l'ordre du jour ou la majorité requise n'a pas été acquise. Il faut faire très attention à ceci : pour le moment (espérons que cela va changer) la Cour de cassation estime qu'une délibération d'Assemblée générale - même illégale - est VALABLE tant qu'elle n'a pas été annulée ; par ailleurs, passé le délai de deux mois après notification du procès-verbal, toute décision NON attaquée au Tribunal de grande instance, même TOUT A FAIT ILLEGALE, ne peut plus être annulée et devient donc LEGALE.

Il faut donc faire attention et, en cas d'illégalité, réagir vite et aller au Tribunal (il faut pour cela un avocat, ce qui oblige à casser sa tirelire...).

21. Que faire si le syndic ne convoque pas l'Assemblée générale ?

La lecture de l'article 8 du décret du 17 mars 1967 répond à la question.

*"**Article 8** - La convocation de l'Assemblée est de droit lorsqu'elle est demandée au syndic soit par le Conseil syndical, s'il en existe un, soit*

par un ou plusieurs copropriétaires représentant au moins un quart des voix de tous les copropriétaires, à moins que le règlement de copropriété ne prévoie un nombre inférieur de voix. La demande, qui est notifiée au syndic, précise les questions dont l'inscription à l'ordre du jour de l'assemblée est demandée.

Dans les cas prévus au précédent alinéa, l'Assemblée générale des copropriétaires est valablement convoquée par le président du Conseil syndical, s'il en existe un, après mise en demeure au syndic restée infructueuse pendant plus de huit jours.

Dans les mêmes cas, s'il n'existe pas de conseil syndical ou si les membres de ce conseil n'ont pas été désignés ou si le président de ce conseil ne procède pas à la convocation de l'assemblée, tout copropriétaire peut alors provoquer ladite convocation dans les conditions prévues à l'article 50 du présent décret.

Lorsque l'assemblée est convoquée en application du présent article, la convocation est notifiée au syndic".

Comme on le voit, le cas le plus simple est la mise en demeure par le Conseil syndical et, à défaut de réponse dans les huit jours, la convocation par le président du Conseil syndical.

Si vous ne pouvez mettre le Conseil syndical dans l'opération, ce sera un peu plus compliqué : il faudra faire une pétition (25% des millièmes), puis engager ensuite un référé. Nous vous invitons à lire l'annexe pratique : "Comment engager un référé sans avocat ?".

22. Que faire si le syndic reçoit des pouvoirs blancs ?

Les copropriétaires absents adressent souvent leur pouvoir au syndic, à charge pour lui de le donner à qui il veut.

C'est une façon pour les syndics d'obtenir plus facilement les majorités qui leur conviennent.

Cette pratique est strictement interdite, puisque cela revient à donner des pouvoirs au syndic lui-même. Malheureusement, cette pratique est très fréquente.

. Notre conseil : nous vous conseillons de faire remarquer l'illégalité du procédé en Assemblée générale et surtout que soit noté au début du procès-verbal que le syndic a reçu les pouvoirs en blanc de X, Y ou Z, représentant tant de millièmes, en demandant à ce que ces millièmes ne soient pas comptés dans les votes.

23. Que faire si le syndic quitte la séance ou vous met à la porte de chez lui ?

Un syndic «démissionné» a tendance à être assez mauvais joueur et, soit quitte l'Assemblée générale (en emportant la feuille de présence), soit veut faire évacuer la salle (quand l'Assemblée générale a lieu chez lui).

. Que faire ?

- Premier cas : il part

1. Empêchez-le d'emporter la feuille de présence.
2. Nommez un nouveau secrétaire.
3. Continuez l'Assemblée générale.
4. Demandez au nouveau syndic d'adresser le procès-verbal aux absents et opposants.

- Deuxième cas : il vous met à la porte

1. Regroupez-vous dans un autre lieu.
2. Refaites signer une feuille de présence.
3. Nommez un nouveau secrétaire.

24. Que faire si le syndic refuse de convoquer une Assemblée générale en deuxième lecture ?

Vous ferez exactement comme indiqué au point 20 (voir plus haut) en vous appuyant sur les dispositions de l'article 8 du décret du 17 mars 1967.

25. Que faire si le mandat du syndic n'a pas été "renouvelé" et que le syndic refuse de convoquer la deuxième assemblée générale pour élire un successeur ?

Il y a deux cas de figure :

1. Votre ancien syndic est "méchant" : il fera nommer un administrateur judiciaire qui n'aura d'autre mission que de convoquer une assemblée générale pour élire un nouveau syndic. Cela vous coûtera cher et vous ne pourrez pas vous y opposer (sauf si votre règlement de copropriété prévoit que le président du Conseil syndical peut convoquer une Assemblée générale en cas de «vacance» de syndic, c'est-à-dire en cas de décès, de démission...).

2. Votre syndic n'est "pas méchant" : il laissera faire. Dans ce cas convoquez vous-même l'Assemblée générale (ou mieux, demandez au président du Conseil syndical de le faire), en respectant les formes et délais légaux, avec l'ordre du jour suivant :

"1. Election d'un nouveau syndic (si vous voulez un syndic professionnel, ajoutez : le Cabinet Machin étant candidat selon contrat joint).

"2. Ouverture ou non d'un compte bancaire séparé au nom du Syndicat".

Une fois passée l'Assemblée générale, le nouveau syndic adressera le procès-verbal en lettre recommandée avec accusé de réception, aux absents et opposants. Passé deux mois, si aucune action n'a été engagée au Tribunal de grande instance, l'élection du nouveau syndic sera validée...

CHAPITRE 13

LES TRAVAUX EN COPROPRIÉTÉ

1. Quels sont les travaux qui doivent être obligatoirement votés en Assemblée générale et ceux qui ne le sont pas ?

. Les travaux de petit entretien n'ont pas à être votés en Assemblée générale. Néanmoins, le syndic ne peut, en principe, faire exécuter ces travaux que s'il dispose d'un budget prévisionnel. Sinon, il ne peut rien faire.

. Dans la pratique, le syndic fait souvent faire les petits travaux sans budget correspondant et fait ratifier ces travaux après coup.

. Ceci peut être compréhensible mais n'est pas normal. Rappelons que le vote d'un budget prévisionnel est obligatoire quel que soit le mode de gestion (charges réelles ou charges prévisionnelles).

La loi a néanmoins institué un garde-fou pour les travaux d'entretien non soumis à l'Assemblée générale préalablement. Nous allons en dire un mot.

2. Le rôle du Conseil syndical en cas de travaux d'entretien non soumis à l'Assemblée générale

Rappelons que l'article 21 de la loi du 10 juillet 1965 fait obligation au syndic de faire voter une somme par l'Assemblée générale au delà de laquelle la consultation du Conseil syndical est rendue obligatoire pour tous travaux ne relevant pas de décision d'assemblée générale.

Concrètement cela veut dire que si l'Assemblée générale vote la somme de 3000 frs, le syndic sera obligé, pour l'engagement de toute somme supérieure et **concernant uniquement des travaux d'entretien courant,** de demander son avis au Conseil syndical. C'est une règle un peu contraignante pour les syndics mais qui permet d'éviter les abus.

3. Qui décide de faire voter les travaux en Assemblée générale ?

Cette question est souvent posée. Il s'agit de savoir, en effet, si le syndic a le droit ou non, de proposer au vote de l'Assemblée générale un devis de ravalement de 2 000 000 frs.

La réponse est oui. Le syndic a ce droit là.

Si vous voulez éviter de vous retrouver dans cette situation, il faut que votre copropriété se dote d'un Conseil syndical actif et efficace qui va, lui, imposer un processus rationnel de prise de décision.

a/ Choix d'un technicien pour aider la copropriété à édifier un programme de travaux.

b/ Décision concernant le lancement d'un appel d'offre, une fois arrêté un programme.

c/ Enfin, choix de l'entreprise.

4. Le syndic est-il obligé de demander plusieurs devis ?

. Aussi incroyable que cela paraisse, si le règlement de copropriété ou une décision spéciale d'Assemblée générale ne prévoit rien, le syndic est libre de ne demander qu'un devis, la loi n'imposant pas un minimum.

5. Comment faire si le syndic n'a demandé qu'un devis ?

. Il y a deux possibilités :

a/ refuser de voter et renvoyer la décision à une prochaine Assemblée générale après que le syndic ait demandé d'autres devis.

b/ voter un budget maximum (correspondant par exemple au devis proposé par le syndic) et donner mandat au Conseil syndical pour choisir un devis, y compris un devis non soumis à l'Assemblée générale.

. Si le Conseil syndical est un bon conseil, la deuxième solution est la meilleure, car elle évite d'avoir à attendre la prochaine Assemblée générale.

6. Quels documents doit-on recevoir avant le vote sur les travaux ?

Il n'est peut-être pas inutile de rappeler l'*article 13 du décret du 17 mars 1967 :*

... *"l'assemblée ne délibère valablement que sur les questions inscrites à l'ordre du jour et dans la mesure où les notifications ont été faites conformément aux dispositions des artic*les 9 à 11 du présent décret."

Cela veut donc dire que, pour être valables, des décisions de travaux doivent respecter les conditions préalables suivantes :

- la question doit avoir été inscrite à l'ordre du jour de l'assemblée générale,
- la convocation doit avoir été notifiée dans les formes et les délais légaux,
- en même temps que la convocation, doivent être notifiés un certain nombre de documents relatifs à l'opération envisagée (devis, contrats, etc.) : lorsqu'il s'agit de travaux entraînant une répartition particulière de charges, le projet de répartition des charges doit être joint (répartition des charges d'installation et des charges de fonctionnement, le cas échéant).

Dès lors, si les copropriétaires n'ont pas été informés correctement, ils peuvent refuser de voter.

Par ailleurs, bien que la loi n'oblige pas à demander plusieurs devis (mais les règlements de copropriété peuvent l'imposer) une assemblée peut refuser de prendre une décision si elle n'a qu'un devis.

Rappelons enfin que les copropriétaires seront toujours bien avisés de voter **aussi** les modalités d'appel de fonds de la part du syndic et éventuellement le placement des fonds recueillis en attendant le démarrage des travaux.

7. Le ravalement est-il obligatoire ?

Le ravalement est le plus fréquent des travaux «obligatoires» mais il faut savoir qu'il n'est pas toujours réellement obligatoire.

En effet, il ne devient réellement obligatoire que lorsqu'il est prescrit par l'autorité administrative par voie d'injonction (arrêté municipal).

En l'absence d'injonction administrative, les travaux de ravalement relèvent soit de la simple majorité de l'article 24, comme les travaux d'entretien, soit de la double majorité de l'article 26, comme les travaux d'amélioration (voir ci-après).

8. Qu'appelle-t-on travaux d'amélioration ?

On distingue 4 types de travaux d'amélioration :

a/ La création d'équipements nouveaux

Il s'agit par exemple :
- de la construction d'un ascenseur,
- de l'installation du chauffage central,
- de la mise en place d'un vide-ordures,
- de l'installation d'un portier électronique,
- de l'installation d'une antenne de télévision collective.

b/ L'aménagement de locaux communs

Une partie commune sera transformée pour créer une salle de réunion par exemple.

c/ La modernisation d'éléments d'équipement commun

L'assemblée peut décider :
- de transformer un ascenseur en ascenseur-descendeur,
- de modifier une chaufferie au fioul en installant une chaudière poly-combustible, une chaudière à condensation ou pompe à chaleur.

L'installation d'un adoucisseur d'eau peut être considérée comme une amélioration, sauf si elle est rendue indispensable par la nature de l'eau qui entartre rapidement les canalisations existantes. Dans ce cas, ces travaux peuvent être considérés comme des travaux de conservation votés comme des travaux d'entretien ou de simple gestion.

Dans certains cas la modernisation ne sera pas considérée comme une amélioration. Voir un peu plus bas le point 000.

d/ Les travaux de surélévation et les additions de construction.

Ils peuvent être communs ou privatifs. Le syndicat pourra édifier un logement de gardien, un parking collectif sous la cour de l'immeuble.

Dans certains cas douteux, on parle de travaux mixtes. Nous allons voir de quoi il s'agit.

9. Qu'appelle-t-on travaux mixtes «amélioration-entretien» ?

Ces travaux sont le «délice» des juristes et la plaie des syndics. En effet, à l'occasion de travaux de remise en état, on peut être amené à utiliser des matériaux ou matériels techniquement plus performants que le matériel d'origine (le problème se pose surtout pour les chaufferies et les ascenseurs).

. Comment savoir s'il s'agit d'entretien ou d'amélioration ?

Les tribunaux ont utilisé trois séries de critères :

a/ La première série consiste à se demander si les améliorations l'emportent sur la remise en état ou si les améliorations ne représentent qu'une faible part des travaux considérés.

b/ La deuxième consiste à se demander si les travaux envisagés dépassent de façon significative les travaux qui se seraient limités à une simple remise en état (cette série rejoint un peu la précédente).

c/ La troisième consiste à se demander si l'installation que vous envisagez de remplacer peut ou non encore fonctionner.

Dès lors, si vous établissez :

1. Qu'il est absolument nécessaire de faire des travaux,
2. Que la part d'amélioration technique est faible,
3. Que le coût n'est pas de beaucoup supérieur à ce qu'aurait été le coût de remise en état pur et simple, alors vous pouvez utiliser la majorité simple ; sans quoi, il faudra utiliser la double majorité.

10. A quelle majorité se décident les travaux ?

Rappelons qu'il existe 5 types de majorité :

a/ L'unanimité, c'est-à-dire **tous** les copropriétaires. Cette «majorité» est requise pour les travaux entraînant la modification de la «destination de l'immeuble» (exemple : renforcement excessif de son caractère ou usage commercial), les travaux visant à la création de parties privatives réalisés aux frais du syndicat ou les travaux modifiant les «conditions de jouissance des parties privatives». Par exemple si le syndicat des copropriétaires veut construire un parking à la place des pelouses, cela va changer les «conditions de jouissance» de certains logements (bruit, odeur, à la place du calme et de la verdure).

b/ La majorité de tous les copropriétaires représentant les 2/3 des «voix» (c'est-à-dire des tantièmes). S'il y a 1000/1000° et dix copropriétaires, il faudra 667° et six copropriétaires (quel que soit le nombre de présents ou de représentés). On peut appeler cette double majorité : «double majorité renforcée» (voir plus bas)

Cette majorité n'est - depuis le 21 juillet 1994 - plus requise que pour les décisions concernant la vente ou l'achat de parties communes, la modification de certains points du règlement de copropriété (voir ici même, chapitre 7) et la vente d'un droit à construire à un copropriétaire (rehaussement, construction dans la cour).

c/ Depuis le 21 juillet 1994, les votes concernant les travaux d'amélioration sont pris à ce qu'on peut appeler une «double majorité allégée». Il s'agit de la majorité de tous les copropriétaires en nombre représentant les deux tiers des millièmes des seuls copropriétaires présents et représentés. S'il y a 600/1000° de présents et représentés sur 10 copropriétaires en tout, il faudra donc 401/1000° et six copropriétaires.

À noter : Si une telle majorité est acquise, il faut une deuxième assemblée générale qui ratifie, à la **MÊME** majorité, la décision (plus de la moitié de **TOUS** les copropriétaires représentant les 2/3 des millièmes des présents et représentés).

d/ La majorité absolue de **tous** les millièmes.

Elle est nécessaire pour voter :

- les modalités de réalisation et d'exécution des travaux rendus obligatoires en vertu de dispositions législatives ou réglementaires (exemple : mise en conformité des ascenseurs),
- certains travaux d'économie d'énergie (voir plus bas),
- certains travaux permettant d'assurer la mise en conformité des logements avec les normes de salubrité, de sécurité et d'équipement ; il s'agit essentiellement de la pose, dans les parties communes, de canalisations ou de gaines,
- les travaux d'accessibilité aux personnes handicapées à mobilité réduite, sous certaines réserves,
- l'installation ou l'adaptation d'une ou plusieurs antennes collectives de radiodiffusion et de télévision,
- l'autorisation donnée à un copropriétaire de faire, à ses frais, des travaux affectant les parties communes.

Attention : lorsqu'une première assemblée générale n'a pas pu voter des travaux relevant de la majorité absolue, une deuxième assemblée générale convoquée à cette fin peut prendre valablement ces décisions à la majorité simple de l'article 24 (c'est-à-dire à la majorité des copropriétaires présents ou représentés).

e/ La majorité simple des millièmes des copropriétaires présents ou représentés. Cette majorité est requise dans tous les autres cas.

Nous donnons ci-dessous un tableau simplifié des majorités :

Nature des travaux	Majorité
Travaux d'entretien et de remise en état	Majorité de l'article 24 (majorité des présents et des représentés)
Travaux . d'économie d'énergie	En première assemblée : - majorité de l'article 25

(amortis sur 10 ans maximum) . de mise aux normes de salubrité . d'accessibilité aux handicapés . d'amélioration de la réception des émissions radio et télévision . obligatoires par décision administrative (ce sont alors les modalités de travaux qui sont votées)	(majorité de la **totalité** des millièmes de la copropriété) En 2ème assemblée : - majorité de l'article 24
Autres travaux d'amélioration n'entraînant pas la modification du fonctionnement de la copropriété	Double majorité allégée de l'article 26 : (2/3 des millièmes présents et représentés et 50 % des copropriétaires)
Travaux d'amélioration entraînant la modification du fonctionnement de la copropriété (exemple : transformation de parkings en tennis)	Unanimité
Travaux d'amélioration supportés financièrement uniquement par ceux qui souhaitent ces améliorations	Majorité de l'article 25
Travaux d'agrandissement aux frais de la copropriété	Double majorité allégée de l'article 26 ou unanimité, selon le cas, avec accord des copropriétaires gênés
Cession d'un droit à construire à un copropriétaire	Majorité renforcée de l'article 26 ou unanimité, selon le cas, avec accord des copropriétaires

11. Comment éviter que le syndic n'appelle le montant des travaux votés en une seule fois ?

Ce problème devient un problème de plus en plus important en cas de travaux. Pourquoi ?

Imaginons qu'une enveloppe de travaux de 2 000 000frs ait été votée sans modalités précises de versement. Dès le lendemain de l'Assemblée générale, s'il s'agit de travaux d'entretien, le syndic peut appeler la totalité des fonds. Dès lors que se passera-t-il à coup sûr :

. Les copropriétaires, qui ne voient pas pourquoi payer la totalité, ne paient qu'une partie des travaux.

. Le syndic qui attend d'avoir tous les fonds appelés (et qui pendant ce temps, place les fonds recueillis à son profit) a un bon prétexte pour ne pas lancer les travaux.

. Comme les travaux ne commencent pas, les copropriétaires se sentent justifiés dans leur attente...

On a créé un merveilleux cercle VICIEUX et pendant ce temps l'immeuble se dégrade et le syndic touche des produits financiers.

Que faire ?

Un seul moyen : prendre une résolution claire concernant les appels de fonds et décider du placement des fonds en attendant les règlements aux entreprises. Cela donnera la résolution suivante :

"L'Assemblée générale décide que les appels de fonds se feront selon le calendrier suivant : 30% le ..., 30% à la moitié des travaux, le solde à la fin des travaux. Les sommes perçues seront placées sur un livret d'épargne en attendant leur emploi effectif."

Si un syndic vous dit que vous êtes obligé de tout verser avant le début des travaux (chantage du genre : "moi vivant je ne peux accepter que des travaux commencent sans que la totalité des fonds me parvienne pour éviter les problèmes de paiement") vous avez deux solutions :

a/ soit rigoler et refuser,

b/ soit accepter, en exigeant que les fonds recueillis soient TOUS placés au profit du syndicat.

12. Le syndic peut-il faire faire des travaux d'urgence sans autorisation de l'Assemblée générale ?

Le syndic peut faire procéder aux travaux nécessaires à la sauvegarde de l'immeuble et à la sécurité des personnes de sa propre initiative, en cas d'urgence. Ce pouvoir lui a été reconnu pour éviter que l'inertie des copropriétaires, ou une partie d'entre eux, n'ait pour conséquence de créer des catastrophes. Ce pouvoir a été assorti du droit de procéder aux appels de fonds nécessaires.

Le syndic peut en effet procéder aux appels de fonds nécessaires en vue de l'ouverture du chantier et de son premier approvisionnement. Il peut, sans délibération préalable de l'Assemblée générale, mais après avoir pris l'avis du Conseil syndical, demander le versement d'une provision spéciale qui ne peut toutefois excéder le tiers du montant du devis estimatif des travaux. Puis, il doit convoquer l'Assemblée générale qui sera appelée à se prononcer sur les modalités du financement dans son ensemble, compte tenu du coût global des travaux et des possibilités de financement des copropriétaires.

Beaucoup de syndics ne respectent pas ce formalisme, ce qui est regrettable. Il est vrai cependant qu'il n'est pas toujours très «économique» de convoquer une assemblée générale spéciale, surtout quand les travaux sont vraiment urgents et qu'une certaine mise en concurrence des entreprises a été faite. Dans ces cas, nous conseillons aux copropriétaires de n'être pas trop formalistes non plus.

Mais si les travaux ne sont pas vraiment urgents, si le prix de ces travaux semble excessif, alors nous conseillons aux copropriétaires d'être intransigeants et de sanctionner le syndic par refus de voter les travaux a posteriori (ou refus du quitus).

13. Comment faire pour donner une autorisation de travaux à un seul copropriétaire ?

De nombreux copropriétaires souhaitent engager à leurs frais sur partie privative, des travaux qui affectent (d'une façon ou d'une autre) les parties communes (agrandissement d'une fenêtre, percement d'un mur, percement d'un plancher pour passer une canalisation, etc, etc...). Ces autorisations sont données à la majorité absolue (501/1000e).

Elles sont données, en principe, **avant** les travaux mais peuvent être également données (ou **refusées**) une fois les travaux faits. Dans ce dernier cas, s'il y a refus, le copropriétaire qui n'accepterait pas de remettre les lieux en l'état s'expose à une procédure judiciaire.

Une Assemblée générale n'a pas à motiver son refus éventuel, mais si le copropriétaire s'estime victime d'un refus réellement **sans fondement**, il peut toujours essayer d'engager en justice une action contre ce qu'il tentera de faire qualifier d'**abus de majorité**.

En cas d'acceptation, l'Assemblée peut mettre des **conditions** à son autorisation. C'est d'ailleurs la prudence même que d'agir ainsi, beaucoup trop de copropriétaires manifestant des comportements individualistes préjudiciables à la communauté.

Ces conditions sont de 2 ordres :

1. **Techniques :** il faut que le demandeur prouve qu'il fait faire les travaux dans les règles de l'art ; il faut que la copropriété puisse vérifier les travaux **après** réalisation ; enfin, il faut que la copropriété soit couverte en cas d'incident technique ou de malfaçon. En conséquence, il faudra que la résolution précise que le demandeur devra :

- fournir les devis et plans de travaux qui devront être suivis par un technicien, voire un architecte (en cas de gros travaux),
- accepter qu'un technicien envoyé par le syndic contrôle les travaux,
- prendre une assurance spéciale dommage-ouvrage, avec extension aux ouvrages existants (voir chapitre 20).

2. **Financières :** il faut que le demandeur paye éventuellement une somme à la copropriété et que ses millièmes de charges soient augmentés quand les travaux qu'il réalise ont pour conséquence de viabiliser des locaux non habitables (exemple : aménagement de greniers en espace habitable...). Dans ce cas le demandeur ou le syndic devra :

- éventuellement fixer une somme d'argent correspondant à l'intérêt que le copropriétaire trouve dans l'opération qu'il fait,

- proposer une augmentation de millièmes,
- prévoir que tous les frais consécutifs à ces travaux seront à la charge du demandeur (frais d'architecte, par exemple, mais aussi frais éventuels de modification du règlement de copropriété).

Bien entendu, ces conditions d'ordres techniques et financières sont à apprécier en fonction de l'importance des travaux et de leur nature.

14. Dans quels cas la décision de travaux entraîne-t-elle une modification de la répartition des charges ?

Quand des travaux d'amélioration ou de création d'équipement sont votés, l'Assemblée générale peut voter un mode de répartition spécifique. Exemple : si elle vote la pose d'un digicode, elle peut voter aussi une répartition au logement et non aux millièmes. Le vote concernant la répartition se fait à la même majorité que le vote des travaux. A défaut de vote précis, ce sont les millièmes de copropriété qui s'appliquent.

La loi ne précise rien quant au mode de répartition et prévoit seulement que cela se fera «en fonction de l'*utilité*» pour chaque lot.

Voilà pourquoi il n'est pas illégal de voter la répartition des frais de digicode en fonction du nombre de logements et la répartition des frais d'ascenseur en fonction de l'étage. Précisons aussi que l'on peut voter une grille qui s'applique aux travaux d'installation et une grille différente qui s'applique à l'entretien.

D'autre part, la loi prévoit que l'Assemblée générale peut aussi voter une nouvelle répartition des charges quand elle a pris des décisions qui entraînent cet effet. Si par exemple elle vote la vente d'un couloir à un copropriétaire, elle votera à la même majorité une nouvelle répartition des charges (double majorité).

Indiquons que cela se fait simplement par augmentation des millièmes généraux sans changer les millièmes des autres lots.

Par exemple, si on décide d'affecter 50/1000e pour le couloir vendu, on fera ensuite la répartition sur 1050e, ce qui abaissera la contribution des autres copropriétaires sans qu'il soit besoin de changer tous les millièmes.

Là non plus, il n'y a aucune règle légale en matière d'augmentation des millièmes. Il n'y a pas non plus l'obligation de passer par un géomètre expert pour faire établir cette augmentation. Le bons sens peut, seul, être mis à contribution ! Ce qui compte c'est ce que vote l'assemblée qui ne doit, bien entendu, voter que des modifications justes (voir chapitre 7).

15. Dans quel délai peut-on engager les travaux après l'Assemblée générale ?

L'article 42 de la loi prévoit que :

- les travaux votés à la majorité de l'article 24 peuvent être engagés sans délai,
- seuls les travaux votés à la majorité de l'article 25 et 26 ne peuvent être commencés qu'après le délai de contestation de 2 mois suivant l'envoi du procès-verbal.

A noter : une action en annulation d'Assemblée générale n'est pas, en elle-même, **suspensive** des travaux. Ceux-ci peuvent parfaitement être engagés. Bien sûr, si l'Assemblée générale est annulée cela posera un problème au syndicat comme au syndic. Dans ce cas, il sera toujours possible, de faire ratifier les travaux a posteriori par une autre Assemblée générale... (cette façon de faire, qui ne devrait être que très exceptionnelle, est malheureusement, trop souvent employée).

16. Quand et comment bénéficier du paiement différé ?

Avec l'instauration d'une double majorité «allégée» (loi du 21 juillet 1994) le problème du paiement différé va peut-être retrouver un intérêt pour certains copropriétaires puisque des travaux d'amélioration pourront être votés plus facilement sans leur accord.

Le paiement différé est, en effet, la possibilité ouverte aux copropriétaires ABSENTS ou OPPOSANTS au vote de travaux d'amélioration, de payer leur QUOTE-PART sur dix ans.

Si le syndicat contracte un prêt, le copropriétaire paiera les intérêts de ce prêt.

Si le syndicat ne prend pas de prêt, le copropriétaire paiera sa quote-part PLUS les intérêts au taux légal en vigueur.

Pratiquement, comment cela se passe-t-il ?

a/ Il faut - rappelons-le - qu'il s'agisse de travaux d'amélioration (sauf ceux imposés par la loi).

b/ Il faut que le copropriétaire ait été absent, opposant, ou se soit abstenu.

c/ Bien que la loi ne précise rien sur ce point, il faut que le copropriétaire fasse connaître son intention auprès du syndic le plus rapidement possible. Le mieux est d'adresser au syndic une lettre recommandée avec accusé de réception dès notification du procès-verbal.

d/ A noter que le syndic prendra une hypothèque sur le lot du copropriétaire et que les frais de prise d'hypothèque seront à la charge du bénéficiaire du paiement différé.

CHAPITRE 14

COMMENT SONT RÉCUPÉRÉES LES CHARGES DE COPROPRIÉTÉ

1. Charges dues - charges non dues

Il est bien entendu essentiel, quand on commence à aborder le problème du recouvrement des charges, d'être très précis sur ce qui est dû et ce qui n'est pas dû.

Rappelons tout d'abord qu'il y a deux systèmes de gestion des charges en copropriété :

1. le système dit de "charges prévisionnelles" : l'Assemblée générale vote un budget prévisionnel et le syndic appelle ce budget par quarts identiques (un tous les trimestres) avec une régularisation en fin d'année.

2. Le système dit de "charges réelles" : le syndic appelle les charges en fin de trimestre en fonction des dépenses réelles.

A noter : même dans ce cas la loi fait obligation de voter un **budget prévisionnel**.

Quand on est dans un système "provisionnel", en principe seuls sont dus les appels correspondant au budget voté par l'Assemblée générale. Tout dépassement de ce budget non voté par une Assemblée générale n'est pas dû. Par ailleurs, en cas de travaux d'urgence, le syndic n'a le droit que d'appeler le 1/3 de ceux-ci, à la condition expresse qu'il convoque une Assemblée générale pour ratifier le choix.

Quand on est en système de charges réelles, sont dues, en principe en cours d'exercice, les dépenses engagées **"régulièrement"** par le syndic (article 35 du décret du 17 mars 1967). Cela veut dire que sont dues les dépenses courantes ordinaires, à l'exception de toute dépense qui :

- Soit nécessite l'accord préalable de l'Assemblée générale (exemple gros travaux d'entretien),
- soit nécessite l'accord préalable du Conseil syndical.

Il faut également ajouter que ces dépenses sont dues dans la limite du budget prévisionnel.

Il est donc possible, en cours d'exercice, pour un copropriétaire, de refuser en toute légalité de payer certaines charges si des dépassements non autorisés sont opérés ou si des dépenses exceptionnelles ont été engagées sans accord préalable. C'est l'Assemblée générale appelée à approuver ou non les comptes de l'exercice, qui décidera du bien fondé (ou non) de ces dépenses. Si elle ratifie les choix faits, alors les sommes seront légalement dues à la suite de cette Assemblée générale ; si elle refuse les choix faits, alors les sommes pourront être valablement contestées, le problème se situant entre le syndic et le syndicat des copropriétaires.

A noter : en tout état de cause, le refus de payer une certaine facture en cours d'exercice pour raison motivée ne doit pas entraîner le refus de payer le reste des charges.

2. Charges contestées sur la base de la notion d'utilité

Il est assez fréquent que certains lots soient affectés de charges concernant des équipements qui ne les concernent NULLEMENT (exemple : lot du rez-de-chaussée payant des charges d'ascenseur ; lot payant des charges d'entretien de vide-ordures, etc...). Dans ce cas la loi prévoit que toutes les dispositions correspondantes du règlement de copropriété doivent être considérées comme "non écrites".

Le problème est de savoir si la nullité de ces dispositions doit être décidée par un juge ou si elle est automatique.

Nous pensons, en ce qui nous concerne, qu'elle est automatique. Dès lors, si un copropriétaire est dans une situation sans ambiguïté (équipement n'ayant aucune utilité, **même potentielle**), il lui suffit de faire connaître au syndic qu'il entend se prévaloir de la **nullité** invoquée par la loi et qu'il déduit les charges non dues à ce titre.

Le syndic a alors deux possibilités:

a/ prendre acte de cette nullité,

b/ assigner le copropriétaire en justice, celui-ci étant alors fondé à opposer ce qu'on appelle dans le jargon des avocats "l'exception de nullité".

3. Charges dues par le vendeur / charges dues par l'acquéreur

Nous voudrions ici faire le point sur un problème concernant la répartition des charges et des travaux entre vendeur et acheteur.

1. Le contrat de vente ou l'avant-contrat

Rappelons d'abord qu'il faut, pour traiter ce point, se référer très précisément aux clauses de l'avant-contrat ou du contrat de vente. Si le contrat de vente est muet ou imprécis sur ces points, c'est la loi qui tranchera (voir plus loin), mais si le contrat est clair, c'est à lui qu'il convient de se référer.

2. Ce que dit la loi

L'article 20 de la loi sur la copropriété (loi du 10 juillet 1965 modifiée à plusieurs reprises depuis) prévoit ceci : *sont dues par le vendeur les dépenses qui, au jour de la vente étaient "liquides et exigibles"*.

Il faut savoir que sont considérées comme "liquides" des dépenses qui peuvent être chiffrées précisément (et non pas seulement estimées) ; par ailleurs, sont "exigibles" des dépenses qui ont été décidées légalement (soit par l'assemblée générale, soit - s'il en a le droit - par le syndic seul).

L'acheteur n'est donc pas tenu de contribuer aux dépenses qui auraient, au jour de la vente, ce double caractère.

Dans la réalité, ces deux notions ne sont pas aussi simples ; prenons deux cas :

a/ Les travaux votés par l'assemblée générale

Beaucoup d'acquéreurs croient à tort que si des travaux ont été votés avant l'achat ils n'ont pas à les payer. Erreur !

Si l'assemblée a simplement voté le principe de travaux, mais n'a pas voté sur des devis précis, il ne s'agit pas de dépenses "liquides" (puisque non précisément chiffrables).

Si l'assemblée a voté des travaux en précisant un calendrier d'appel de fonds (par exemple, 30% immédiatement, 30% à telle date, 40% à telle autre date, les dépenses correspondantes ne sont "exigibles" qu'après chacune de ces dates... Dans ces conditions, si une de ces dates se situe après la vente, les appels correspondants sont dus par l'acquéreur, sauf - encore une fois - si le contrat de vente a précisé autre chose.

b/ Les charges

Si l'on suit la loi, seules les factures arrivées chez le syndic après la vente sont dues par l'acheteur.

Dans la pratique, il est impossible de faire ainsi. C'est pourquoi les syndics utilisent la méthode dite du "prorata temporis" (en fonction du temps passé). Deux cas sont à distinguer :

1 Vous êtes sur charges réelles trimestrielles. Dans ce cas le syndic prendra les dépenses du trimestre, et si vous avez été propriétaire 15 jours sur ce trimestre, vous appliquez 15/90 des charges

Si certaines charges concernent un autre exercice, nous vous conseillons de les refuser et de n'accepter que le prorata sur les charges réelles du trimestre.

2. Vous êtes sur charges prévisionnelles. Dans ce cas le syndic vous appliquera le prorata sur un trimestre provisionnel. Par ailleurs, en fin d'année, la régularisation sera aussi proratisée (si l'on vous demande 1000 frs sur l'année et que vous ayez été propriétaire 2 mois, vous ne devez payer que 2/12 de 1 000 frs...).

Dernier point : Êtes-vous responsable des dettes du vendeur vis-à-vis de la copropriété ?

Cette question, en principe ne devrait pas se poser puisque le syndic est obligé d'envoyer le compte du vendeur au notaire qui réalise la vente. Mais d'une part le syndic peut se tromper, d'autre part, les comptes n'étant jamais arrêtés exactement le jour de la vente, il peut y avoir des difficultés.

Sachez donc que, même si le règlement de copropriété prévoit que l'acheteur est solidaire des dettes du vendeur, cette disposition n'a aucune valeur, ayant été jugée illégale à plusieurs reprises par la Cour de Cassation. Donc, si le syndic, invoquant cette clause de solidarité, vous demande de payer les dettes du vendeur, refusez catégoriquement. Par contre, si une telle clause figure non pas au règlement mais au contrat de vente, vous êtes solidaire des dettes de votre vendeur. Il faut refuser cette clause.

. Le problème particulier du "fonds travaux" ou "fonds de prévoyance"

Dans certaines copropriétés bien gérées, il existait un "fonds travaux" alimenté par des versements périodiques des copropriétaires. Beaucoup se demandaient si un tel fonds était légal et s'il ne fallait pas l'unanimité pour le créer. Le problème a été résolu par loi du 21 juillet 1994 qui institue l'obligation pour le syndic de faire voter - dès sa nomination et tous les trois ans - sur l'ouverture ou non d'un tel "fonds travaux" (fonds destinés à des travaux non encore votés). Pratiquement cela se traduit par l'adjonction d'un cinquième alinéa à l'article 18 de la loi du 10 juillet 1965 :

"(le syndic est tenu)...

- de soumettre, lors de sa première désignation et au moins tous les trois ans, au vote de l'assemblée générale la décision de constituer des provisions spéciales en vue de faire face aux travaux d'entretien ou de conservation des parties communes et des éléments d'équipement commun, susceptibles d'être nécessaires dans les trois années à échoir et non encore décidés par l'assemblée générale. Cette décision est prise à la majorité mentionnée à l'article 25 de la présente loi".

Notons immédiatement que la majorité requise est celle de l'article 25 qui est la majorité absolue (501/1000°), ce qui lève une ambiguïté importante sur ce point.

Le problème posé par ces "fonds de travaux" est celui de savoir si les sommes "épargnées" doivent être remboursées au vendeur - en cas de vente - ou si elles sont acquises au lot ?

Quelle que soit la solution retenue, il faut que cette solution soit explicitée dans la résolution de l'assemblée générale qui institue ce fonds.

En ce qui nous concerne, nous pensons que cette somme doit être attachée au lot. En effet, comme les "fonds travaux" seront (espérons-le) placés au profit de la copropriété, il serait difficile d'en rembourser une partie. Par ailleurs, il vaut mieux éviter à l'acheteur les mauvaises surprises ; enfin, il suffit que le vendeur majore son prix de vente du montant épargné pour que tout soit clair. C'est pourquoi nous pensons qu'il est indispensable de préciser tout cela dans une résolution (initiale ou complémentaire) ainsi libellée : "L'assemblée générale décide d'instituer un fonds travaux qui sera alimenté par des appels trimestriels de frs... Ce fonds sera attaché au lot et ne sera donc pas, en cas de vente, remboursé au vendeur, qui devra majorer son prix de vente du montant de la somme épargnée au moment de la vente. Ce fonds sera placé au profit du syndicat dès sa constitution, mandat étant donné au conseil syndical de choisir le mode de placement le plus adapté. Seule l'assemblée générale pourra décider l'utilisation de ce fonds travaux".

4. A partir de quel moment les appels de charges sont-ils exigibles ?

En principe, tout appel de charges devrait pouvoir indiquer sa date d'exigibilité.

Néanmoins, ce n'est pas une obligation. Dès lors, on est dans l'une des situations suivantes :

- soit le règlement de copropriété ou une décision d'Assemblée générale, a fixé un délai de paiement suite à l'envoi des charges : ce délai est impératif.
- soit aucun délai n'a été prescrit ni voté et, dès lors, l'appel est, en principe, exigible immédiatement.

C'est-à-dire que, dans ce dernier cas, le syndic peut très vite envoyer une lettre de mise en demeure. A noter même - sauf indication contraire du règlement de copropriété ou de l'Assemblée générale - qu'il peut tout de suite faire délivrer un commandement d'huissier.

Certains syndics abusent de ce flou. Nous conseillons que les Assemblées générales votent un protocole de recouvrement CLAIR qui permette à chacun de connaître ses droits et obligations. Voir pour cela le point 6 du chapitre 19.

5. Quels sont les différents moyens permettant de recouvrer les charges ?

Il existe plusieurs moyens pour obliger un débiteur de mauvaise foi à payer ses charges, moyens que nous allons énumérer et sur lesquels nous reviendrons en détail.

• Le 1er moyen est d'appliquer des pénalités de retard : le débiteur ayant à supporter des frais de retard sera incité à régler rapidement sa dette.

• Le 2ème moyen est d'adresser un commandement d'huissier : ce commandement n'est, à tout prendre, qu'une super-letttre recommandée mais constitue un coup de semonce pré-judiciaire parfois décisif.

. Le 3ème moyen est d'assigner en justice pour obtenir un **jugement.** On verra qu'on peut obtenir un jugement simple (M. X est condamné à payer telle somme) ou des jugements plus précis (jugement autorisant la saisie sur loyer ou la vente de l'appartement)

Nous allons revenir sur chacun de ces moyens.

Par ailleurs, depuis le 21 juillet 1994, la copropriété est bénéficiaire d'un privilège spécial (en cas de vente judiciaire ou amiable d'un lot), ce qui lui permet de passer devant le banquier et d'être sûre, désormais de recouvrer au moins une partie de ses dettes. Nous expliquons ceci au point 13 de ce même chapitre.

6. Les pénalités de retard

L'article 36 de la loi prévoit que, à compter d'une mise en demeure faite par L.R.A.R., toute somme due au titre des charges porte intérêt au taux légal.

Cet article étant d'ordre public, TOUT syndic devrait l'appliquer systématiquement et automatiquement (sauf dans le cas de débiteurs de bonne foi qui se signalent au syndic).

Le problème est que la loi prévoit que les intérêts ainsi recueillis le sont non pas au profit du syndic mais du syndicat des copropriétaires. Comme le syndic n'a pas envie de passer du temps à faire des calculs qui ne lui rapportent pas grand-chose, il n'applique pas ces dispositions, pourtant très dissuasives.

Nous vous conseillons donc, à l'occasion de la prochaine Assemblée générale, de faire voter une résolution qui rappellera au syndic ses obligations en la matière. Dès lors, tout "oubli" de sa part sera assimilé à une faute professionnelle.

7. Le commandement d'huissier

Le commandement d'huissier n'est qu'une super-lettre recommandée. Son efficacité tient à la peur qu'inspirent les huissiers (ce sont eux qui saisissent) et au fait que le commandement commence à rajouter des frais importants aux charges dues.

A part cela, il n'apporte rien en lui-même et, en particulier, il ne constitue pas une phase judiciaire obligatoire, comme on le croit trop souvent (pour un juge une mise en demeure par L.R.A.R. ou un commandement d'huissier doit avoir la même valeur).

8. L'action judiciaire

Face à un débiteur récalcitrant, il ne faut pas hésiter à aller le plus vite possible au Tribunal pour obtenir un jugement. En effet, seul un jugement permettra d'agir pour obtenir le remboursement de la dette, y compris en utilisant la saisie :

- saisie mobilière (les meubles),
- saisie des rémunérations,
- saisie des loyers,
- saisie des lots,
- et même depuis peu saisie des véhicules (disposition valable à partir du 1er janvier 1993).

Nous n'allons pas rentrer dans le détail de ces procédures judiciaires, mais allons simplement brosser un tableau rapide des diverses instances et juridictions.

A noter : face à des personnes de mauvaise foi, il est conseillé de ne pas attendre trop longtemps avant d'engager une action judiciaire. Trop de syndics attendent en effet que la dette atteigne un niveau élevé, ce qui a pour conséquence, d'une part d'augmenter le niveau des impayés d'une copropriété, d'autre part de faire croire aux débiteurs qu'avant un certain montant de dettes ils ne risquent rien, enfin de rendre plus difficile le recouvrement (il est plus facile de faire payer 12 000 frs que 40 000 frs.

9. Le syndic doit-il être autorisé par l'Assemblée générale pour engager une action judiciaire ?

En matière d'action judiciaire visant le recouvrement des charges, le syndic n'a besoin d'aucune autorisation.

Un seul cas d'autorisation est prévu par la loi : celle concernant la vente d'un lot ; il n'y a qu'en cas de saisie immobilière que le syndic doit être autorisé par l'Assemblée générale. Pour le reste il est libre de faire ce qu'il veut.

10. Le Tribunal d'instance

Le Tribunal d'instance est le tribunal de proximité. Il est compétent pour rendre des jugements pour les dettes allant jusqu'à 30 000 frs.

Il est même possible, si la dette est inférieure à 13 000 frs, de comparaître devant le juge et donc d'obtenir un jugement **sans avoir à faire "assigner" le débiteur par un huissier**. C'est ce qu'on appelle la procédure de "déclaration au greffe" : il suffit d'aller au secrétariat (greffe) du Tribunal et de remplir un bordereau.

Le Tribunal d'instance a ceci de particulier : on peut attaquer et se défendre SANS l'assistance obligatoire d'un avocat.

11. Le Tribunal de Grande instance

Compétent dès que la dette a dépassé 30 000 frs, le Tribunal de Grande Instance est beaucoup moins accessible que le Tribunal d'instance : il n'y en a qu'un par département et il faut, en défense comme en attaque, être obligatoirement assisté par un avocat.

C'est également au Tribunal de Grande Instance (T.G.I.) que l'on doit aller en cas de saisie immobilière.

12. La saisie-arrêt sur loyer, comment la pratiquer ?

Souvent, les mauvais payeurs dans la copropriété sont les propriétaires qui louent leur logement (ils ne vivent pas sur place...). Un bon moyen pour éviter les conséquences de ce comportement pour la copropriété peut être, simplement, de saisir les loyers. Voyons la marche à suivre.

1. Après avoir **mis en demeure** le copropriétaire d'avoir à payer, en vertu des votes de l'assemblée et des appels de fonds déjà émis, le syndic pourra saisir le tribunal d'instance (pour une dette inférieure à 30 000 frs) et soit demander une **ordonnance** au juge, soit obtenir un jugement par déclaration au greffe[1].

Il suffit de s'adresser au greffe du tribunal ; c'est gratuit.

2. Ensuite, il faudra **signifier** la saisie au locataire (cela se fait par huissier).

L'acte doit comporter les mentions suivantes :

- la signification de l'ordonnance ou du jugement,

1. Voir point 10 de ce chapitre ou notre guide «Le recouvrement des impayés en copropriété».

- l'énonciation du montant de la dette,
- l'élection du domicile du syndic dans la commune où est situé l'immeuble (si le syndic n'habite pas la commune, le domicile sera l'étude de l'huissier),
- les noms et qualités du locataire et du syndic,
- la défense faite au locataire de payer le loyer au copropriétaire.

3. Dans les huit jours le copropriétaire doit être avisé de la saisie. Il a un mois pour faire opposition. Au bout d'un mois, muni d'un certificat du tribunal attestant qu'aucune opposition n'a été formulée, on peut demander au locataire de verser son premier loyer... (comme on le voit, il s'agit d'une procédure assez simple et efficace).

13. Qu'est-ce que la saisie immobilière ?

Quand il n'y a aucun espoir qu'un copropriétaire puisse payer ses arriérés de charges, la seule solution réside malheureusement dans la vente judiciaire du logement concerné.

Jusqu'à la loi du 21 juillet 1994 (entrée en vigueur sur ce point le 1er janvier 1995) engager une procédure de vente judiciaire était risqué pour la copropriété. En effet, le banquier - bénéficiaire d'une hypothèque de premier rang - récupérait souvent tout l'argent issu du produit de la vente et la copropriété restait devoir prendre en charge la totalité de l'impayé ! Devant cette situation très injuste (le banquier gagne de l'argent et prend des risques rémunérés, la copropriété non !) l'ARC s'est mobilisée et a finalement obtenu (contre l'avis de tous) que soit institué un privilège spécial partiel pour la copropriété. Pourquoi "partiel" ? Parce que la copropriété ne passera **devant** le banquier que pour les dettes de l'exercice en cours, plus les deux exercices antérieurs ; pour les deux autres exercices situés avant ces deux exercices, la copropriété sera en concurrence avec le banquier ; au-delà de ces quatre exercices entiers, seul le rang de prise d'hypothèque joue.

Le fait que le **nouveau privilège** dont bénéficie la copropriété ne concerne que des dettes remontant à quatre exercices clos devra - contrairement à ce qui se passait auparavant - inciter à aller **VITE**.

Le fait également que, désormais, la procédure sera efficace pour la copropriété et que celle-ci aura donc intérêt à aller très vite, décidera peut-être, d'ailleurs, les **mauvais payeurs chroniques** à payer leurs charges avant la catastrophe.

La procédure de vente judiciaire pouvant être longue et compliquée nous allons en détailler ci-dessous les différentes phases. Cela vous permettra d'interroger votre avocat pour savoir où en sont les procédures engagées par la copropriété. Cela vous permettra aussi de vérifier que l'avocat fait correctement son travail et ne laisse pas trop traîner chaque phase (entre un avocat très spécialisé dans ce domaine et un avocat non spécialisé, le rapport de temps peut aller de 1 à 3 !).

a/ La première phase de la saisie est le commandement

Celui-ci est fait par huissier au débiteur et le somme d'acquitter sa dette, avec indication du titre permettant au créancier d'agir, de la dette et du bien visé... En fait le commandement ne prend réellement effet qu'à partir de sa publication à la conservation des hypothèques, 20 jours au moins et 90 jours au plus après sa signification au débiteur ; à partir de la publication, ce dernier ne peut plus disposer librement de son bien.

b/ La préparation de la vente

Établissement par les soins du créancier d'un “Cahier des charges” stipulant notamment la mise à prix fixée par ce dernier et la date proposée pour l'adjudication. Le débiteur doit être sommé par l'huissier de prendre connaissance du cahier des charges ; il peut le contester (par des “dires” transmis par l'intermédiaire d'un avocat) ainsi que la régularité de la procédure.

c/ Dans cette hypothèse, le Tribunal examine les prétentions des parties au cours d'une audience dite “éventuelle” qui n'a lieu que si le débiteur soulève une contestation. Attention : si le débiteur ne demande pas cette audience la jurisprudence considère qu'il ne peut plus, par la suite, contester les causes ou le déroulement de la saisine.

d/ Les délais de grâce

Le débiteur peut en solliciter en application de l'article 1244 du Code civil mais seulement jusqu'à la date, soit de la signification qui lui est faite du cahier des charges, soit de celle de l'audience éventuelle s'il en demande une ; il engagera alors parallèlement une procédure de référé. Passé ce stade un tel recours n'est en général pas admis par la jurisprudence, mais le débiteur peut alors demander au juge chargé de la saisie qu'il soit sursis à l'adjudication (art. 703 du code de procédure) “pour une cause grave et dûment justifiée”.

e/ Conversion en vente volontaire

Également jusqu'à la date de l'audience éventuelle ou à défaut à celle fixée pour l'adjudication, le débiteur peut, même contre l'avis de son créancier, demander la conversion de la saisie en vente volontaire, afin d'espérer tirer un meilleur prix de son bien que lors de l'adjudication.

f/ L'adjudication

Elle a lieu aux enchères mais devant le tribunal. De nombreux témoignages montrent que la maison ou l'appartement est souvent adjugé très en-dessous de sa valeur réelle, parce que la mise à prix initiale ne correspond pas à celle-ci, mais à la créance cause de la saisie, parce qu'il y a peu d'enchérisseurs (la publicité “légale” de la vente est inefficace et les enchérisseurs doivent être représentés par avocat), et enfin, parce que ceux-ci constituent souvent un monde fermé de professionnels de la chose sachant très bien maintenir les enchères à un niveau artificiellement bas.

14. Comment prendre une hypothèque sur un lot ?

Quelle que soit l'efficacité d'un syndic, il y a des cas où il est impossible d'empêcher les gros impayés. Dans ces cas, il n'y a qu'une solution : engager rapidement une procédure de vente judiciaire du logement ou des logements du copropriétaire concerné.

Si les dettes ne remontent pas à plus de quatre ans, il est inutile de prendre une hypothèque. En effet, le "privilège" spécial institué au profit de la copropriété par la loi du 21 juillet 1994 pour les dettes remontant au plus à quatre années complètes, est dispensé d'inscription au fichier des hypothèques. Mais si les dettes remontent à plus de quatre ans, alors il faudra prendre une hypothèque.

Attention : il n'y a que dans le cas d'un syndicat de copropriété où cette prise d'hypothèque est possible ; si vous êtes en association syndicale libre, cela n'est malheureusement pas possible.

a/ Les démarches préalables à engager vis-à-vis du copropriétaire

Indiquons d'abord que c'est l'article 19 de la loi du 10 juillet 1965 qui règle ce problème et qu'il faut lire ou relire cet article.

Dans un premier temps le syndic devra adresser une mise en demeure au copropriétaire, elle doit être faite non pas par lettre recommandée avec accusé de réception, mais par acte d'huissier.

• L'acte d'huissier devra préciser :
- le montant exact de la dette,
- le délai pour régler la dette,
- l'article de la loi visé par la mise en demeure (article 19).

b/ Inscription de l'hypothèque au fichier des hypothèques

Le syndic peut faire cette inscription sans l'avis de l'assemblée.

Il faut aller à la conservation des hypothèques (demandez à votre percepteur où elle se trouve) pour retirer un bordereau en 2 exemplaires. **À noter que l'état civil du débiteur doit être authentifiée par un huissier ou un avocat.**

L'inscription est d'un coût très faible :
- 0,05% des impayés (avec un minimum de 25 Frs),
- 9 frs pour les frais d'envoi.

L'hypothèque prend date à partir de sa date d'inscription.

Ainsi, comme vous le voyez, c'est assez simple et peu cher (à part l'acte d'huissier que vous mettez bien sûr, sur le compte du copropriétaire défaillant et qui ne doit pas coûter plus de 200 frs, ainsi que les frais d'authentification de l'état civil du débiteur).

15. Un problème particulier : les charges arriérées en cas de vente judiciaire d'un lot.

Ce problème, jusqu'au vote de la loi du 21 juillet 1994, était très difficile à régler, la Cour de Cassation ayant jugé qu'était illégale toute clause prévoyant la prise en charge des impayés par l'adjudicataire.

En créant un **privilège spécial partiel** (voir plus haut point 13) au profit de la copropriété, le Parlement a fait sauter la difficulté !

16. A qui incombent les frais de procédure et de recouvrement ?

Quand on engage des frais de procédure, faut-il imputer les frais sur le compte du débiteur ou les mettre en charges communes ?

Jusqu'à la fin 1992, la situation était assez simple : dès lors que le règlement de copropriété **OU** une décision d'assemblée générale non contestée au tribunal le prévoyait, tous les frais de recouvrement (frais de syndic, frais d'huissier, frais d'avocat, etc) pouvaient être mis sur le compte du débiteur.

Le problème est que la loi du 9 juillet 1991, rentrée en application au 1er janvier 1993, stipule que désormais on ne pourra récupérer sur les débiteurs que les frais de recouvrement **PRÉVUS** par une autre loi.

Cette disposition (votée pour éviter les abus) risque de provoquer d'autres abus du côté des mauvais payeurs. C'est pourquoi, il faut :

a/ faire le point précisément de cette loi de 1991,

b/ montrer comment éviter ses éventuels effets négatifs.

L'article 32 de la loi du 9 juillet 1991 entrée en vigueur le 1er janvier 1993, prévoir ceci :

"Sauf s'ils concernent un acte dont l'accomplissement est prescrit par la loi, les frais de recouvrement entrepris sans titre exécutoire (un jugement par exemple) restent à la charge du créancier. Toute stipulation contraire est réputée non écrite.

Cependant, le créancier qui justifie du caractère nécessaire des démarches entreprises pour recouvrer sa créance peut demander au juge de l'exécution de laisser tout ou partie de frais ainsi exposés à la charge du débiteur de mauvaise foi."

Voyons comment interpréter et utiliser au mieux ces dispositions.

1. Ce que prévoit la loi de 1991

a/ La loi stipule que sont récupérables les frais de recouvrement des procédures **PRÉVUES** par une autre loi. Or, en matière de copropriété, la loi de juillet 1965 et son décret du 17 mars 1967 prévoient :

- **article 36 du décret** : une lettre recommandée préalable à l'application des intérêts de retard;
- **article 19 de la loi et 63 du décret** : un commandement d'huissier préalable à une prise d'hypothèque.

Cela signifie donc très concrètement qu'en phase préjudiciaire, il faut utiliser et n'utiliser que ces deux moyens et que les frais corres-

pondant sont récupérables en toute légalité.

b/ En ce qui concerne **les autres frais** (exemple : frais d'assignation au tribunal ; engagement d'une procédure judiciaire interrompue par la suite), **la loi ne prévoit pas leur récupération, et ils ne peuvent, en principe, être imputés aux débiteurs**. Mais il existe une porte de sortie : en effet, l'article 32 de la loi d 1991 prévoit, comme on l'a vu, que le juge de l'exécution peut être saisi du problème.

C'est pourquoi nous pensons que, pour les cas particulièrement évidents de mauvaise foi, le syndic peut imputer au débiteur les frais de procédure, si cela ressort d'une décision d'assemblée générale non contestée au tribunal ou du règlement de copropriété.

En cas de contestation, il suffira de saisir le juge de l'exécution. Or, le juge de l'exécution peut être saisi gratuitement et **facilement** par une simple démarche au tribunal. Il faudra donc, en cas de litige, ne pas hésiter à user de cette possibilité, principalement bien entendu pour les cas "**pendables**".

On le voit, contrairement à ce que certains ont pu avancer très légèrement et rapidement, la nouvelle loi ne bouleverse que **très faiblement** la situation antérieure.

2. Les intérêts de retard

Les modifications évoquées doivent d'ailleurs être l'occasion de rappeler fermement aux syndics professionnels qu'ils **DOIVENT** appliquer aux débiteurs les intérêts de retard, ceci en l'absence même d'autorisation judiciaire, ce qui ressort très précisément de l'article 36 du décret du 17 mars 1967.

Pour des raisons de commodité et de simplification de leur travail, les syndics appliquent rarement ces dispositions qui sont **très** dissuasives et **très** efficaces vis-à-vis de ceux qui sont de véritables professionnels du retard de paiement (parfois parce qu'ils placent leur argent pendant ce temps).

N'hésitez donc pas à faire prendre à la prochaine assemblée générale une résolution spéciale **rappelant** au syndic qu'il **doit** appliquer des intérêts de retard dès la première lettre recommandée avec accusé de réception.

CHAPITRE 15

LE PERSONNEL DE LA COPROPRIETE

De très importantes modifications à la convention collective nationale des gardiens et employés d'immeubles sont rendues applicables à partir de début 1995. Etant donné l'importance de ces modifications, l'ARC a réalisé un bulletin spécial sur ces problèmes, bulletin que vous pouvez vous procurer ou commander au siège de l'ARC. Nous y renvoyons donc le lecteur intéressé. A noter que le présent chapitre intègre déjà, synthétiquement, les nouvelles dispositions.

1. Quelle est la différence entre salariés de catégorie A et B ?

En matière de personnel d'immeuble, il faut comprendre qu'on a affaire à deux catégories de salariés très différentes :

- les gardiens dont le salaire est fonction du nombre d'unités de valeur (catégorie B),
- les employés d'immeuble (femme ou homme de ménage, jardinier, personnel de sécurité, etc.) dont le salaire est fonction du nombre d'heures (catégorie A).

Il est important de bien faire cette distinction dès le départ pour comprendre la logique qui préside à la "gestion" de chacune de ces catégories de salariés.

2. Qu'est-ce que la convention collective des gardiens et employés d'immeuble ?

En 1979 a été signée la Convention Collective nationale qui régit le personnel d'immeuble.

Depuis, régulièrement, des avenants à cette convention viennent la compléter (à la fin1994 une trentaine d'avenants ont déjà été ajoutés).

Tous ceux qui sont intéressés de mieux suivre la gestion du personnel, doivent se procurer le texte de cette convention (brochure n° 3144 du Journal Officiel).

3. Comment sont établis les salaires de base des gardiens ?

A. Les concierges ou gardiens

a/ Les salaires de ces concierges sont calculés en fonction d'un certain nombre d'unités de valeur, dont le nombre est fonction :

- des tâches accomplies,
- des heures de permanence.

b/ La Convention Collective définit très précisément le nombre d'**unités de valeur** attribuées à chaque tâche. Exemple : débouchage des gaines de vide-ordures = 5 unités par local principal.

Ainsi, une fois définies les tâches, il suffit simplement d'appliquer la convention pour savoir le nombre d'unités de valeur obtenues pour tel ou tel gardien (un plein temps est égal à 10 000 unités).

c/ La Convention Collective définit très précisément les coefficients hiérarchiques, qui sont fonction de la qualification et des responsabilités :

. gardien-concierge	de niveau 2	coefficient hiérarchique = 255
. gardien principal	de niveau 3	coefficient hiérarchique = 275
. gardien principal	de niveau 4	coefficient hiérarchique = 340
. gardien-chef	de niveau 5	coefficient hiérarchique = 395

d/ Pour obtenir le salaire de base, on multiplie le coefficient hiérarchique :

- par le prix du point,
- par le nombre d'unités de valeur,

le tout divisé par 10 000 (= un plein temps).

Exemple : - coefficient 255 (simple gardien)
- prix du point : 21
- 10 500 unités

$$\frac{255 \times 21 \times 10\,500}{10\,000} = 5622{,}75\text{frs/mois}$$

B. Les employés de catégorie A

a/ Les salaires de ces employés sont calculés en fonction :
- du nombre d'heures,
- du coefficient hiérarchique,
- du prix du point défini chaque année.

b/ Le nombre d'heures est fixé par le contrat : il est donc fixé **librement**.

c/ Les coefficients hiérarchiques sont fixés par la Convention collective et sont fonction de la qualification du travail :

- Employé d'immeuble simple : coefficient 235 (exemple femme de ménage),
- Employé d'immeuble spécialisé : coefficient 255 (homme de peine faisant des travaux durs),

- Employé d'immeuble qualifié (exemple : surveillant de chaufferie) : coefficient 275,
- Agent de maîtrise, coefficient 395,
- Agent principal de gérance, coefficient 410.

d/ Pour obtenir le salaire de base on multiplie le coefficient hiérarchique :
- par le prix du point
- par le nombre d'heures,

le tout divisé par 169 heures (temps complet).

Exemple : - coefficient 235 (femme de ménage)
- prix du point : 21
- 80 heures de travail :

$$\frac{235 \times 21 \times 80}{169} = 2336{,}010 \text{ frs/mois}$$

4. Comment est organisé le travail d'un gardien à service permanent ?

Il est important de comprendre qu'un gardien logé à service permanent doit :

- assurer son travail dans le cadre d'une certaine amplitude de travail établie ainsi : 13 heures, entrecoupées d'une période de repos de quatre heures ou 12 heures (d'amplitude) et 3 heures de repos, ou 10 heures et 1 heure de repos,

A noter : si l'employeur souhaite que le repos journalier ne soit que de 3 heures, le salarié bénéficiera d'une demi-journée de repos supplémentaire (samedi matin ou lundi matin).

- accomplir les tâches qu'il a à faire en dehors de sa loge,
- être dans sa loge le reste du temps (dans le cadre des 13 heures - à quoi peut s'ajouter, éventuellement, une astreinte de nuit).

Insistons sur ce problème de permanence. En effet, les gardiens doivent non seulement accomplir des tâches pendant la journée, mais doivent assurer une permanence de jour dans leur loge, plus ou moins longue et ce, en fonction des tâches à assumer dans la copropriété. Cette permanence est bien sûr payée.

Or, moins un gardien aura de tâches à accomplir en dehors de sa loge, plus il devra assurer de temps de permanence. Cette permanence est de mieux en mieux rémunérée au fil des ans - ce qui est normal - et coûte de plus en plus cher aux copropriétés.

En 1986, les heures de permanence étaient payées environ trois fois moins cher que le temps consacré à des tâches précises. Depuis 1989, suite aux évolutions de la Convention Collective, ces mêmes heures sont payées deux fois moins cher. C'est comme si le coût de ces heures avait augmenté en trois ans de 50%. Cela est peut-être juste du point de vue salarial, mais l'évolution brutale de ce poste explique une hausse importante des charges de gardiennage ces dernières années.

On peut donc avoir des gardiens qui accomplissent peu de tâches et coûtent néanmoins fort cher à cause du temps de permanence de jour qu'ils assurent. Dans certains cas, c'est un véritable luxe (cas surtout des petites copropriétés).

5. Qu'est le salaire en nature ?

Les concierges peuvent être logés, éclairés, chauffés, fournis en gaz par la copropriété. Pour cela, ils doivent payer une somme établie forfaitairement, comme on va le voir, mais très en-dessous de ce que cela coûterait réellement. Nous demandons au lecteur un tout petit effort, car ce point est souvent mal compris.

Si, par exemple, le concierge occupe un logement de catégorie II (voir ci-dessous) de 40 m^2, le "loyer" de ce logement est évalué par Convention Collective (ce prix change tous les ans) à 40 x le prix au m^2 = x, somme qui lui sera décomptée de son salaire. L'avantage pour le concierge n'est pas, comme on le croit, qu'il a son logement gratuitement, mais qu'il paie un forfait très faible. De même, pour le chauffage : il sera chauffé moyennant un forfait de 120 kWh par mois, quel que soit le mode de chauffage. Il est évident que ce forfait est très faible. Là aussi il faut comprendre que le concierge n'est pas chauffé gratuitement mais moyennant un forfait (décompté du salaire) lui aussi très faible.

. Le forfait logement est établi ainsi :

a/ D'abord on établit la catégorie du logement. Il y en a trois :

- la catégorie I comprend les logements dont la ou les pièces bénéficie(nt) d'au moins une ouverture (fenêtre ou porte-fenêtre) donnant directement sur l'extérieur et comportant les trois éléments suivants : chauffage, WC intérieur et salle d'eau intérieure.
- La catégorie II : les logements dont la ou les pièce(s) bénéficie(nt) d'au moins une ouverture (fenêtre ou porte-fenêtre) donnant directement sur l'extérieur et comptant deux éléments de confort suivants : chauffage, WC intérieur ou salle d'eau intérieure),
- La catégorie III comprend tous les logements qui n'entrent pas dans l'une des deux catégories précédentes.

b/ Ensuite, on multiplie, en fonction de la catégorie, le nombre de mètres carrés du logement par un prix au mètre carré révisé tous les ans.

. Pour les autres avantages, les forfaits sont évalués ainsi (ils le sont en kWh, quel que soit l'avantage, et par mois pendant toute l'année) :

- électricité : 55 kWh,
- gaz : 92 kWh,
- chauffage : 120 kWh,
- eau chaude : 98 kWh.

(Le prix du kWh est défini par la Convention).

En d'autres termes, si votre concierge est chauffé par un radiateur électrique (ou plusieurs) et utilise annuellement 6000 kWh, il ne paiera que 120 kWh par mois environ 110 frs par mois fin 1994, le reste étant payé par la copropriété.

Des erreurs multiples ayant été relevées dans le calcul et l'imputation du salaire en nature, les copropriétaires devront surveiller attentivement ce point.

6. Comment est calculée la prime d'ancienneté ?

Au salaire s'ajoute une prime d'ancienneté **calculée sur le salaire conventionnel de base**. A noter que beaucoup de syndics se trompent et appliquent l'ancienneté sur la totalité du salaire.

Cette prime est de :
- 3% après trois ans de service,
- 6% après six ans,
- 9% après neuf ans,
- 12% après douze ans,
- 18% après dix-huit ans.

7. Que sont les salaires complémentaires ?

La convention fixe un salaire de base et peut prévoir un salaire complémentaire conventionnel. Par ailleurs, elle n'interdit nullement aux copropriétés de rémunérer les employés sur des bases plus fortes, ce qu'on appelera alors le salaire complémentaire contractuel (et non plus conventionnel, c'est-à-dire prévu par la convention collective).

Mais attention : seule l'Assemblée générale a le pouvoir de décider d'aller au-delà de la Convention. Un syndic qui le ferait sans autorisation pourrait être désavoué par l'Assemblée générale (même chose si la décision émane du Conseil syndical).

8. Qui est responsable du personnel ?

L'article 31 du décret est clair :
- l'Assemblée générale décide des postes,
- le syndic gère le personnel (embauche, suivi et contrôle du travail, licenciement).

Ni les membres du Conseil syndical, ni les copropriétaires n'ont d'autorité sur le personnel, qui relève donc de la seule autorité du syndic.

9. Suppression de poste de gardien

Sauf dans les immeubles de standing où le poste de gardien est un élément qui rentre dans la définition de la "destination" de l'immeuble (voir page 31), il est maintenant bien établi que la suppression de poste de concierge est désormais valablement prise à la double majorité renforcée, et non pas à l'unanimité (les 2/3 de tous les millièmes et la moitié des copropriétaires en nombre).

10. Départ à la retraite

Le problème se pose souvent de savoir comment agir avec un(e) gardien(ne) âgé(e).

Il faut savoir que la copropriété peut l'inciter à prendre sa retraite, mais ceci à condition qu'il ou elle bénéficie de tous ses droits.

11. Maladie.

En cas de maladie, le salaire est payé à 90% pendant un certain temps, en fonction de l'ancienneté du salarié (voir la Convention collective à ce sujet). Là encore on est surpris de constater que ces dispositions ne sont pas toujours appliquées, ceci au détriment de la copropriété

A noter que si la copropriété a décidé de souscrire à la CRI Prévoyance, elle peut continuer à payer 100% de son salaire à l'employé et sera remboursée de la différence.

12. Le problème aigu des remplacements

Deux points préalables sont à souligner :

- d'une part, les remplacements sont payés sur la base d'une fois et demi le salaire normal qui résulterait de l'application de la Convention collective (cette majoration intègre la prime de précarité, le prorata 13ème mois, le prorata congés payés),

- d'autre part, un gardien a le droit - **dans certains cas** - (on reviendra sur ce point) de se remplacer lui-même pendant son mois de congé et bénéficie alors des dispositions évoquées dans le paragraphe précédent (un mois et demi de salaire).

Dans ce cas, ce salarié sera payé sur l'année 11 mois + 1 mois de congé + un 13ème mois plus un mois et demi, soit en tout quatorze mois et demi.

. Le contrat fait au remplaçant doit-il être identique à celui du titulaire ?

Cette question est importante, car de sa résolution pratique peuvent dépendre des économies ou du gaspillage.

En effet, durant le mois de congés (juillet ou août), il n'est pas nécessaire, en général, de prévoir exactement les mêmes tâches que durant le reste de l'année.

Si vous avez un gardien qui part en vacances, le remplacement peut souvent être effectué par un simple employé d'immeuble.

Si vous avez un employé d'immeuble, ses tâches peuvent être réduites (exemple : moins de passage en ce qui concerne le ménage : pas de nettoyage des vitres, etc...).

En principe, dans la mesure où la modification ne concerne que le mois de vacances, le syndic peut opérer ces mesures sans forcément avoir l'accord préalable de l'Assemblée générale. Mais bien sûr, l'Assemblée générale peut être saisie du problème et autoriser le syndic explicitement à le faire (l'autoriser ou l'obliger).

Il faut noter que très peu de syndics procèdent ainsi. On s'aperçoit exactement du contraire. Les remplaçants ne font pas le travail du titulaire et pourtant sont payés sur la même base multipliée par 1,5. Exemple : une gardienne est remplacée pendant le mois d'août mais ferme sa loge-appartement, ce qu'elle a le droit de faire. Sa remplaçante ne peut pas exercer une fonction de "gardienne" mais uniquement des tâches de ménage. Elle sera cependant payée par le syndic sur la même base que la gardienne multipliée par 1,5... Cet exemple est très fréquent.

13. Les auto-remplacements sont-ils un droit ?

Le problème est le suivant : beaucoup de titulaires décidant de ne pas partir en vacances obligent de ce fait les copropriétaires à leur payer pendant les congés 150% de leur salaire, empêchant la copropriété **d'adapter** le remplacement (c'est-à-dire, par exemple, de prendre une personne avec un contrat différent).

Il faut donc être précis : l'auto-remplacement n'est un droit que si l'employeur oblige le salarié à mettre son logement à disposition. Dans tous les autres cas, le salarié ne peut pas obliger le syndicat à le payer en auto-remplacement.

Exemple : si un gardien veut rester chez lui, le syndicat peut très bien employer un ou une femme de ménage pour assurer le ménage et la sortie des poubelles et le syndic peut fort bien refuser l'auto-remplacement.

CHAPITRE 16

LA COMPTABILITÉ DE LA COPROPRIÉTÉ

Impossible, bien sûr, de faire un guide très pratique sur la copropriété, sans parler de la comptabilité.

Nous irons vite, néanmoins, en nous permettant de rappeler que l'A.R.C. a réalisé deux guides faciles à lire, sur le contrôle des charges de copropriété, auquel nous nous permettons de vous renvoyer et, en particulier, pour tout ce qui concerne les problèmes liés au contrôle (droit de contrôle du Conseil syndical, des copropriétaires, modalités d'exercice du contrôle, etc..). Il s'agit des guides intitulés : **«Le Manuel du Conseil Syndical»** et **«Faites baisser vos charges»**.

L'A.R.C. vient également de réaliser une plaquette très utile intitulée «Mettre en place la comptabilité d'une copropriété». Cette plaquette, qui est à l'usage des adhérents de l'A.R.C. syndics non professionnels, est aussi très utile à tous ceux qui veulent mieux comprendre comment s'organise la comptabilité. Nous y renvoyons, bien sûr, nos lecteurs soucieux d'aller plus loin.

1. A-t-on accès à la comptabilité du syndic ?

Il y a la comptabilité du syndic et la comptabilité de la copropriété. Seule celle-ci est accessible aux copropriétaires. Pour avoir accès à la comptabilité du syndic il faudrait engager une action judiciaire - et encore ... C'est d'ailleurs un peu regrettable. Il serait en effet intéressant de savoir combien le syndic a touché de «ristourne» de tel fournisseur de fioul ou de tel fournisseur de produits d'entretien.

Pour les syndics qui sont en sociétés anonymes, rappelons simplement ici que les sociétés anonymes sont obligées de déposer leurs **comptes généraux** au Tribunal de commerce et que l'on peut y avoir accès.

Vous pouvez ainsi savoir combien de «produits financiers» votre syndic a touchés en une année et combien de «commissions d'assurance» lui ont été versées...

2. L'ouverture d'un compte bancaire séparé par copropriété est-elle obligatoire ?

Non, ce qui est obligatoire, c'est de mettre aux voix ce point, ceci au moins une fois tous les trois ans.

Comme chacun sait, les syndics sont radicalement hostiles aux comptes séparés, ceci pour une raison simple : il leur est plus difficile de toucher les produits financiers. Ils font donc tout pour empêcher les copropriétaires de voter un tel compte, une des techniques de dissuasion favorite étant tout bêtement une majoration substantielle d'honoraires (jusqu'à plus de 40%).

3. A quoi sert un compte séparé ?

a/ Le compte séparé facilite la transparence et le suivi de la gestion. Grâce au relevé bancaire, en effet, on peut contrôler que les règlements ont bien été effectués et surtout vérifier que la date de paiement n'est pas trop éloignée de la date de facture (ce qui est nécessaire pour éviter que les artisans n'incluent dans leur prix ce "crédit fournisseur" involontaire).

b/ Le compte bancaire séparé facilite le placement de la trésorerie disponible (la trésorerie courante comme la trésorerie exceptionnelle en cas de programme de travaux).

c/ Le compte séparé enfin, permet en cas de faillite du syndic ou de changement de syndic, de limiter au maximum les problèmes !

Ne vous laissez donc pas impressionner par les criailleries des syndics concernant la difficulté de gérer des comptes séparés : cette gestion, grâce aux techniques modernes, aux prélèvements et aux virements, est limitée à sa plus simple expression. Exigez des comptes séparés ou, du moins, des **sous-comptes avec possibilité de relevés bancaires.**

4. Quels sont les deux systèmes de gestion en copropriété ?

Rappelons ici les deux façons de gérer une copropriété :

1. La gestion sur appel de charges réelles : dans ce système le syndic paie les factures avec un fonds de roulement et, en fin de trimestre, se fait "rembourser" les charges par les copropriétaires.

2. La gestion sur appels provisionnels : dans ce système le syndic appelle des provisions en début de chaque trimestre et règle les factures avec les sommes recueillies. En fin d'année, il y a régularisation (on redemande ou on rembourse de l'argent aux copropriétaires).

Les deux systèmes se valent, mais on sera attentif au fait que, dans le premier système, on a besoin d'un fonds de roulement alors que, dans le deuxième système, on n'a besoin que d'une avance de trésorerie limitée au niveau des impayés (en principe, si le syndic fait bien son travail, ce niveau doit être proche de zéro).

5. L'établissement d'un budget prévisionnel est-il obligatoire ?

. Quel que soit le système de gestion dans lequel on se trouve, une double obligation s'impose au syndic :

a/ faire voter tous les ans un budget prévisionnel,

b/ préparer ce budget avec le conseil syndical.

Pour les sceptiques, nous rappelons ci-dessous les textes :

"Article 18 (de la loi du 10 juillet 1965)
"Indépendamment des pouvoirs qui lui sont conférés par d'autres dispositions de la présente loi ou par une déclaration spéciale de l'assemblée générale, le syndic est chargé (...) :
- d'établir le budget prévisionnel du syndicat et de le soumettre au vote de l'assemblée générale et de tenir pour chaque syndicat une comptabilité séparée qui fait apparaître la position de chaque copropriétaire à l'égard du syndicat, ainsi que la situation de trésorerie du syndicat."

"Article 26 (du décret du 17 mars 1967)
"Le conseil syndical contrôle la gestion du syndic, notamment la comptabilité du syndicat, la répartition des dépenses, les conditions dans lesquelles sont passés et exécutés les marchés et tous autres contrats, ***ainsi que l'élaboration du budget prévisionnel dont il suit l'exécution."***

Cela veut dire que, même si vous êtes dans un système de gestion de charges réelles, il doit y avoir un budget prévisionnel. Cela évitera les dérapages et permettra de fixer le niveau du fonds de roulement si celui-ci est ajusté automatiquement sur le budget.

6. Le fonds de roulement est-il obligatoire ?
Les syndics (étant fort gourmands de trésorerie pour des raisons connues de chacun) ont tendance à faire croire que le fonds de roulement est toujours obligatoire, même en système de gestion provisionnelle. Certains n'hésitent pas à affirmer des fariboles légales du genre : "Le niveau du fonds de roulement doit être de 5/12 du budget annuel".

Ainsi, on peut avoir :
- un fonds de roulement de cinq mois,
- plus des provisions de trois mois en début de trimestre !

Faisons donc le point :

. Le fonds de roulement est-il ou non prévu par le règlement de copropriété ?

-S'il n'est pas prévu il doit être institué à la double majorité par l'assemblée générale, sauf si les appels de fonds ne sont pas trimestriels mais semestriels (ce qui est rare),

- S'il est prévu, et que son montant ou son niveau de réactualisation, lui, n'est pas prévu, là encore, il faudra voter en assemblée générale (double majorité).

- S'il est prévu et que son montant vous semble excessif, il peut être supprimé par l'assemblée générale.

7. Quel doit être le niveau du fonds de roulement ?

C'est clair :

a/ Si vous êtes sur charges réelles il doit être de trois mois plus un volant correspondant aux impayés irréductibles,

b/ Si vous êtes sur les charges provisionnelles, il ne doit être que du niveau des impayés (si donc il y a très peu d'impayés dans votre copropriété, il peut être réduit à zéro).

CHAPITRE 17

LES COPROPRIETAIRES ET LA JUSTICE

1. Quels sont les différents tribunaux et à quoi servent-ils ?

a/ Le tribunal d'instance

C'est le tribunal de "proximité", celui qui est le plus accessible (à la fois le plus proche et à la fois le moins impressionnant).

Malheureusement, il ne s'occupe que fort peu des problèmes de la copropriété. Il peut néanmoins traiter :

1. les problèmes d'impayés jusqu'à 30 000 frs,
2. les litiges financiers avec l'ancien syndic, là aussi jusqu'à 30 000 frs,
3. les problèmes d'annexion de parties communes sans autorisation.

A noter : au tribunal d'instance, l'assistance d'un avocat n'est pas obligatoire.

b/ Le tribunal de grande instance (TGI)

Il n'y a qu'un tribunal de grande instance par département. C'est le "Palais de justice". C'est dans ce tribunal que se traite la quasi totalité des affaires de copropriété. Pour y aller - sauf référé (voir plus loin) - il faut l'assistance obligatoire d'un avocat. C'est dire qu'il faut casser sa tirelire, la moindre action ne coûtant jamais moins de 5 000 frs.

Ce tribunal est donc doublement inaccessible (impressionnant et "coûteux") : ainsi, si vous n'avez pas été convoqué à une assemblée générale et que vous vouliez faire annuler l'assemblée générale, il faudra assigner le syndicat, par voie d'avocat, au T.G.I. De même si vous contestez telle ou telle décision d'assemblée générale.

A noter : en référé (voir plus bas) l'assistance d'un avocat n'est pas obligatoire).

c/ Cours d'appel et de cassation

. Si un jugement a été rendu, il est pratiquement toujours possible de "faire appel", c'est-à-dire de demander à une autre cour de vérifier que le jugement rendu est bien conforme aux lois en vigueur. Il faut, pour aller en appel, vous faire représenter non seulement par un avocat mais également par un "avoué" (super-avocat spécialiste des cours d'appel), que vous soyez attaqué ou que vous attaquiez.

. Enfin, après "l'appel" reste la possibilité de saisir la "Cour de cassation". Cette cour est ainsi appelée parce qu'elle rend non pas des jugements sur votre affaire (elle ne dit pas si vous avez raison ou tort) mais des jugements sur les jugements d'appel : elle dit si ces jugements sont, ou non, corrects. Au cas où ils ne le sont pas, elle les "casse", c'est-à-dire les annule. Ce qui oblige à *revenir* devant le tribunal pour que l'affaire soit rejugée...

Là encore il faut se faire assister par des super-avocats spécialisés et agréés, super-avocats qui, bien évidemment, coûtent super cher.

2. Action au fond et action en référé

Il est indispensable, pour comprendre le fonctionnement de la justice de faire la distinction entre ces 2 notions.

a/ Référé : l'action en référé est une action qui ne peut être engagée que lorsqu'il y a urgence et qu'il n'y a rien à trancher, soit parce que le problème est **incontestable**, soit parce que la décision à prendre est purement préparatoire. Expliquons-nous.

. Des malfaçons apparaissent ; vous voulez engager un procès ; préalablement il faut faire désigner un expert judiciaire. Pour cela vous emploierez une procédure dite de référé, pour laquelle vous demanderez au juge de nommer un expert. Cette nomination ne souffre aucune discussion, le juge n'a pas à examiner le bien-fondé de votre demande.

. Votre ancien syndic, malgré une lettre recommandée, refuse de vous restituer les archives de la copropriété : là encore, le problème étant simplement de l'obliger à le faire, vous pouvez aller en "référé" pour demander au juge qu'il rende une ordonnance obligeant le syndic à restituer les archives (avec des pénalités en cas de retard).

A noter : la loi prévoit très souvent les cas où l'action en référé s'impose, et là où elle ne s'impose pas. Par exemple, en ce qui concerne la loi de 1965, le référé est prévu :

- contre l'ancien syndic en cas de rétention des archives et des fonds,
- contre le syndic en place, s'il refuse de convoquer une assemblée générale.

Mais la loi ne prévoyant pas que les actions en annulation d'assemblée générale pour vice de forme puissent se faire en référé, il faudra - dans ce cas - aller au fond.

b/ Action au fond : on va donc au "fond" quand le juge est appelé à trancher le problème (qui a raison ? qui a tort ?).

Cette action est souvent lente, d'abord parce qu'une affaire de fond demande beaucoup plus de temps (conclusion, plaidoierie, ...) et que les tribunaux sont, comme on dit, engorgés, mais aussi parce que chacune des parties en présence (surtout celui qui est attaqué) peut avoir tendance à demander des reports d'audience.

3. Les ordonnances

Les actions en référé n'aboutissent pas (pour les raisons évoquées plus haut) à un "jugement", mais à des "ordonnances".

En effet, le juge ne “juge” pas qu’un expert doit être nommé ; il “l’ordonne”. D’où le mot ordonnance.

Plus généralement le mot ordonnance renvoie à une **décision** du juge sans qu’il y ait jugement. Exemple :

- Ordonnance d’injonction de payer : si quelqu’un doit de l’argent et que vous ayez un “titre” (appel de fonds ; avis d’échéance de loyer) vous pouvez demander au juge de rendre une ordonnance d’injonction de payer. Cette ordonnance est rendue sans que l’autre partie soit prévenue. Il n’y a donc pas eu de jugement.

Bien sûr si la demande est non fondée, l’autre partie peut faire “opposition à l’ordonnance”. Dès lors, les deux parties sont convoquées et le juge devra rendre un jugement.

- Ordonnance de nomination d’un administrateur provisoire judiciaire. En cas d’absence de syndic, n’importe qui peut (avec un avocat) demander au juge la nomination d’un administrateur judiciaire. Là encore la décision du juge n’est pas un “jugement”. Elle s’appelle “ordonnance”, sachant que l’on peut également s’opposer à cette ordonnance.

4. La requête

. On parlera d’ordonnance de référé quand la procédure utilisée est celle de référé ; d’ordonnance sur requête quand la procédure est la requête. La requête (à introduire auprès du président du tribunal) est inévitable quand il n’y a **personne en face** (exemple : en cas d’absence de syndic) ; dans le référé il y a toujours quelqu’un en face, un adversaire.

5. Qu’est-ce qu’une assignation ?

. Le langage populaire dit “traîner quelqu’un en justice”. Le langage judiciaire dit “assigner”, mot qui signifie à peu près : obliger à venir.

. L’assignation est donc, en gros, la convocation à se présenter au tribunal, convocation qui doit, bien sûr, exposer les motifs.

. Les assignations sont “délivrées” (c’est-à-dire adressées) par voie d’huissier. L’huissier est donc un “super-facteur” qui va porter ou adresser les convocations.

. Les assignations sont souvent rédigées par des avocats (il faut en effet, dans l’exposé des motifs, bien expliquer le fondement légal de sa demande et rédiger correctement les demandes faites au juge), **mais cela n’est pas obligatoire** (au tribunal d’instance, un huissier sympathique ou vous-même pouvez rédiger l’assignation).

6. Petit vocabulaire de la justice

- Demandeur : c’est celui qui attaque,
- Défendeur : c’est celui qui est attaqué,
- Audience : c’est le nom de la séance où l’on expose son point de vue au juge,

- Demande de report d'audience : c'est la demande formulée par une des parties qui n'est pas prête. Le juge n'est pas obligé d'accepter la demande, mais le fait presque à tout coup.
- Mise en délibéré : le jugement n'est pas rendu sur place. Le juge indique donc quand il rendra son jugement (cela ne signifie pas que vous pouvez avoir **copie** du jugement pour autant à cette date).
- Dépens : ce sont les frais de justice (frais d'assignation, de signification). Etre condamné aux dépens c'est avoir à payer ces frais.
- Signification : le jugement doit être "signifié" par voie d'huissier à la partie adverse. Sans quoi le jugement ne peut être exécuté.
- Exécution provisoire : pour éviter que l'adversaire ne fasse appel que pour gagner du temps, on peut demander au juge d'accorder l'exécution provisoire. Ainsi l'appel ne sera pas, comme on dit "suspensif"...
- Article 700 : il s'agit de l'article 700 du nouveau code de procédure civile qui prévoit la possibilité de demander au juge qu'il condamne le perdant à payer les frais d'avocat du gagnant.
- Conclusions : on appelle ainsi l'argumentaire de la partie qui a attaqué.
- Conclusions en réplique : c'est l'argumentaire de la partie qui est attaquée et répond.
- Incompétence du tribunal : soulever l'incompétence du tribunal c'est dire au juge que la loi ne lui reconnaît pas le droit de s'occuper de cette affaire et donc, lui demander de débouter l'adversaire.
- Irrecevabilité : est irrecevable une action engagée par une personne à qui la loi ne reconnaît pas de capacité à agir (exemple : si vous avez voté pour une résolution, vous ne pouvez agir pour la faire annuler).

7. Les experts judiciaires

. Dans de nombreuses affaires, avant d'aller demander au juge son avis, il faut obtenir une expertise :

- expertise de bâtiment,
- expertise concernant les responsabilités en matière de dégâts des eaux,
- expertise des comptes en cas de litige avec le syndic.

. Pour cela, il faut, comme on l'a expliqué plus haut, obtenir en référé une ordonnance du juge qui va fixer la mission de l'expert.

. Sans entrer dans le détail, disons que les experts n'ont pas tous et toujours les qualités que l'on attendrait d'eux :

- rapidité,
- compétence,
- impartialité.

. Bien que les juges fixent des délais, il est très fréquent que ceux-ci ne soient pas respectés ou que les experts eux-mêmes demandent de nouveaux délais.

. On est parfois ahuri des insuffisances professionnelles de l'expert, voire de sa partialité (c'est normal : si l'on prend le cas d'un expert qui doit rendre un rapport sur la comptabilité d'un syndic, il ne faut pas oublier que, pour l'expert, le syndic peut être un "collègue").

. Tout cela vient du fait qu'il n'y a ni "diplôme" d'expert ni de suivi des experts. En fait et avec un peu de temps, n'importe quel "technicien" peut devenir expert auprès d'une cour d'appel (à noter que ça fait toujours très bien sur une carte de visite).

. A côté de cela, il faut également préciser que les experts pratiquent des tarifs prohibitifs et rarement justifiés (nous voulons dire : justifiés par un détail). Pourquoi ? En fait les experts définissent tout à fait librement (et arbitrairement) leurs honoraires, puis vont voir le juge, lui disent : "on me doit tant...", après quoi le juge, sans demander de justificatif, rend ce qu'on appelle une "**ordonnance de taxe**" (c'est-à-dire qu'il accorde à l'expert ce qu'il demande).

Or, tout le monde croit que cette ordonnance est fondée parce qu'elle émane du juge (et les experts n'hésitent pas, souvent, à le faire croire). Mais, encore une fois, et c'est très important à savoir, cette ordonnance ne signifie pas que le juge est d'accord. Il est tout à fait possible de CONTESTER cette ordonnance et d'obtenir des abattements importants. Récemment, nous avons eu en main une ordonnance de taxe pour une expertise qui :

a/ avait largement dépassé les **délais** impartis par le juge,

b/ était disproportionnée par rapport au temps passé et à l'épaisseur du rapport.

Il y avait donc "faute" de l'expert et honoraires non justifiés. Les adhérents de l'A.R.C. ont contesté l'ordonnance et obtenu une baisse des honoraires de l'ordre de 40%.

8. Que se passe-t-il après l'expertise judiciaire ?

. Quand l'expert a rendu son rapport, il y a deux possibilités :

a/ traiter à l'amiable avec la partie adverse (si le rapport est mauvais pour elle, elle peut avoir intérêt à "arrêter les frais"),

b/ aller au fond, c'est-à-dire demander au juge de reprendre les conclusions de l'expert et de rendre un jugement exécutoire.

9. Quand on attaque, qui attaque-t-on?

. Cette question doit paraître un peu simplette à première vue et pourtant elle est très complexe.

1. Le syndicat attaque : dans bien des cas il faudra que le syndicat attaque plusieurs personnes à la fois. En matière de malfaçon, par exemple, il faudra attaquer :

- l'entreprise,
- l'architecte,
- l'assurance de l'architecte,

- l'assurance de l'entreprise,
- le promoteur,
- le bureau d'étude, etc.

Pourquoi cela : simplement pour éviter que si l'entreprise arrive à prouver qu'elle n'est pas responsable, il ne faille réengager un procès. On met tout le monde dans le même sac. De cette façon on est bien sûr de trouver un responsable.

2. Vous attaquez : là encore des surprises vous attendent. En effet, la plupart du temps, vous êtes obligé d'attaquer le "syndicat des copropriétaires (dont vous faites partie). C'est le cas, en particulier, quand vous engagez une action en nullité de résolution d'assemblée générale.

Tout le monde pourrait croire que - en cas de vice de forme (exemple : délais de convocation non respectés) c'est le syndic responsable qui doit être assigné. Erreur : c'est le syndicat. Bien sûr, celui-ci pourra se retourner contre le syndic (théoriquement), mais ce sera très difficile dans la pratique (l'avocat choisi par le syndic est souvent l'avocat DU syndic...). Si vous attaquez le syndic à titre personnel votre demande sera jugée comme irrecevable.

10. Le copropriétaire qui gagne contre le syndicat des copropriétaires doit-il payer sa quote-part des frais que doit lui payer le syndicat ?

La réponse est claire : c'est OUI. Le copropriétaire ne peut échapper au paiement de sa quote-part (mais son avocat peut demander au juge de condamner le syndicat à payer à sa place cette quote-part...).

11. Les autorisations nécessaires

. Le syndic qui veut engager des actions judiciaires, peut dans certains cas, le faire sans accord de l'assemblée générale, et, dans d'autres cas, il doit impérativement obtenir l'accord de l'assemblée générale pour le faire.

. C'est l'article 55 du décret de 1967 qui fixe les conditions d'autorisation ou non.

"Article 55

Le syndic ne peut agir en justice au nom du syndicat sans y avoir été autorisé par une décision de l'assemblée générale.

Une telle autorisation n'est pas nécessaire pour les actions en recouvrement de créance, la mise en oeuvre des voies d'exécution forcée à l'exception de la saisie en vue de la vente d'un lot, les mesures conservatoires et les demandes qui relèvent des pouvoirs du juge des référés, ainsi que pour défendre aux actions intentées contre le syndicat.

Dans tous les cas, le syndic rend compte à la prochaine assemblée générale des actions introduites."

. Comme on le voit, le syndic n'est autorisé à engager, sans autorisation préalable de l'assemblée générale, d'action judiciaire que :

- pour le recouvrement des charges, à l'exception de la procédure de vente des lots pour laquelle il doit obtenir une autorisation précise (vente de tel ou tel lot) et non générale,
- pour faire exécuter les jugements,
- en cas d'urgence.

Cela veut dire que pour toute autre action, il doit obtenir une autorisation. Il en sera ainsi par exemple d'une action contre un copropriétaire qui ne respecte pas le règlement de copropriété ou a fait des travaux sans autorisation ou a annexé des parties communes. Dans ce cas et sauf bien sûr s'il y a urgence, le syndic devra attendre l'assemblée générale. Certains copropriétaires le savent et en abusent (exemple : ils feront un coup de force juste après une assemblée générale, sachant que lors de la prochaine assemblée générale - dans un an - les gens auront oublié). Dans ce cas, il ne faut pas hésiter :

- à demander la convocation d'une assemblée générale EXTRAORDINAIRE,
- à imputer les frais de convocation au copropriétaire responsable en se fondant sur la clause d'aggravation des charges du règlement de copropriété.

12. L'action en annulation d'assemblée générale

Il nous faut dire un mot de ce problème. Tout copropriétaire est un jour confronté au problème d'avoir à faire annuler ou non une décision d'assemblée générale. Les raisons peuvent être variées :

- les règles de convocation n'ont pas été respectées,
- les documents obligatoires n'ont pas été transmis,
- des décisions non prévues à l'ordre du jour ont été prises,
- les règles de majorité n'ont pas été respectées.

Or, quand on lit l'*article 42* de la loi (qui doit être obligatoirement annexée au procès-verbal de l'assemblée générale) on a l'impression que s'opposer à une décision d'assemblée générale est simple :

"Article 42

Les actions qui ont pour objet de contester les décisions des assemblées générales doivent, à peine de déchéance, être introduites par les copropriétaires opposants ou défaillants dans un délai de deux mois à compter de la notification des dites décisions qui leur est faite à la diligence du syndic, dans un délai de deux mois à compter de la tenue de l'assemblée générale. Sauf en cas d'urgence, l'exécution par le syndic des travaux décidés par l'assemblée générale en application des articles 25 et 26 est suspendue jusqu'à l'expiration du délai mentionné à la première phrase du présent alinéa".

Comme la loi ne dit pas expressément comment contester, nombreux sont ceux qui croient que la contestation se fait par lettre recommandée. Erreur ! lourde erreur : en fait, comme on l'a déjà dit, il faut aller au tribunal de grande instance, c'est-à-dire engager une action judiciaire lourde et longue contre le syndicat des copropriétaires.

Cette difficulté explique que bien des syndics n'hésitent pas à tourner la loi et commettre des abus, sachant à quel point les sanctions sont improbables.

Mais il y a encore plus décourageant : c'est que souvent certains syndics n'hésitent pas à refaire une assemblée générale, après l'engagement de votre action en annulation, pour rectifier ses erreurs, ce qui fait que quand vous aurez réussi à faire annuler la première assemblée générale, le problème aura été réglé depuis longtemps et que aurez engagé des frais en pure perte.

Nous souhaitons, pour notre part, qu'une réforme de l'action en annulation d'assemblée générale puisse être entreprise. Mais, d'ores et déjà nous pouvons vous conseiller un moyen pour obtenir la **révision** de décision d'assemblée générale prise dans des conditions non conformes : **demander une nouvelle assemblée générale en utilisant les dispositions de l'article 8 du décret que nous rappelons ci-dessous. Pour cela il suffit de recueillir les signatures de 25% des millièmes et, au cas où le syndic continuerait à refuser de convoquer l'assemblée, d'engager - avec l'aide de l'A.R.C. et sans avocat - un référé** (voir page 187).

Cette procédure a divers avantages :

a/ elle vous évite des frais,

b/ elle vous évite d'attaquer le syndicat,

c/ elle permet à une minorité de se regrouper,

d/ elle oblige le syndic, au cours d'une nouvelle assemblée générale, à répondre de ses fautes, abus et coup de force.

Reste que, pour certains types de problèmes et d'abus, il faudra passer par le tribunal.

13. L'engagement de la responsabilité d'un syndic par un ou plusieurs copropriétaires minoritaires.

La mise en cause d'un syndic par UN copropriétaire (ou plusieurs copropriétaires minoritaires) était, jusqu'à très récemment, jugée comme impossible. Pourquoi ? Parce qu'on considérait que le syndic, étant le MANDATAIRE du syndicat des copropriétaires, ne pouvait être recherché en **responsabilité** que par le syndicat des copropriétaires et non par un copropriétaire.

Ainsi, jusqu'en 1991, la cour d'appel de Paris pour débouter un copropriétaire de son action en responsabilité contre le syndic personnellement, retenait que les griefs formulés portaient sur la gestion même de ce syndic et qu'ils ne visaient pas des fautes distinctes de l'exécution de son mandat (notion très floue de : "faute non-détachable du mandat").

Pour aller vite, disons que la justice - très curieusement - estimait que seul le syndicat pouvait agir contre le syndic en cas de faute de gestion de sa part.

Or, ce jugement de la cour d'appel de Paris a été cassé par la Cour de cassation dans un arrêt qui dit ceci :

"En statuant ainsi (c'est-à-dire en refusant à un copropriétaire le droit d'engager la responsabilité du syndic) alors que le syndic investi du pouvoir d'administrer et conserver l'immeuble en copropriété, est responsable à l'égard de chaque copropriétaire des fautes commises dans l'accomplissement de sa mission, la cour d'appel a violé l'article 1382 du code civil".

(Cour de cassation, 3ème chambre civile - 6 mars 1991).

L'article 1382 est précisément l'article du code civil qui prévoit la responsabilité d'une personne vis-à-vis d'une tierce personne.

Cet arrêt marque un tournant très important dans la jurisprudence, car il permet désormais à tout copropriétaire, même seul, d'agir.

Ainsi, grâce à cet arrêt de la Cour de cassation, chaque copropriétaire qui subit un **préjudice** suite à des **erreurs** de gestion du syndic est reconnu comme FONDE à agir contre son syndic.

Il est très important, pour un minoritaire non seulement de le savoir mais de le faire savoir à son syndic qui, se sentant peut-être maintenant moins à l'abri des sanctions, fera plus attention.

14. L'engagement d'une action judiciaire contre l'ancien syndic.

Deux problèmes peuvent se poser avec l'ancien syndic :

a/ Non restitution des archives et des documents comptables de la copropriété. Pour cela, il suffit d'appliquer les dispositions de l'article 18-2 et d'engager un référé contre le syndic, sachant que ce référé peut être engagé par le nouveau syndic OU le président du conseil syndical (voir ce guide page 187 pour savoir comment engager un référé sans avocat).

b/ Non restitution de tous les fonds ou contestation concernant des sommes prélevées par lui.

Il est bon de savoir que si le litige est inférieur à 30 000 frs, vous pouvez engager une action au tribunal d'instance. Si la somme est inférieure à 13 000 frs vous pouvez même utiliser la procédure de déclaration au greffe qui vous dispense de l'assignation par voie d'huissier...

CHAPITRE 18
LE SYNDICAT SECONDAIRE

Si vous habitez un ensemble immobilier où il y a plusieurs bâtiments distincts qui composent une copropriété **unique** il est possible que vous ayez des difficultés importantes pour **maîtriser** la gestion de votre copropriété. Dans certains cas, vous pouvez même (vous et les copropriétaires de votre bâtiment) devoir subir la "loi" des copropriétaires des autres bâtiments.

Dès lors, une solution relativement SIMPLE à mettre en oeuvre et rapidement efficace est la mise en place d'un syndicat secondaire (l'ensemble de la copropriété étant appelé "syndicat principal").

Nous allons voir dans cet article comment s'y prendre concrètement.

1. Dans quel cas peut-on créer un syndicat secondaire ?

La création d'un syndicat secondaire n'est possible dans la pratique, que si le bâtiment concerné est physiquement **indépendant** des autres. Il peut être accolé, mais ne doit pas avoir d'éléments du gros oeuvre en commun.

Ceci veut donc dire que dans un immeuble de trois "cages d'escaliers", la création de syndicats secondaires par cage d'escalier n'est pas possible.

2. Comment faire ?

Pour créer un syndicat secondaire, il suffit :

a/ que les copropriétaires du bâtiment concerné soient réunis en assemblée générale spéciale du bâtiment.

b/ qu'ils prennent la décision à la majorité absolue (501/1000e) des millièmes du bâtiment. Au cas où cette majorité ne serait pas atteinte, la décision serait prise en deuxième assemblée à la majorité simple.

Une fois prise, la décision s'impose à **toute** la copropriété, ce qui signifie que les copropriétaires des autres bâtiments ne peuvent s'opposer à la création de ce syndicat secondaire.

L'assemblée générale spéciale sera convoquée.

- soit par le syndic à la demande des copropriétaires regroupant 250/1000e du bâtiment ou encore à la demande d'une majorité du conseil syndical,

- soit encore par tout copropriétaire, également après mise en demeure, et s'il est autorisé à le faire, par le tribunal de grande instance.

Ceci dit, pour des raisons pratiques, vous pouvez demander au syndic de réunir l'assemblée spéciale à l'occasion de l'assemblée ordinaire de la copropriété. L'assemblée spéciale pourra être convoquée une demi-heure avant l'assemblée générale.

En pratiquant ainsi on résoud par ailleurs plus facilement le problème du syndic principal, comme on le verra un peu plus loin.

3. Quel ordre du jour prévoir ?

Un syndicat secondaire étant un syndicat de copropriétaires à part entière, il lui faut donc :

- un syndic,
- un conseil syndical,
- un budget.

Il faudra donc prévoir ces différents points à l'ordre du jour, de façon à pouvoir prendre les décisions correspondantes.

4. Quelles sont les conséquences de la création de ce syndicat ?

a/ Personnalité civile

Le syndicat secondaire est doté de la personnalité civile ; il peut donc ouvrir un compte bancaire et "ester" en justice (c'est-à-dire attaquer ou se défendre devant le tribunal).

b/ Institution de parties communes spéciales au bâtiment

Dans le cas où l'on est dans une copropriété dont le règlement ne prévoit pas de parties communes spéciales à chaque bâtiment, la création du syndicat secondaire a pour effet **automatiquement** l'institution de parties communes spéciales. Si, par exemple, les frais de ravalement ou de réfection de toiture étaient, jusqu'à la création du syndicat secondaire, répartis entre tous les copropriétaires, à présent les copropriétaires du bâtiment concerné paieront **seuls** le ravalement de **leur** toiture et ne participeront plus à la réfection des autres toitures.

Il est évident que cette procédure est automatique et que le reste de la copropriété ne peut s'y opposer.

c/ Participation au conseil syndical du conseil principal

Le syndicat secondaire est représenté à ce conseil en proportion des millièmes qu'il totalise.

Cette disposition est très importante puisqu'elle garantit aux copropriétaires d'un immeuble, même minoritaires, une représentation au conseil syndical principal.

5. Que devient le syndic du syndicat principal ?

Si vous ne voulez pas avoir à payer le syndic principal à ne rien faire (ou presque), il faudra :

- soit négocier une baisse de ses honoraires correspondant au fait qu'il n'aura plus à gérer les parties communes de votre bâtiment, dans le cas où vous décidez de gérer vous-mêmes votre syndicat secondaire.

- soit attendre la fin de son mandat pour créer le syndicat secondaire. C'est la formule la plus facile, d'où l'intérêt de "coupler" l'assemblée spéciale avec l'assemblée générale ordinaire appelée à renouveler le mandat du syndic (ou en changer). La baisse des honoraires du syndic principal sera très facilement négociée à ce moment-là, tenant compte du travail important en moins concernant les lots de votre immeuble.

6. Que faire une fois le syndicat secondaire créé ?

La seule formalité obligatoire est de faire publier la décision de l'assemblée spéciale au fichier des hypothèques. La modification du règlement de copropriété en ce qui concerne les charges est automatique et s'impose à tous : aucune modification n'a donc à faire l'objet d'une publication aux hypothèques contrairement à ce que certains syndics disent parfois.

. La création du syndicat secondaire est régie par l'article 27 de la loi du 10 juillet 1965.

CHAPITRE 19

GERER SOI-MEME SA COPROPRIETE

L'A.R.C. ayant déjà consacré un guide à ce problème, nous y renvoyons le lecteur intéressé. Nous voudrions simplement ici répondre à quelques questions posées très fréquemment et concernant la gestion des copropriétés sans professionnel.

1. Qui peut être syndic d'un immeuble ?

. Peut-être syndic d'un immeuble :

- tout professionnel titulaire d'une carte,
- tout copropriétaire, à condition qu'il gère, à titre occasionnel, un immeuble où il est copropriétaire.

2. Pour élire un syndic non-professionnel faut-il modifier le règlement de copropriété ?

. Il existe deux formules de gestion directe (sans professionnel) :

a/ La **formule "normale"** : le syndicat reste un syndicat normal et le syndic non-professionnel est élu dans les mêmes conditions qu'un professionnel, **sans aucune modification du règlement de copropriété.**

b/ La formule "coopérative" : dans ce cas le rôle de syndic est exercé par le président du conseil syndical.

Il n'y a que dans le cas où un syndicat normal veut devenir un syndicat coopératif qu'il doit y avoir modification du règlement de copropriété. A noter que les différences entre les deux formules sont TRES faibles et, dans la pratique, souvent inexistantes.

3. Quelle garantie financière apporte un syndic non professionnel ?

Cette question est souvent posée. En effet, les professionnels sont obligés d'avoir une garantie, les non-professionnels n'y sont pas obligés. Dès lors, "on" fait croire que les non-professionnels peuvent créer des problèmes. A cela il faut répondre :

1. Les non-professionnels sont obligés d'ouvrir un compte au nom du syndicat.

2. Ils ne peuvent faire "faillite".

3. Aucun cas de détournement de fonds n'a jamais été signalé, ce qui serait d'ailleurs stupide puisque :

- cela relèverait du pénal,
- le syndic étant forcément propriétaire, le syndicat aurait toujours de quoi "le rattraper par la manche".

4. Qu'arrive-t-il si le syndic non-professionnel commet une faute de gestion préjudiciable au syndicat ?

. Là encore, comme il n'existe pas d'obligation d'assurance civile professionnelle pour les syndics non-professionnels, certains se posent des questions.

. Ils ont raison, mais heureusement, le problème est facilement résolu par certaines associations - comme l'A.R.C. - qui ont réussi à négocier des assurances de groupe couvrant la responsabilité civile "professionnelle" de leurs adhérents non-professionnels.

. Comme on le voit, il y a des réponses à tout...

5. Un syndic non-professionnel doit-il déclarer son élection en préfecture ?

. L'acte de naissance d'un syndic (professionnel ou non) est constitué par le procès-verbal de l'assemblée générale qui l'a élu.

. Nulle déclaration en préfecture n'est donc nécessaire (cela ne concerne que les associations 1901).

. Pour ouvrir un compte bancaire il suffit donc :
a/ d'une copie du règlement de copropriété,
b/ d'une copie du procès-verbal d'assemblée générale.

. Un "banquier" vous dit-il le contraire ?

Répondez-lui qu'il confond la loi de 1965 sur la copropriété et la loi de 1901 sur les associations. Ensuite, dites-lui que s'il persiste, la banque concurrente sera peut-être mieux informée !!!

6. Un syndic non-professionnel ne risque-t-il pas de ne pas pouvoir récupérer les charges ?

Autre fantasme auquel il faut répondre fermement : il y a beaucoup moins d'**impayés** dans les copropriétés gérées par des non-professionnels que par des professionnels. Nous pouvons en faire la démonstration à tout moment.

Cela tient à divers facteurs :

a/ Les syndics professionnels laissent parfois "filer" les impayés comme on dit (pour ne pas perdre trop de temps).

b/ Certains débiteurs refusent parfois de payer leurs charges parce qu'ils ont un contentieux personnel avec le syndic professionnel.

c/ En système d'autogestion, les *impayés* sont vite connus des autres copropriétaires.

d/ En système d'autogestion les syndics agissent rapidement et préventivement :

- ils négocient avec les débiteurs de bonne foi des plans de remboursement,
- ils appliquent des intérêts de retard aux débiteurs de mauvaise foi, ce que font rarement les professionnels (là encore pour ne pas perdre de temps).

e/ En système d'autogestion les règles sont parfois plus claires, ce qui, là encore, laisse peu de chances aux débiteurs de mauvaise foi. A titre indicatif, voici ci-dessous le protocole de recouvrement des charges que l'ARC propose à ses adhérents de voter, dès qu'ils se mettent en gestion directe :

"Les appels de charges devront être honorés dans les huit jours suivant leur envoi. A défaut, le syndic devra, passé un délai de 15 jours, adresser une lettre recommandée avec A.R. au débiteur, si celui-ci ne s'est pas manifesté pour demander le bénéfice d'un plan d'étalement de la dette. Les intérêts de retard seront décomptés à partir de l'envoi de cette mise en demeure..

Quinze jours après l'envoi de la lettre recommandée avec A.R. restée sans réponse, le syndic devra assigner les débiteurs au tribunal d'instance. La totalité des frais de recouvrement et de procédure seront à la charge des débiteurs sauf ceux qui auront demandé et obtenu le bénéfice d'un plan de remboursement. Au cas où le plan de remboursement n'est pas, pour raison valable, respecté, le syndic devra engager le recouvrement judiciaire".

. Les assurances pour les impayés

Enfin, pour ceux qui ne souhaitent pas engager des poursuites contre leurs voisins, il existe des assurances pour impayés.

Mais, comme là encore il existe de bonnes assurances et des assurances pièges, l'ARC a dû négocier pour le compte de ses adhérents des assurances efficaces et d'un coût raisonnable. Comme vous le voyez, avec un peu d'organisation, tout se résoud.

7. La comptabilité

. Faut-il être comptable ou avoir des notions de comptabilité pour être syndic ? Réponse : NON.

. La comptabilité d'une copropriété n'est pas différente de la comptabilité d'un particulier :

- enregistrer des factures,

- enregistrer des appels,
- enregistrer des règlements,
- faire un rapprochement bancaire...

Qui ne sait faire cela ?

. Les deux seuls problèmes qui peuvent se poser sont les suivants :

a/ Comment mettre simplement en place une comptabilité manuelle pour les petites copropriétés ?

b/ Comment éviter de perdre trop de temps quand la copropriété est soit complexe, soit de taille moyenne ?

. A cela, l'ARC encore, a apporté des réponses claires :

- une plaquette pratique pour la mise en place d'une comptabilité manuelle,
- un logiciel bon marché pour ceux qui veulent informatiser leur gestion.

Problèmes ? Vous avez dit problèmes ?

8. Un parapluie ultime : la protection juridique

Enfin, pour parachever l'édifice de protection permettant à **chacun** de se lancer dans la gestion directe, il est possible que la copropriété prenne un contrat de protection juridique. Un tel contrat est très efficace au niveau préventif :

- les copropriétaires indélicats sachant qu'il existe hésiteront à engager ou poursuivre leurs indélicatesses,
- les artisans ou fournisseurs tentés d'abuser du caractère non-professionnel du syndic seront également plus prudents...

9. La gestion directe : un choix mais aussi parfois une obligation

. Pour finir, juste un mot sur ce point. En effet, pour les petits immeubles, confier sa gestion à un professionnel sera de plus en plus difficile et coûteux, et ceci d'autant plus que ces petits immeubles sont dépourvus de concierge. D'ailleurs les "bons" syndics refusent de plus en plus fréquemment de s'occuper de petits immeubles ou bien demandent des honoraires difficilement supportables pour les copropriétaires moyens.

. C'est pourquoi nous disons que la *gestion directe*, dans un nombre de cas croissants, est non plus un choix mais une *obligation*, à laquelle il serait souhaitable que les copropriétaires se préparent activement.

CHAPITRE 20

LES ASSURANCES ET LA COPROPRIETE

Etant donné la complexité de ce problème, nous avons choisi de faire deux chapitres distincts sur les assurances, dont un sera entièrement consacré à l'assurance de l'immeuble (ce qu'on appelle l'assurance multi-risque immeuble)

1. Quelles sont les diverses assurances possibles de la copropriété ?

. L'assurance la plus connue de la copropriété est l'**assurance multi-risque immeuble**. Celle-ci est si complexe et importante que nous lui avons consacré le chapitre suivant.

. L'**assurance dommage-ouvrage** vous permet, en principe, d'être indemnisé en cas de malfaçons (on verra quels types de malfaçons) et même si l'entreprise a fait faillite.

. L'**assurance de protection juridique** peut permettre à une copropriété de se défendre et d'attaquer à moindre frais.

. L'**assurance contre les impayés** peut également permettre à la copropriété d'engager les actions en recouvrement, facilement et efficacement.

2. Quelles sont les assurances obligatoires

Aussi curieux que cela paraisse, la seule assurance obligatoire en cas de construction ou gros travaux (voir point n° 3), est l'assurance dommage-ouvrage.

Précisons bien ici que si la loi oblige bien les LOCATAIRES à avoir une assurance dégâts des eaux, incendie, il n'existe aucune obligation de ce type concernant les copropriétaires (sauf bien sûr si le règlement de copropriété le prévoit).

3. Qu'est-ce que l'assurance dommage-ouvrage ?

a/ Une assurance pour faire jouer la garantie légale de 10 ans

. L'assurance dommage-ouvrage est une assurance que celui qui commande les travaux (appellé "le maître d'ouvrage", c'est-à-dire en copropriété le syndicat représenté par le syndic) doit prendre **obligatoirement** dès lors que ces travaux sont couverts par la garantie **légale** de 10 ans (décennale).

. Nous disons bien "garantie **légale**" (c'est-à-dire prévue par la loi) et non "garantie contractuelle" (c'est-à-dire prévue dans le contrat ou marché de travaux). Nous verrons que ce point a son importance.

b/ Quels sont les travaux couverts par la garantie légale ?

. Lecteur, nous demandons ton attention vigilante pendant quelques minutes !

. Ces travaux sont ceux qui - au cas où ils présenteraient des malfaçons - compromettraient la SOLIDITE DU BATIMENT.

. Prenons l'exemple de travaux de toiture. En cas de fuite après travaux, la "solidité du bâtiment" sera compromise. Même chose si, en cas de travaux de ravalement extérieur par application d'un enduit étanche, il y a - après coup - apparition de fissures et donc "infiltrations".

. Par contre, en cas de travaux de ravalement de peinture, si celle-ci vient à **cloquer**, la solidité du bâtiment n'est pas compromise. Ce type de travaux ne sera donc pas couvert par la garantie légale de 10 ans.

. C'est là qu'intervient la distinction très spéciale entre garantie légale et garantie contractuelle de10 ans. En effet, vous pouvez avoir une garantie contractuelle de 10 ans pour une peinture extérieure mais cette garantie n'est pas la garantie légale prévue par la loi (plus précisément les articles 1792 et suivants du code civil).

. De ce qui précède, il faut retenir ceci : l'assurance dommage-ouvrage ne concernant que les travaux couverts par une garantie légale, il sera **inutile** de contracter une police dommage-ouvrage pour des travaux non couverts par cette garantie. En effet :

a/ l'assureur ne refusera pas votre argent,

b/ mais le jour où vous voudrez faire jouer la garantie légale, il refusera de vous indemniser...

c/ Le principe de l'assurance dommage-ouvrage

. L'assurance dommage ouvrage a été "inventée" en 1978 pour les raisons suivantes : dès qu'il y avait malfaçon et que le maître d'ouvrage demandait à l'entreprise de bien vouloir remettre en état, dans le cadre de la garantie de 10 ans :

- soit l'entreprise déchargeait sa responsabilité sur un autre (c'était la faute du fabricant, du produit, de l'architecte, du sol qui avait joué, etc.), ce qui obligeait l'usager à engager des procès longs et coûteux,
- soit l'entreprise avait fait faillite.

. C'est pourquoi, pour éviter que l'usager ne soit obligé d'engager un procès ou reste face au vide créé par la faillite, le législateur a **obligé** ce même usager à prendre une **ASSURANCE**.

. Cette assurance permet à l'usager (dans son principe) d'obtenir l'argent nécessaire à la reprise des malfaçons. Ensuite, l'assurance pousuit les responsables (s'ils n'ont pas fait faillite...).

. Ce qu'il est vraiment important de comprendre c'est que votre assureur ne prendra en charge **que** les malfaçons qui (voir plus haut) "compromettent la solidité du bâtiment". Nous nous excusons d'insister, mais ce point est tellement important qu'il mérite d'être rappelé en permanence.

4. Comment mettre en oeuvre l'assurance dommage-ouvrage ?

a/ En cas de malfaçons, l'importance du diagnostic préalable

. Si vous avez bien suivi ce qui précède, ce dont nous ne doutons pas, vous aurez compris que tout l'art de votre assureur va être, en cas de malfaçons, d'AFFIRMER que ces malfaçons ne sont pas de nature à nuire à la solidité du bâtiment.

. Prenons un exemple : votre immeuble est déchiré par une fissure. L'expert de l'assurance, à qui vous aurez déclaré la malfaçon, n'hésitera pas à affirmer : il s'agit d'une fissure de rétraction des métaux, non infiltrante". Cela ne veut pas dire grand-chose, si ce n'est que l'assureur ne vous donnera pas un centime.

. Conséquence pratique : ne faites **jamais** venir un expert d'assurance dans votre immeuble si vous n'êtes pas en mesure de prouver que les malfaçons constatées sont bien de nature à compromettre la solidité du bâtiment. Il faut donc que, d'une façon ou d'une autre, vous ayez fait ou fait faire un **diagnostic** préalable ou une pré-expertise par tout technicien de votre choix.

b/ La déclaration de sinistre

. Dès qu'apparaît une malfaçon qui entre dans le cadre de la garantie légale vous pouvez, en principe, saisir votre assurance (cela doit se faire par lettre recommandée avec A.R.).

Rappelez-vous cependant, qu'il vaut mieux **avant** de saisir l'assurance, savoir précisément quelles sont les causes du désordre et sa portée réelle. En effet, l'expert de l'assurance va tout faire pour **affirmer** que les malfaçons n'entrent pas dans le champ de garantie, comme on le verra plus loin. D'où **l'extrême** importance qu'il y a de bien savoir d'où viennent les malfaçons et leurs ampleurs exactes, y **compris cachées**.

D'autre part, certains contrats prévoyant des détails impératifs de déclaration, n'indiquez JAMAIS dans votre déclaration la date d'apparition des désordres. Cela pourrait se retourner contre vous.

c/ La nomination d'un expert

Quand la déclaration est faite, la compagnie d'assurance va nommer un expert qui devra :

. constater les malfaçons,
. dire si, à son avis, les malfaçons sont bien garanties,
. faire une proposition d'indemnisation.

L'expertise va ainsi poser 3 types de problèmes :

a/ Le premier problème concerne le constat des malfaçons. Celui-ci sera souvent mal fait et très succint. L'expert ne fait souvent aucune investigation instrumentale, il se contente de "regarder" et d'apprécier.

Il donne souvent un avis qui n'est étayé par aucune *preuve*. Il avance péremptoirement des explications définitives qui peuvent, la plupart du temps, n'être que des hypothèses hasardeuses, etc...

Il n'y a que si vous avez fait procéder à ce qu'on peut appeler une "pré-expertise" (faite par un technicien rémunéré ou toute personne compétente de votre copropriété) que vous pouvez espérer infléchir l'expertise. D'expérience, il est plus facile de **corriger** l'expert pendant l'expertise en l'obligeant à voir ce qu'il n'aurait pas remarqué, que de tenter, après coup, de corriger (donc de contester) un rapport d'expertise...

b/ Le deuxième problème est celui posé par le fait que l'expert va tenter de refuser la garantie.

Par exemple :

- il prétendra que telle fissure n'est pas "**infiltrante**", donc qu'elle ne relève pas de la garantie,
- il prétendra que le désordre est dû à une intervention extérieure (exemple : copropriétaire ayant fait quelques améliorations sur la terrasse),
- il prétendra également que tel désordre constaté "ne compromet pas la solidité du bâtiment" (ceci, souvent, sans preuve).

L'assurance pourra aussi invoquer une raison de pure forme (délai de déclaration par exemple).

Parfois, parce qu'un dommage a fait l'objet d'une réserve lors de la réception des travaux, les assureurs refusent de le couvrir. Il faut savoir qu'ils ont tort. En effet, les malfaçons signalées avant la réception de travaux ne sont pas couvertes par la garantie décennale, mais les malfaçons déclarées pendant la réception sont couvertes par cette garantie. On a même vu une compagnie d'assurance refuser la garantie pour un capteur solaire dont l'acheteur avait mentionné dans le procès-verbal d'état des lieux (donc même pas de réception) : "Réserve émise du fait que l'appareil n'est pas en fonctionnement".

Si, après consultation auprès de notre association (et éventuellement du Centre de documentation et d'information des assurances), vous êtes sûr que votre assureur a rejeté à tort votre demande :

- écrivez-lui en lui demandant de bien vouloir reprendre sa décision,
- informez-le qu'en cas de désaccord persistant, vous saisirez la direction des assurances (ministère des Finances, rue de Bercy) qui contrôle les compagnies d'assurance, ainsi que la direction des Affaires économiques internationales, qui est le service du ministère de l'Equipement qui - comme son nom ne l'indique pas - s'occupe de ces questions.

En cas de refus persistant, il faudra assigner la compagnie d'assurance...

c/ Le troisième problème concerne le niveau des indemnités proposées, qui sera toujours trop faible.

Si vous avez pris soin de déterminer convenablement l'origine et l'ampleur des dégâts (voir plus haut) et si vous devez demander à des entreprises des devis en **conséquence** (sans leur dire que ces devis sont destinés à un expert d'assurance), vous ne devez pas avoir trop de surprises. Dans le cas contraire, vous aurez des propositions manifestement sous-évaluées.

. Comment faire ?

. D'abord refuser et adresser à l'assurance tous documents (type devis) ou argumentaires prouvant que l'indemnité est trop faible.

. Une nouvelle arme existe depuis le vote d'une loi en date du 31 décembre 1989 portant modification du code des assurances et qui dit ceci : "Lorsque l'assureur ne respecte pas l'un des délais prévus aux deux alinéas ci-dessus ou propose une offre d'indemnité manifestement insuffisante, l'assuré peut, après l'avoir notifié à l'assureur, engager les dépenses nécessaires à la réparation des dommages. L'indemnité versée par l'assureur est alors majorée de plein droit d'un intérêt égal au double du taux de l'intérêt légal".

Il suffit d'agir ainsi. Ecrivez à l'assurance, en lui indiquant :

- que son indemnité est "manifestement insuffisante" pour faire les travaux (devis à l'appui),
- qu'au cas où elle maintiendrait sa proposition initiale vous engageriez les travaux et demanderiez au tribunal d'instance, en procédure simplifiée dépourvue de possibilité d'appel, le versement :

. du complémen,t d'indemnité,

. des intérêts dus (double des intérêts légaux).

Les intérêts sont dus sur la base de l'indemnité **demandée** sur justificatif et à compter de la notification.

En principe, la seule menace doit suffire, dans la mesure bien entendu, où vous pouvez prouver le "manifestement insuffisant" de la proposition.

d/ Les délais

L'assureur doit respecter des délais concernant la prise en charge des garanties et la remise des propositions. Par ailleurs, s'il traîne ou s'il fait des propositions trop faibles, l'assuré a des recours. Nous reprenons dans le tableau ci-dessous, extrait de notre "guide des travaux en copropriété", les différents délais de mise en jeu de l'assurance.

	Délai maximal	Point de départ
L'assuré déclare le sinistre		. date du sinistre
L'assurance vous informe si elle accepte de prendre en charge le sinistre	60 jours	. réception de la déclaration du sinistre
Dans ce cas, elle vous propose une indemnité provisionnelle	90 jours	. même chose
Le versement doit intervenir dans les 15 jours	15 jours	. fin du délai de 90 jours

N.B. : Si l'assureur ne respecte pas les délais évoqués ou si l'indemnité est "manifestement insuffisante" (par rapport à des devis) l'assuré peut, après notification, engager les travaux nécessaires. L'indemnité versée par l'assureur sera alors majorée d'un intérêt égal au double du taux de l'intérêt légal (actuellement 9,69%).

L'assureur peut demander pour des motifs techniques de porter le délai de 90 jours à 135 jours maximum

L'assuré accepte ou refuse cette demande	15 jours	. notification de la demande de report

5. Qu'est-ce que l'assurance de protection juridique ?

Une copropriété est souvent amenée :

- soit à attaquer : copropriétaire indélicat s'appropriant des parties communes ou ne respectant pas le règlement de copropriété, entrepreneur refusant de terminer des travaux, ancien syndic, etc.
- soit à se défendre : copropriétaire attaquant une assemblée générale ou une décision d'assemblée générale ; fournisseur non payé, etc.

. L'assurance de protection juridique peut être un moyen pour éviter les budgets parfois incroyables en matière de contentieux.

. Elle peut aussi avoir un effet préventif très efficace : tel copropriétaire sachant que la copropriété dispose d'une assurance de protection juridique y regardera à deux fois avant d'annexer le palier sans contrepartie financière...

. Mais, comme toujours, il y a de bonnes et de moins bonnes assurances de protection juridique et de nombreux pièges et restrictions peuvent venir limiter considérablement leurs effets (exemple : certaines assurances précisent qu'il faut une somme minimum en jeu pour que l'assurance joue : qu'en est-il si le problème ne concerne pas un problème d'argent ?).

C'est pourquoi, là aussi (nous verrons mieux ce problème dans le chapitre suivant) il est conseillé de se rattacher à une assurance qui a été négociée ou du moins testée par une association d'usagers comme l'A.R.C. et qui peut :

- voir plus facilement les pièges et limites des assurances,
- négocier avec les assureurs des “conditions particulières” en raison du poids potentiel de clientèle qu'elle représente.

6. Les assurances contre les impayés

Les assurances “recouvrement des impayés” sont, elles aussi, des assurances de protection juridique, mais limitées à un objet précis. D'ailleurs, certaines assurances de protection juridique peuvent avoir cette option “recouvrement des impayés”.

Comme pour les assurances de protection juridique, il faut se méfier des pièges et restrictions.

N.B. : Certaines assurances prévoient que l'assureur conservera une partie importante des sommes récupérées. Ce point mérite une attention spéciale.

Comme pour le point précédent, c'est surtout l'aspect PREVENTIF de ces assurances qui doit retenir l'attention. Les copropriétaires, sachant qu'ils n'échapperont pas au recouvrement judiciaire feront plus attention. Par ailleurs, cette assurance permet de déclencher plus rapidement le processus...

. Pour contracter en toute certitude une assurance “sans problème”, là encore, le mieux est de vous rattacher à une assurance soit utilisée, soit négociée par un groupement d'usagers qui, comme l'A.R.C., peut représenter pour un assureur un volant de clientèle suffisant pour lui permettre de supprimer ou réviser les clauses contestables de son contrat.

7. Comment discuter de l'indemnité proposée ?

Il s'agit là d'un des problèmes les plus agaçants de l'assurance, et pour cause. Les experts, étant donné les enjeux, ont toujours tendance à minimiser les dépenses et l'on rencontre fréquemment trois problèmes :

a/ Une indemnité trop faible pour faire faire les travaux

Si l'expert avance un chiffre et que les devis en votre possession sont plus forts, vous pouvez soit exiger de l'assureur qu'il vous communique les coordonnées de l'entreprise pratiquant les prix avancés par l'expert, soit demander à l'assureur de faire exécuter les travaux. De toute façon, il faudra refuser la proposition d'indemnisation tant que l'assureur n'aura pas répondu favorablement sur l'une ou l'autre solution. Ce refus doit être fait par L.R.A.R. Vous pouvez aussi aller au tribunal (voir plus bas).

b/ Une indemnisation couvrant uniquement la "remise en état des parties endommagées"

C'est le cas classique où l'expert vous octroie la réfection de 4 m2 de plafond sur 15 m2, sous prétexte que le dégât des eaux n'a pas tout abîmé. Mais comme en fait vous êtes obligé de refaire tout le plafond, cela vous coûte de l'argent.

Il faut savoir qu'il ne faut pas se laisser intimider et que chacun est en droit d'exiger la remise en état à l'identique, en s'appuyant sur un principe de droit civil, et d'être replacé dans la situation antérieure au sinistre.

Il faudra donc faire savoir à votre assureur que vous refusez sa proposition et qu'en cas de maintien de sa position, non seulement vous exigerez le versement de l'indemnité à titre de provision, comme vous en avez le droit, mais que vous engagerez une procédure judiciaire. Pour cela vous pouvez d'ailleurs faire jouer la clause "défense-recours" de votre contrat d'assurance ou encore faire jouer votre assurance de protection juridique incluse dans votre assurance personnelle.

N.B. : Si le litige avec l'assureur est inférieur à 13 000 frs, vous pouvez utiliser la procédure de saisine simplifiée et gratuite du tribunal d'instance. Venez nous demander comment faire. Il faut savoir que les tribunaux retiennent pratiquement toujours la thèse de remise à l'identique.

c/ Une indemnité amputée de la vétusté

Très souvent, malheureusement, une clause du contrat prévoit l'application de la "vétusté". Dans ce cas là il n'y a rien à faire. Si cette clause n'est pas stipulée, il faudra refuser tout abattement. Vous pouvez aussi faire introduire dans votre contrat une garantie "valeur à neuf", qui vous évitera les mauvaises surprises et les discussions avec l'assureur.

En tout état de cause, rappelez-vous :

. Vous pouvez toujours refuser une proposition et engager une discussion amiable avec l'assureur ; si vos arguments sont fondés, il se laissera attendrir une fois sur deux.

. Vous pouvez également exiger le versement de l'indemnité proposée, même si vous n'êtes pas d'accord, celle-ci ayant alors valeur d'acompte.

. La procédure de saisine simplifiée peut s'appliquer à des cas d'indemnisation trop faible ou partielle ; il suffit de pouvoir chiffrer la contestation et que celle-ci soit inférieure à 13 000 frs.

8. Quel est le rôle respectif de l'assurance de la copropriété et de l'assurance de l'occupant ?

On nous demande souvent, en cas de dommages causés sur parties privatives - à la suite d'un dégât des eaux venant des parties communes (sinistre toiture ou canalisation) - quelle assurance prend en charge la remise en état des dommages sur parties privatives (peinture, papiers peints, électricité, moquette...) et celle sur parties communes.

. La réponse est la suivante :

- l'assurance de l'immeuble couvre les dommages subis par les parties communes et,
- c'est **l'assurance de l'occupant** qui va "indemniser" les dommages qu'il a subis sur ses parties privatives.

Si le montant des dommages subis par l'occupant dépasse 10 000 frs H.T. son assurance l'indemnisera et exercera un recours contre la copropriété.

Si l'occupant n'est pas assuré (ce qui n'est pas une obligation, sauf pour les locataires), il sera indemnisé par l'assurance de la copropriété. En fait, c'est surtout quand on est responsable d'un sinistre, dans une copropriété, qu'il importe d'être assuré.

Dans le cas où c'est un autre occupant qui est responsable, ce sont les mêmes principes qui s'appliquent. Si vous n'avez pas contracté d'assurance, c'est l'assurance de la copropriété qui vous remboursera les biens immobiliers ou immeubles par destination, celle-ci se retournant contre le responsable.

Dans le cas d'un locataire victime d'un dégât des eaux, ce sera aussi son assurance qui assurera l'indemnisation. Toutefois, s'agissant des embellissements qu'il aurait lui-même réalisés, il doit en principe demander à son propriétaire une autorisation de désistement.

. A noter : si certains préjudices ne vous sont pas remboursés par votre assurance du fait de la nature de votre contrat, vous pourrez vous faire rembourser ceux-ci par l'assureur du responsable - ou par le responsable lui-même s'il n'est pas assuré - en vertu des règles de RESPONSABILITE CIVILE.

CHAPITRE 21

LE CONTRAT D'ASSURANCE MULTIRISQUE DE L'IMMEUBLE

1. L'assurance de l'immeuble est-elle obligatoire ?

. Sauf si le règlement de copropriété le prévoit, il n'y a pas d'obllgation d'assurer un immeuble. Néanmoins un syndic qui n'assurerait pas l'immeuble pourrait se le voir reprocher par le syndicat en cas de problèmes. Voilà pourquoi très peu de syndics évitent d'assurer les immeubles.

2. Les contrats d'immeuble sont-ils tous les mêmes ?

. Il n'y a *aucun* contrat-type concernant l'assurance d'un immeuble. Il y a même une foule de contrats différents, ce qui rend très difficile les comparaisons.

. Pour commencer à analyser un contrat, il faut se demander très précisément :

1. Qu'est-ce qui est couvert ? (Exemple : les parties communes ? Ou les parties communes et privatives ?)
2. Quels sont les types de garanties (Exemple : dégâts des eaux) et, pour chaque garantie, quelles sont les exclusions ?
3. Quels sont les montants des garanties et les franchises ?

Il est très difficile d'échapper aux multiples pièges que recèle un contrat, dont la lecture est, par ailleurs, si décourageante parce que difficile.

Néanmoins, comme on le verra dans ce chapitre, on peut dégager quelques pistes.

3. Les syndics ont-ils le droit de choisir seuls le contrat ou doivent-ils le soumettre à l'assemblée générale ?

Beaucoup de syndics choisissent seuls les contrats d'assurance, sous prétexte qu'ils ont la charge de la conservation de l'immeuble.

Etant donné l'évolution des contrats d'assurance (qui peuvent englober de plus en plus de choses) étant donné la multiplicité des types de contrats, nous pensons que les syndics doivent soumettre le choix du contrat aux copropriétaires et, par là, prouver qu'ils ont bien mis les assureurs en concurrence.

Bien sûr, il n'est pas forcément question de débattre de ces problèmes en assemblée générale, mais les copropriétaires peuvent donner mandat au conseil syndical pour choisir le meilleur contrat.

4. Comment font en général les syndics pour choisir un contrat ?. La plupart du temps, les syndics se contentent de téléphoner à leur courtier d'assurance et ne discutent NI le prix, NI les clauses.

. Ajoutons que ce manque de dynamisme à défendre l'intérêt des copropriétaires tient à ceci : très souvent (pour ne pas dire 99% des cas), les syndics reçoivent des courtiers une "commission" proportionnelle à la prime dite "commission d'apport d'affaire". On comprend dès lors leur manque de zèle.

5. Comment choisir un bon contrat ?

Comme on va le voir, un bon contrat est un contrat taillé sur mesure. Qu'est-ce que cela veut dire ? Cela veut dire que les seuls vraiment bons contrats qui existent sont ceux qui ont été négociés entre un assureur et des usagers qui ont réussi à **négocier** ce qu'ils souhaitaient. Les négociations supposent que les usagers :

- sachent ce qu'ils veulent (donc aient l'idée des types et du niveau des garanties nécessaires),
- connaissent les pièges et les écartent,
- représentent un volant d'affaires suffisant pour l'assureur, d'une part pour que les risques soient mieux répartis, d'autre part pour que le chiffre d'affaires soit suffisant.

C'est pourquoi, seuls les usagers regroupés en association comme l'A.R.C. sont à même de négocier des contrats **adaptés** et vraiment corrects. Cela ne veut pas dire qu'on ne peut pas essayer, seul, de négocier, cela veut dire que ce sera difficile pour deux raisons (techniques et économiques).

Sans pouvoir, dans les pages qui suivent, donner tous les éléments permettant de négocier un bon contrat, nous allons donner certaines indications permettant au lecteur de mieux comprendre ce qui fait un bon contrat.

6. Comment est bâti un contrat d'assurance ?

. Un tel contrat se décompose en plusieurs parties :

1. Les conditions générales

Cette partie traite de la vie du contrat et des droits et obligations des parties (rappel plus ou moins complet du code des assurances).

2. Les conditions particulières (souvent dactylographiées)

Cette partie, à l'opposé de la précédente, personnalise le contrat et précise quels sont les événements et les pertes assurés.

3. Eventuellement un intercalaire

Celui-ci étend et adapte le champ des garanties et le régime d'indemnisation pour mieux répondre à la demande des usagers. N.B. : L'A.R.C. a fait négocier un tel intercalaire qui a pris le nom de "copropriété-plus" (tout un programme !).

Comme on le voit, dans l'optique de l'assureur, la garantie est fractionnée en termes de "garantie de base" (par exemple : incendie, explosion, foudre) et d'extensions facultatives concernant :

- soit d'autres événements,
- soit d'autres dommages,

de sorte que **seules les clauses validées aux conditions particulières dactylographiées seront mises en jeu**, ce qui doit inciter à une très grande vigilance.

. Les trois parties d'un contrat doivent être lues avec beaucoup d'attention. Il faut, à cet égard, savoir qu'une certaine **terminologie**, en usage dans les documents contractuels, comme : les "agencements", les "aménagements", etc., n'ont pas de base légale (le code civil les ignorant). D'où l'importance qu'il y a à se reporter à la partie intitulée **lexique ou définitions** à laquelle, souvent, un astérisque renvoie, pour bien comprendre le détail du contrat.

Néanmoins, il faut aussi savoir qu'une règle de droit veut que les clauses d'un contrat soient exemptes d'interprétation ce qui, en clair, veut dire qu'aucune clause **ne doit être ambigüe** (si c'était le cas, cela devrait, en définitive, profiter à l'assuré).

7. Que faut-il assurer ?

Pour être complet un contrat d'assurance immeuble devra couvrir trois types de problèmes.

1. Cette assurance sert tout d'abord à garantir les **dégâts matériels** faits aux bâtiments en cas d'événements accidentels, tels un incendie, une tempête, un dégât des eaux, un bris de glace, etc., ainsi que les **conséquences** de ces dégâts (exemple : privation de jouissance ou perte de loyers après un incendie, honoraires d'architecte, etc.).

Un bon contrat prévoira d'assurer un maximum d'éléments de l'immeuble :

- parties communes,
- mais aussi parties privatives.

Cela évitera bien des difficultés.

Si certains requièrent des précisions, il ne faut pas hésiter à demander à l'assureur que cela soit précisé.

Exemple :

- les glaces de séparation des balcons sont-elles bien couvertes en cas de bris de glace ?
- le mécanisme de la porte automatique du garage est-il bien couvert en cas de vandalisme?

En ce qui concerne les parties privatives notons que doivent être assurés, outre les murs et cloisons, les embellissements, c'est-à-dire les éléments qui sont incorporés à l'immeuble et qui ne peuvent être enlevés sans détériorer le fond : cloisons, placards, papiers peints, moquettes, cuisines intégrées...

2. Cette assurance sert, en second lieu, à garantir les biens et le mobilier collectifs (exemple : vol de matériel de la copropriété).

3. Enfin, cette assurance couvre ce qu'on appelle la **responsabilité** de l'immeuble ou des copropriétaires. On distingue :

- la responsabilité qui découle d'un événement garanti (exemple : responsabilité vis-à-vis de voisins en cas d'indendie),
- la responsabilité qui découle d'un événement non garanti (exemple responsabilité en cas de chute de visiteur dans l'escalier, chute due à un défaut d'entretien).

8. Quelle "valeur de reconstruction" prévoir en cas de démolition

L'un des points les plus importants d'un contrat est celui de la valeur de reconstruction. Le mieux, bien sûr, est d'assurer l'immeuble en "valeur à neuf". Beaucoup de copropriétaires croient que cette valeur est suffisante. Ce n'est malheureusement pas le cas. En effet, pratiquement tous les contrats prévoient que la valeur à neuf ne joue que jusqu'à 25% de vétusté. Mais cela n'est pas dit clairement. D'un côté on parle de "valeur à neuf" ; d'un autre côté, dans le "lexique", on vous dira que valeur à neuf signifie "valeur à neuf jusqu'à 25% de vétusté".

Or, comme c'est l'expert de l'assurance qui fixe le taux de vétusté, on risque d'être très vite à 25%.

La solution ? Négocier soit une valeur à neuf totale, soit un taux de vétusté plus important (exemple 50%).

9. Comment échapper aux conséquences de la sous-estimation des superficies déclarées

La valeur assurée est le plus souvent forfaitaire. La garantie dépend alors de la superficie déclarée de l'immeuble, dite suface développée. Il s'agit de la surface totale additionnée (dimensions prises extérieurement) du rez-de-chaussée et de chaque étage. En général, les caves , sous-sols, greniers et dépendances sont comptés pour moitié de leur surface réelle.

Mais cette définition peut varier d'un contrat à l'autre. C'est un point à contrôler. En cas d'erreur de déclaration, l'assureur pourrait appliquer la règle proportionnelle (ne payer que la reconstruction des surfaces déclarées, par exemple). Certains assureurs tolèrent une marge d'erreur de 10%.

Le mieux est encore de faire insérer dans le contrat une clause d'abandon de la règle proportionnelle en cas d'erreur ou omission involontaire dans les déclarations faites.

10. Pourquoi peut-il y avoir aussi surestimation des superficies ?

Le coût des primes en matière d'immeuble d'habitation étant presque toujours calculé, comme on le verra, en fonction du nombre de m2 développés, les assureurs auraient actuellement plutôt tendance à annoncer des superficies bien supérieures à la réalité. Il n'est donc pas inutile, surtout pour les immeubles récents ou relativement récents, de vérifier le métré à partir des plans.

11. Quelles garanties faut-il prévoir ?

. Un contrat concerne :
- un maximum de garanties,
- des garanties assorties d'un minimum d'exclusions.

Voyons cela.

a/ Maximum de garanties

Outre les garanties classiques, type incendie, dégâts des eaux, vols, tempête, bris de glace, etc., une foule de garanties peuvent être prévues :
- garantie des actes de vandalisme,
- garantie des dégradations en cas de déménagement,
- garantie de chocs de véhicules terrestres et aéronefs,
- prise en charge de l'assurance dommage-ouvrage en cas de reconstruction totale ou partielle,
- remboursement des pertes d'eau en cas de fuite sur parties communes,
- garantie des chutes d'arbres,
- dégâts causés par les bénévoles de la copropriété ou accidents leur arrivant,
- dégâts causés par le gel, y compris aux canalisations,
- prise en charge des frais de remplacement des recharges d'extincteurs,
- conséquence des fautes d'un employé d'immeuble (exemple : perte de clefs).

Comme on le voit sur les quelques exemples, la liste des garanties annexes peut être longue.

Mais, comme on s'en doute, ces garanties ne seront acquises qu'à ceux qui le demandent. D'où l'importance de négociations collectives.

b/ Minimum d'exclusions

Il ne sert à rien d'obtenir des garanties multiples si celles-ci sont rognées par des exclusions. La plus grande difficulté est précisément d'éliminer ces exclusions.

Exemple : les objets assurés en bris de glace peuvent être limitativement énumérés ; dans d'autres cas, on peut avoir affaire à une limitation du nombre de m2 de glaces ou vitres assurées,

- la définition des “batiments assurés” peut exclure les clôtures extérieures (s’il y en a),
- la garantie, en cas de recours des voisins, peut exclure les dommages immatériels,
- les conséquences de la rupture des canalisations enterrées sont très souvent exclues.

Nombreux sont les exemples qui doivent inciter à la vigilance.

12. Pour quel montant est-on garanti ?

Là encore, il faut beaucoup de vigilance et d’expérience.

a/ D’abord les montants ne sont pas toujours exprimés clairement. Par exemple, ils sont souvent exprimés en fonction de l’indice de la Fédération nationale du bâtiment. Qui sait que 100 fois l’indice fait environ 45 000 frs ?

b/ Dans d’autres cas, les montants sont souvent exprimés en pourcentage, ce qui reste très abstrait. Si on dit que les frais de déblaiement seront couverts à hauteur de 10% de la valeur de reconstrution, cela ne veut rien dire.

A l’expérience, on sait néanmoins qu’en centre ville 10% sera insuffisant et que c’est plus souvent 15%. Mais comment l’usager peut-il le savoir ?

c/ Même quand les montants sont exprimés en francs, les usagers ne savent pas si ceux-ci sont corrects. Que veut dire assurer la responsabilité civile à hauteur de 300 000 frs pour les dégâts matériels ?

Souvent, comme les sommes sont élevées en soi, les usagers trouvent ça très bien. Mais, encore une fois, en cas de gros problèmes, ces sommes peuvent s’avérer dramatiquement insuffisantes.

d/ Avant cela, il faut ajouter le fait que les montants initiaux du contrat peuvent être ou insuffisamment ou mal revalorisés. Dans ce cas, même si vos montants ont été correctement négociés au départ, vous perdez du terrain au fil des ans.

e/ Les franchises

La franchise, comme chacun sait, est la somme qui reste à la charge de l’usager. Cette franchise est exprimée très souvent en fonction d’un indice. Il faut donc la calculer. Prenons un exemple : si la franchise est de cinq fois l’indice et que l’indice est 419, le montant de la franchise est de 2095 francs ; si l’on a affaire à un petit dégât des eaux, ce niveau de franchise est très élevé et réduira à presque rien le montant de l’indemnité remboursée.

13. Comment sont définis les prix initiaux des contrats ?

Il ressort d'une étude effectuée par l'A.R.C. que les prix, en 1992 vont de 1,8 frs TTC au m2 à 6 frs. Comme on le voit, l'amplitude est très forte. Par ailleurs, les augmentations annuelles peuvent être très variables, selon le principe retenu dans le contrat.

Ce qui surprend dans l'étude menée, c'est que la différence de coût ne correspond pas à une plus ou moins grande "qualité" des contrats mais à des facteurs externes.

Les prix élevés s'expliquent en effet souvent :

- soit en raison de l'ancienneté des contrats (jamais renégociés et revalorisés automatiquement),
- soit en raison de la multiplication au cours des années, d'avenants tous plus chers les uns que les autres,
- soit en raison des pratiques des divers intervenants situés entre la compagnie d'assurance et l'usager..

Bien sûr la négociation ou renégociation individuelle peut déjà permettre d'obtenir des montants de primes plus faibles, mais l'expérience montre qu'un excellent moyen d'obtenir des prix compétitifs est la négociation d'un contrat de groupe.

14. Comment évoluent les primes chaque année ?

Les primes évoluent le plus souvent en fontion de l'indice de la F.N.B. (Fédération nationale du bâtiment). De toute façon, cela doit être inscrit dans le contrat et l'indice de départ doit être, lui aussi, indiqué. Chaque année, vous vous renseignerez sur le niveau de l'indice (en demandant à l'A.R.C. si vous êtes adhérent) et contrôlerez que l'indexation a bien été faite. Il y a souvent des surprises. Si d'autres clauses d'indexation sont prévues, vous contrôlerez aussi qu'elles sont correctement appliquées.

15. Comment changer de contrat ?

Il est bon de savoir que, quelles que soient les clauses de votre contrat en cours, vous pouvez (depuis mai 1990) :

- résilier votre contrat **tous les ans** (même s'il s'agit d'un contrat de trois ans),
- résilier celui-ci moyennant un préavis de DEUX MOIS (même si votre contrat prévoit un délai plus long).

. Si vous êtes syndic non-professionnel, vous n'aurez pas de problème pour engager une résiliation (qui doit être faite par lettre recommandée avec accusé de réception).

. Si votre copropriété est gérée par un professionnel, il faut savoir que celui-ci n'acceptera pas facilement de résilier le contrat en cours (pour diverses raisons, l'une d'elles, très fréquente, étant qu'il est commissionné pour chaque contrat souscrit).

Dès lors, pour l'obliger à résilier l'assurance en cause et à prendre une autre assurance, moins chère et plus performante, il faut mettre la question à l'ordre du jour d'une assemblée et faire voter une résolution ainsi rédigée :

"L'assemblée mandate le conseil syndical pour choisir un contrat d'assurance différent de celui en cours, à condition qu'il apporte des garanties supplémentaires pour un coût égal ou inférieur au contrat en vigueur."

Mais en général, si votre syndic est un professionnel correct, il acceptera, sur simple demande argumentée du conseil syndical, de résilier le contrat en cours et de signer un contrat plus efficace et moins cher.

CHAPITRE 22

EN CAS DE VENTE VOLONTAIRE D'UN LOT : LE PROBLÈME DES CHARGES DUES ET L'OPPOSISION ÉVENTUELLE DU SYNDIC

Nous avons déjà vu (pages 109 et suivantes) comment se règle le problème de la répartition des charges entre vendeur et acquéreur. Nous allons voir maintenant ce qui se passe concrètement pour le vendeur en cas de cession de son lot.

Alors que le problème de l'arrêt des comptes en cas de vente devrait être simple, il est en fait assez complexe et source de litiges divers.

1. Que disent l'article 20 de la loi et les articles 5 et 5-1 du décret ?

Nous invitons le lecteur à lire attentivement ces trois textes faute de quoi il ne pourrait comprendre les diverses explications que nous nous efforçons de donner. Étant donné les confusions et erreurs commises en cas de vente, cette lecture préalable s'impose.

. Article 20 de la loi du 10 juillet 1965

Lors de la mutation à titre onéreux d'un lot, et si le vendeur n'a pas présenté au notaire un certificat du syndic ayant moins d'un mois de date, attestant qu'il est libre de toute obligation à l'égard du syndicat, avis de la mutation doit être donné par le notaire au syndic de l'immeuble, par lettre recommandée avec avis de réception. Avant l'expiration d'un délai de quinze jours à compter de la réception de cet avis, le syndic peut former, au domicile élu, par acte extrajudiciaire, opposition au versement des fonds pour obtenir le paiement des sommes restant dues par l'ancien propriétaire. Cette opposition contient élection de domicile dans le ressort du tribunal de grande instance de la situaton de l'immeuble et, à peine de nullité, énonce le montant et les causes de la créance. Les effets de l'opposition sont limités au montant ainsi énoncé.

Tout paiement ou transfert amiable ou judiciaire du prix opéré en violation des dispositions de l'alinéa précédent est inopposable au syndic ayant fait régulièrement opposition.

L'opposition régulière vaut au profit du syndicat mise en œuvre du privilège mentionné à l'article 19-1.

Le présent article entre en vigueur le 1er janvier 1995. Il s'applique aux créances nées antérieurement à son entrée en vigueur.

. Article 5 du décret du 17 juin 1967 (modifié le 15.02.1995)

Le syndic adresse, avant l'établissement de l'un des actes visés au précédent article, au notaire chargé de recevoir l'acte, à la demande de ce dernier ou à celle du copropriétaire partie à acte, un état daté qui, en vue de l'information des parties et, le cas échéant, des créanciers inscrits, indique d'une manière même approximative, pour le lot considéré, et sous réserve de l'apurement des comptes :

a/ Les sommes qui correspondent à la quote-part du copropriétaire intéressé :

- dans les charges dont le montant n'est pas encore liquidé ou devenu exigible à l'encontre du syndicat ;

- dans les charge qui résulteront d'une décision antérieurement prise par l'assemblée générale mais non encore exécutée :

b/ Éventuellement, le solde des versements effectués par le copropriétaire intéressé à titre d'avance ou de provision, à quelque titre que ce soit, ainsi que les décisions de l'assemblée générale d'où résultent ces avances et provisions ;

c/ S'il y a lieu, le montant des sommes restant dues à un titre quelconque au syndicat et leur justification ;

d/ Le montant des charges afférentes au lot considéré, pour le dernier exercice approuvé et le dernier budget prévisionnel voté.»

. Article 5-1 du décret du 17 juin 1967 (institué le 15.02.1995)

Pour l'application des dispositions de l'article 20 de la loi du 10 juillet 1965 modifiée, il n'est tenu compte que des créances du syndicat effectivement et exigibles à la date de la mutation.

L'opposition éventuellement formée par le syndic doit énoncer d'une manière précise :

1° Le montant et les causes des créances du syndicat afférentes aux charges et travaux mentionnés aux articles 10 et 30 de la loi du 10 juillet 1965 de l'année courante et des deux années dernières échues ;

2° Le montant et les causes des créances du syndicat afférentes aux charges et travaux mentionnés aux articles 10 et 30 de la loi du 10 juillet 1965 des deux dernières années antérieures aux deux dernières années échues ;

3° Le montant et les causes des créances de toute nature du syndicat garanties par une hypothèse légale et non comprises dans les créances privilégiées, visées au 1° et 2° ci-dessus ;

4° Le montant et les causes des créances de toute nature du syndicat non comprises dans les créances visées au 1°, 2° et 3° ci-dessus.

Si le lot fait l'objet d'une vente sur licitation ou sur saisie immobilière, l'avis de mutation prévu par l'article 20 de la loi du 10 juillet 1965 précitée est donné au syndic, selon le cas, soit par le notaire, soit par l'avocat du demandeur ou du créancier poursuivant ; si le lot fait l'objet d'une expropriation pour cause d'utilité publique ou de l'exercice d'un droit de préemption publique, l'avis de mutation est donné au syndic, selon le cas, soit par le notaire ou par l'expropriant, soit par le titulaire du droit de préemption ; si l'acte est reçu en la forme administrative, l'avis de mutation est donné au syndic par l'autorité qui authentifie la convention.

Maintenant que vous avez bien lu ces trois textes (assez compliqués d'ailleurs), essayons de les décortiquer.

2. Que signifie l'expression «dettes liquides et exigibles» ?

• **«Liquides»** : sont liquides les sommes qui sont exactement chiffrables,

• «**Exigibles**» : sont exigibles les sommes que le syndic peut (en vertu de l'article 35 du décret) exiger. Par exemple :

- provisions liées à un budget prévisionnel,
- dépenses «régulièrement engagées» (voir ce point ici-même page 108),
- appels de fonds de travaux décidés en Assemblée générale selon les dates d'appels votées (exemple : si des travaux ont été décidés et qu'un calendrier d'appel a été voté, la date d'exigibilité est celle définie par le calendrier).

3. A quoi sert le questionnaire du notaire préalable à la vente ?

L'article 5 du décret dit, en substance ceci : Pour que vendeur et acquéreur soient bien informés, le notaire doit adresser un questionnaire au syndic où il lui pose un certain nombre de questions auxquelles le syndic doit répondre, même de façon «approximative» (dit le texte) :

1. Combien doit le vendeur sur des charges déjà appelées ?
2. Combien doit-il sur les charges non encore appelées (exemple : appels de travaux votés) ?
3. Qu'est-il possible qu'il doive dans un futur proche ? (exemple : provisions pour charges du trimestre qui seront réclamées dans 15 jours, date correspondant à celle de la vente).

À noter que depuis le 15 février 1995, le syndic doit également donner le niveau des **CHARGES** de copropriété du lot en vente relatives au dernier exercice.

De cela il découle une certaine somme ; par exemple le syndic répondra :

« M. Untel doit :

- 3 270 frs au titre d'arriérés de charges,
- 7 237 frs au titre de travaux votés non appelés,
- 3 000 frs au titre de provision sur charges pour le futur trimestre (provisions qui seront régularisées une fois arrêtés et votés les comptes).»

Mais il faut insister : cette somme reste **INDICATIVE**.

4. Que se passe-t-il une fois que le syndic a renvoyé le questionnaire au notaire ?

Quand le syndic a répondu au notaire, il y a plusieurs possibilités :

- le vendeur paie la somme demandée par le syndic : celui-ci lui délivre alors un certificat selon lequel il ne doit rien à la copropriété (c'est ce qu'on appelle le certificat de l'article 20 (de la Loi du 10.07.1965) - voir plus haut - dont il sera question à nouveau ci-dessous).
- le vendeur ne paie rien : le syndic devra alors - dès qu'il aura connaissance de la vente par le notaire (par LRAR) - «former opposition» (c'est-à-dire : opposition au versement d'une partie du prix de vente au profit du vendeur). Mais attention : **l'opposition ne devra se faire que sur les sommes visées à l'article 5-1 et non celles visées à l'article 5.**

5. Que se passe-t-il le jour de la vente ?

On a, là encore deux possibilités :

a/ le vendeur a un certificat, **datant de moins d'un mois,** du syndic attestant qu'il n'a pas de dettes (certificat dit de l'article 20). Dès lors, pour le notaire, il n'y a pas de problème et il pourra verser au vendeur le produit de sa vente.

b/ le vendeur n'a pas de certificat ou détient un certificat périmé (de plus d'un mois) : dans ce cas le notaire doit aviser le syndic par lettre recommandée avec A.R. que la vente a eu lieu.

Le syndic doit alors, dans les **quinze** jours, former opposition auprès du notaire, ceci non pas par lettre recommandée avec accusé de réception, mais par voie d'**huissier** en indiquant les dettes **RÉELLES** décomposées selon les indications de l'article 5-1 cité plus haut .

On notera avec satisfaction que le décret du 15 février 1995 apporte une certaine amélioration par rapport à la situation antérieure.

En effet, jusqu'à fin 1994, il y avait confusion entre les sommes **INDICATIVES** prévues dans l'article 5 (pour l'information des parties) et les dettes **RÉELLES** visées par l'article 20 de la loi.

En créant un article 5-1 dans le décret de 1967 le ministère aide à éviter **TOUTE** confusion. L'opposition ne pourra pas se faire sur les sommes indicatives visées à l'article 5 du décret mais bien sur les dettes réelles visées à l'article 5-1 du même décret (nous nous excusons d'insister, mais cela est très important et nous ne sommes pas sûrs que certains syndics ne continuerons pas à faire l'erreur).

6. Que faire si le vendeur n'est pas d'accord avec le compte du syndic ?

Il est en effet possible que le copropriétaire vendeur ne soit pas d'accord avec le «compte» du syndic.

Ce qui est curieux et décevant, c'est que le décret du 15 février 1995 n'ait rien prévu de précis à ce sujet.

Comment faire ? Nous vous suggérons de procéder ainsi :

1. Écrire une lettre recommandée avec accusé de réception au notaire en lui indiquant que vous contestez les sommes indiquées dans l'opposition du syndic en lui annonçant que vous engagez une procédure judiciaire en contestation.

2. Saisir le tribunal

a/ si la somme est inférieure à 30 000 frs et supérieure à 13 000 frs, vous pouvez saisir le tribunal d'instance, sans avocat. Il faudra néanmoins passer par un huissier pour assigner le syndicat des copropriétaires.

b/ si la somme est inférieure à 13 000 frs vous n'avez même pas besoin d'huissier. Il suffit de remplir un «bordereau de déclaration» au greffe (secrétariat) du tribunal.

c/ Si la somme est supérieure à 30 000 frs, alors il faut assigner le syndicat des copropriétaires au tribunal de grande instance (malheureusement, dans ce cas, il faut l'assistance d'un avocat).

CHAPITRE 23

LE BRUIT DANS LA COPROPRIETE : COMMENT AGIR ?

Les problèmes de bruit sont, sans doute, dans une copropriété, un des problèmes les plus fréquents et les plus difficiles à traiter. C'est pourquoi ceux qui souhaitent améliorer la gestion des copropriétés doivent avoir un minimum de notions pratiques sur le bruit pour pouvoir agir.

Comme on va le voir, cela n'est d'ailleurs pas très facile.

1. Quels sont les bruits qu'on entend dans un logement ?

Si l'on met de côté les bruits venant de *l'extérieur* d'un immeuble (route, avions, trains, bruits de la rue...), on dénombre *trois* sortes de bruits émis à l'intérieur d'un immeuble et que vous risquez d'entendre dans votre logement.

Ces trois sortes de bruits ont chacun un nom, il s'agit :

1. Des "bruits aériens" qui, contrairement à ce qu'on peut croire, ne désignent pas les bruits d'avions mais les bruits transmis par l'air : la voix humaine, la musique, les cris, la télévision, etc...

2. Des "bruits d'impact" ou de "choc". Ce sont les bruits produits par des coups sur les parois ou les planchers : bruits de pas, de marteau, de perceuse...

3. Enfin, des "bruits d'équipements". Ce sont les bruits émis par les équipements propres au logement (robinetterie, plomberie...) ou collectif (chauffage, vide-ordures, ascenseur).

Chacun de ces bruits est différent par nature et appelle un traitement différent, comme on le verra.

La difficulté du problème vient de ce que la *gêne* que provoquent ces bruits est due :

- soit à un manque de qualité de votre immeuble en matière phonique,
- soit aux bruits excessifs provoqués par vos voisins (leur télévision est trop forte, ils marchent avec des sabots sur le parquet, ils prennent des bains tard le soir...),
- soit aux deux, ce qui est malheureusement souvent le cas.

Or, la difficulté vient de là : de la conjonction entre des **performances phoniques** médiocres et des **comportements** un peu excessifs (il suffit parfois qu'ils soient **très** peu excessifs...)

2. Quelles sont les normes d'isolation pour les logements ?

Jusqu'en 1969, *aucune* norme n'existait en matière d'isolation phonique. Cela veut dire qu'avant 1969 les immeubles étaient, du point de vue phonique, construits sans règles ni contraintes.

Depuis 1969, des normes existent. Les immeubles neufs doivent répondre à certaines exigences en matière d'acoustique. Une règlementation très précise indique quel niveau sonore on ne doit pas dépasser, et distingue :

- le type de pièce (les exigences sont supérieures dans les chambres, par exemple),
- le type de bruit.

3. Peut-on obliger quelqu'un à isoler son logement ?

Cette question est d'un intérêt pratique évident. Souvent la question nous est posée : "Il n'y a aucune isolation phonique entre les logements. Peut-on obliger le syndicat de copropriétaires ou certains copropriétaires à renforcer l'isolation en se basant sur des textes ?"

Hélas, non. Aucune obligation n'existe. En soi, cela est un peu compréhensible, bien que cela soit par ailleurs bien ennuyeux. En effet, on sait que lorsqu'il y a du bruit, c'est surtout le local d'émission et non celui de réception qu'il faut traiter. Par exemple, si le sol de votre voisin du dessus est "bruyant", vous n'arriverez pratiquement à rien en essayant d'isoler votre plafond. Le moyen le plus efficace est de traiter le parquet du voisin (dalle flottante ou, plus simplement, moquette).

4. Peut-on agir contre un voisin qui, suite à des travaux faits chez lui, a diminué le niveau de performance acoustique de son logement ?

Précisons d'abord que le "niveau de performance acoustique" d'un logement est une expression un peu barbare qui désigne le degré d'isolation acoustique.

Le cas se présente fréquemment quand des propriétaires déposent un ancien plancher, posent un nouveau revêtement à la place (type carrelage) et créent ainsi des nuisances sans s'en apercevoir.

En fait, il faut savoir que, dans ce cas, il existe des possibilités certaines d'intervention. Dans la mesure où il s'agit de travaux complets, on peut en effet faire valoir l'obligation de respecter les normes en vigueur depuis 1969 ; par ailleurs, en diminuant les performances acoustiques les copropriétaires concernés créent un trouble de jouissance à leur voisin ; enfin, cette diminution est également une atteinte aux parties communes et le syndicat des copropriétaires lui-même peut agir dans le but d'obtenir, sinon la remise en état, du moins la remise à l'identique du niveau phonique.

Bien entendu, dans tous les cas il faudra faire la preuve de la baisse de performance, ce qui n'est pas forcément très compliqué puisqu'on peut comparer avec d'autres logements.

5. Y a-t-il des normes de bruit concernant les équipements d'un immeuble ? (chaufferie, ventilation mécanique, ascenseurs, etc)

Heureusement, oui. Il existe des niveaux sonores maximaux que ces appareils ne doivent pas dépasser. S'ils les dépassent, les actions pour obtenir satisfaction sont assez simples et les bureaux d'hygiène municipaux, comme les services d'hygiène des directions départementales de l'Action sanitaire et sociale interviennent très efficacement (voir plus loin). Ces normes sont les suivantes :

	NIVEAU MAXIMAL ADMIS de pression acoustique du bruit transmis dans le local d'habitation	
	Pièces principales	Cuisines
. Bruits engendrés par les équipements :		
- Equipements individuels (robinets, chasses d'eau)	35 dB (A)	38 dB (A)
- Equipements collectifs (ascenseur, chaufferie)	30 dB (A)	38 dB (A) (sauf pour les installations de ventilation mécanique : 35 dB (A)

6. Comment agir contre un voisin bruyant ?

Pour 90% des copropriétaires, c'est la seule et unique question. Bien sûr c'est la question la plus compliquée aussi.

. Il faut savoir qu'il existe un décret - celui du 5 mai 1988 - pris en application de l'article 1 du code de la santé publique et qui fixe les obligations et sanctions en matière de bruit de voisinage.

. Il faut savoir aussi qu'il existe différentes administrations concernées qui sont habilitées à faire respecter ce décret.

En principe tout est donc facile et clair. Dans la réalité, nous allons voir que tout n'est pas rose.

7. Que prévoit le décret du 5 mai 1988 ?

Rappelons que c'est ce décret qui fixe les règles et sanctions en matière de bruit, et plus particulièrement les bruits de voisinage.

- le décret indique ce qu'il ne faut pas faire : du **bruit, volontairement**.
- mais à partir de quand fait-on du bruit ? le décret définit des critères et c'est là que "ça se gâte".

En effet, l'émergence de la nuisance sonore, c'est-à-dire la différence entre le bruit, objet de la plainte, et le bruit ambiant doit atteindre 5 dBA (décibels A) le jour, de 7 à 22 heures, et 3 dBA la nuit. Mais ces valeurs sont affectées d'un coefficient en fonction de la durée de la nuisance sonore (voir tableau). Ainsi, pour un bruit apparaissant le jour pendant une demi-heure, la nuisance sera considérée comme gênante au-delà d'une émergence de 9 dBA (5 + 4). A la lecture du tableau annexé dans le décret, on constate que les valeurs de 3 et 5 dBA ne s'appliquent que lorsque la nuisance dure 8 heures. C'est là une condition très restrictive du décret. De plus, si le bruit mesuré est inférieur à 30 dBA (valeur dite résiduelle), il échappe aux sanctions. Enfin, la mesure du bruit doit se faire selon des modalités extrêmement strictes. La mesure doit se faire à l'aide d'un appareil homologué dont les références doivent apparaître dans le procès-verbal, l'emplacement du mesurage étant indiqué à l'aide d'un croquis des lieux. La durée, d'au minimum 30 minutes, le moment, les dates et les intervalles d'observation, toutes ces circonstances doivent figurer aussi au procès-verbal, qui sera signé par le fonctionnaire dûment assermenté ayant procédé aux mesures. Ces obligations - fort compréhensibles - peuvent parfois se retourner contre les plaignants : ainsi parce que ces détails ont été négligés, la cour d'appel de Paris a dénié toute valeur probante et annulé, pour vices de forme, des procès-verbaux dressés par les inspecteurs de salubrité de Paris et a relaxé les fauteurs de bruit (arrêt du 8 février 1990).

Ces obligations, particulièrement contraignantes, liées aux mesures acoustiques est l'un des points âprement critiqué par les représentants des usagers.

Enfin, il faut démontrer qu'il y a **faute**. Le décret définit bien qu'il y a faute en cas de comportements anormalement bruyants des personnes concernées, ainsi que ceux des personnes ou animaux dont ils ont la garde : écouter sa chaîne hifi à son plus haut niveau, laisser des enfants faire un vacarme d'enfer et surtout laisser les chiens aboyer, enfermés dans les appartements ou sur un balcon, des heures durant... Mais, comme on sait, la preuve de ces comportements négligents, désinvoltes, n'est pas facile à apporter. Cette condition rend le décret d'une utilisation délicate pour tous les bruits épisodiques qui ne se laissent pas capter par des sonomètres au moment voulu. En revanche, établir la faute et mesurer l'émergence dans les conditions requises sera plus facile lorsqu'il s'agit de sources sonores fixes : extracteurs, chaufferies, ventilations, climatiseurs. Dans ce cas le décret permet de caratériser objectivement la gêne.

8. Quels sont les services qui peuvent intervenir ?

L'application du décret du 5 mai 1988 est du ressort de l'Etat, puisque c'est une règlementation nationale, et plus particulièrement de celui de la police de la santé publique (rappelons que le décret est pris en application de l'article L-1 du code de la santé publique). Ce sont les préfets et, plus précisément les services de la DDASS (direction départementale de l'Action sanitaire et sociale), qui sont chargés du respect de cette règlementation. Ajoutons que l'Etat a délégué cette compétence à quelque 208 bureaux d'hygiène et de salubrité qui sont normalement des structures communales. Ces bureaux ont été créés avant 1984, dans les villes les plus importantes (plus de 10 000 habitants), à l'initiative de l'Etat. Aujourd'hui, l'Etat continue à assumer la charge financière des services existants mais n'en crée plus de nouveaux. L'ouverture de bureaux d'hygiène relève donc actuellement de la seule volonté municipale. DDASS et bureaux d'hygiène, à compétence d'Etat, ont tous été équipés de sonomètres, et leurs agents formés aux techniques de mesurage. Enfin, les agents de police, les gendarmes, les gardes-champêtres, sont habilités à réprimer le tapage nocturne (voir plus loin) mais aussi à constater les infractions au décret. Or, il faut bien reconnaître que si les agents de police ont une expérience de la fonction répressive, ils ne sont pas formés aux subtilités de la mesure sonométrique. A l'inverse, les fonctionnaires de la DDASS et bureaux d'hygiène sont peu enclins à sanctionner les comportements et envisagent leurs rôles plutôt sous un angle préventif.

Pour ajouter à la confusion, une réforme du code des communes (loi du 28 novembre 1990, modifiant les articles L131-2 et 8 du code des communes) confie aux maires le soin de réprimer les bruits de voisinage, dans le cadre de leur mission qui est d'assurer la tranquillité générale.

Les maires, par le biais de leurs bureaux d'hygiène, peuvent donc, sur la base du décret, prendre des arrêtés municipaux, missionner des inspecteurs de salubrité d'hygiène qui seront assermentés, voire des adjoints au maire, faire faire des constats des infractions au décret de mai 1988, ainsi qu'aux arrêtés municipaux et préfectoraux. Ils peuvent, en outre, demander aux services de l'Etat, aux préfets, de les aider à appliquer la réglementation en matière de bruit. Il faut que les élus soient demandeurs de contrôle, par exemple pour des véhicules bruyants, des chantiers travaillant avec du matériel non homologué, des installations classées non conformes. En cas de carence du maire, le préfet peut se substituer et instituer toute mesure pour faire cesser les nuisances.

Aujourd'hui, il existe donc un chevauchement des compétences entre les services des communes et ceux des départements et, au sein même des services de l'Etat, entre DDASS et police. Les victimes peuvent localement en faire les frais. Les fonctionnaires sont parfois prompts à se décharger sur un autre service.

Dans la pratique, les compétences se répartissent ainsi (mais répétons-le, cette répartition des compétences n'a rien de réglementaire) :

- la police ou la gendarmerie intervient pour réprimer les comportements bruyants la nuit (essentiellement sur la base de l'article R 34 8° du code pénal sur le tapage nocturne) et, parfois, le jour, quand ils n'ont pas d'autres tâches jugées plus prioritaires,
- les bureaux d'hygiène ou, à défaut, les DDASS agissent sur les nuisances dues à ces installations fixes et qui ne sont pas prévues par d'autres règlementations ; soulignons la difficulté, pour les bruits uniquement nocturnes, de faire déplacer les fonctionnaires à ces heures tardives (mais certains, parfois très motivés, le font),
- enfin, restent les comportements bruyants diurnes, mal pris en compte par tous ces services, mais en principe du ressort des bureaux d'hygiène, des DDASS et des services municipaux.

9. Quelle action engager dans la copropriété ?

Faire intervenir ces différents services dans une copropriété peut être efficace, mais peut, parfois, s'avérer insuffisant.

Dans ces conditions, il faudra faire agir les rouages propres de la copropriété :

a/ il faudra obtenir les témoignages d'occupants,

b/ il faudra demander au syndic (et parfois plusieurs fois) de mettre la personne concernée en demeure de respecter le règlement de copropriété (tous les règlements prévoient le respect des règles en matière de bruit),

c/ il faudra, si cela ne donne rien et, en cas de besoin, faire mettre une résolution à l'ordre du jour de la prochaine assemblée générale prévoyant l'engagement d'une procédure judiciaire, ultime recours des copropriétaires.

A noter : si la personne au comportement bruyant est un locataire, il convient, en principe, d'engager l'action non pas contre lui (bien que ce soit possible) mais contre son propriétaire (qui n'aura pas pu obtenir de son locataire le respect de ses obligations, et n'aura pas, en particulier, engagé l'action en résiliation de bail qui se serait imposée).

10. Comment engager une procédure pénale ?

Lorsque la voie amiable n'aboutit pas, que les services administratifs ont échoué dans leur médiation, il faut envisager une procédure. Si, en théorie, il n'est pas toujours impératif de faire appel à un avocat, dans la pratique, l'expérience de ce professionnel est souvent indispensable pour mener à bien une procédure, particulièrement dans le domaine du bruit.

Tapage nocturne, infractions au décret de mai 1988 sur les bruits de voisinage, seront jugés par le tribunal de police.

Pour engager la procédure, il faut porter plainte auprès du commissariat ou directement auprès du procureur de la République qui ouvre instruction, et poursuit, s'il y a lieu. On peut aussi saisir les services habilités, bureaux d'hygiène, DDASS, service des installations classées. Ceux-ci se déplacent, constatent, dressent le procès-verbal, le transmettent au parquet qui poursuit. A l'audience, il est possible, sans que le concours d'un avocat soit exigé, et d'une manière fort simple, de se constituer partie civile pour obtenir des dommages et intérêts. A priori, la voie pénale ne manque pas d'attraits : elle est complètement gratuite ; la preuve doit être fournie par le ministère public, le responsable sera sanctionné, les parties civiles indemnisées. Mais la médaille a son revers : autant d'étapes dans le déroulement de la procédure, autant de filtres et de risques que la plainte ne soit pas retenue. En outre, le plaignant n'est pas maître de la procédure, entièrement entre les mains du parquet, c'est-à-dire des pouvoirs publics.

Il faut savoir, enfin, que la procédure pénale obéit à des principes fondamentaux : il est notamment nécessaire que l'infraction soit clairement caractérisée, c'est-à-dire que ses éléments constitutifs soient établis. Le décret de 1988 exige un niveau minimal de bruit, strictement mesuré, et un comportement fautif. Or on a décrit les difficultés de constat, de mesure et même de rédaction de procès verbaux auxquels se heurtent les fonctionnaires les plus zélés ; on peut y ajouter les réticences des magistrats à appliquer des sanctions pénales, et les difficultés rencontrées pour établir la réalité de l'infraction dans tous ses éléments constitutifs. Ainsi, quand bien même la nuisance est quotidienne, les magistrats ne peuvent extrapoler les constatations contenues dans un procès-verbal dressé un jour précis.

Autre inconvénient : les juges doivent appliquer strictement les sanctions prévues par la loi, sans aller au delà. Impossible d'ordonner des mesures contraignantes pour faire cesser la nuisance. En revanche, ils peuvent allouer des dommages et intérêts. Pour autant, la voie pénale n'est pas à dédaigner, elle peut être un formidable moyen de preuve dans une procédure civile. Au civil en effet, plus question de se reposer sur le ministère public pour apporter la preuve de l'infraction. Ce sera à la victime du bruit de réunir les éléments qui permettront d'établir la réalité de son préjudice. Pour cette raison, les éléments du dossier pénal pourront servir lors de l'action civile après la relaxe du prévenu par le juge pénal.

11. Comment engager une procédure civile ?

On peut toujours demander au juge civil l'exécution de travaux, la cessation du trouble, des dommages et intérêts, des indemnités, des astreintes, le remboursement de frais de justice et même les honoraires de l'avocat... mais il faut tout prouver, la gêne et le préjudice. En revanche, il n'est pas nécessaire d'établir le comportement fautif de l'auteur du bruit : l'action peut être fondée sur la responsabilité civile ou sur le non respect d'un règlement de copropriété. Quant au trouble de jouissance, nul besoin de réunir toutes les conditions exigées dans le texte pénal. La preuve de la nuisance peut être apportée par tous moyens, constats, témoignages ou un procès-verbal même rejeté pour vice de forme par les juges du pénal !

12. Comment agir contre les aboiements de chiens ?

Les aboiements continuels d'un chien enfermé dans un appartement peuvent venir à bout du plus paisible des citoyens... Les bureaux d'hygiène reçoivent beaucoup de plaintes à ce sujet, aussi bien en habitat collectif qu'individuel. Là encore, une telle nuisance tombe sous le coup du décret du 5 mai 1988 et du tapage nocturne. Une très sérieuse étude acoustique, parue dans "Echo bruit" d'avril 1989, conclut que les émergences provoquées par des aboiements nocturnes de chiens dépassent nettement les valeurs limites réglementaires, ce qui rend inutile la mesure de bruit. En revanche, pour les aboiements de jour, la mesure acoustique peut être nécessaire. Il faut saisir le bureau d'hygiène de la commune et, la nuit, le commissariat.

Un peu de jurisprudence :

. Un restaurateur, propriétaire de deux chiens qui aboyaient de 10 heures à 22 heures presque constamment et occasionnellement la nuit, a été condamné sur la base d'attestations et de constats à 4 000 francs de dommages et intérêts (tribunal d'instance de Palaiseau du 27 mars 1985).

. La cour d'appel de Dijon a condamné, par arrêt du 2 avril 1987, le propriétaire d'un coq, à déplacer l'animal dans un délai de 15 jours, sous astreinte de 100 francs par jour de retard, et à payer 3 000 francs de dommages et intérêts à son voisin.

. Le tribunal de police de Metz a infligé au propriétaire d'un chien une amende de 250 francs, puis l'a contraint à verser 3 000 francs de dommages et intérêts au plaignant et 500 francs à l'association des victimes de troubles de voisinage qui s'était portée partie civile. Cette condamnation a été prononcée sur la base de l'arrêté municipal de Longeville-les-Metz qui précise dans son article premier : "les aboiements intempestifs de chiens constituant un inconvénient excédant les obligations normales de voisinage, les propriétaires et possesseurs de chiens sont tenus de prendre toutes mesures propres à empêcher que la tranquillité des voisins ne soit troublée par les aboiements et hurlements de leurs animaux".

Citons enfin la décision du tribunal de grande instance de Poitiers, du 20 décembre 1985 condamnant le propriétaire de deux bergers allemands à verser à son voisin 5 000 francs de dommages et intérêts plus 2 000 francs pour les frais de procédure. Le juge soulignait dans les attendus que "le demandeur ayant essayé de raisonner en vain sinon les chiens, du moins leur maître, s'est adressé à la justice en désespoir de cause !"

CHAPITRE 24

LE DEMARRAGE D'UNE COPROPRIETE : QUELS SONT LES BONS REFLEXES ?

1. Quels sont les différents cas de figure ?

. Qu'il s'agisse d'un immeuble neuf ou d'un immeuble ancien rénové, vendu par lots, les cas de mise en copropriété sont de plus en plus nombreux.

. A cela il faut ajouter le cas des immeubles "locatifs" appartenant initialement à un seul copropriétaire (particulier ou société) et dont les logements commencent à être mis en vente. Dès qu'un seul logement est vendu, il y a mise en copropriété.

2. Comment est désigné le premier syndic ?

. Les règlements de copropriété prévoient souvent ce qu'on appelle un "syndic provisoire", choisi par celui qui crée la copropriété et chargé d'une part de gérer l'immeuble à partir de sa mise en copropriété, d'autre part de convoquer la première assemblée générale.

. Ce syndic provisoire peut être plus simplement choisi par le promoteur (on l'appelle alors "syndic du promoteur").

. Il est évident que ce syndic provisoire est souvent un syndic qui a l'habitude de travailler avec le promoteur, ce qui fait qu'il aura tendance, naturellement, à protéger les intérêts du promoteur plus que ceux des copropriétaires.

3. Le syndic provisoire ne convoque pas l'assemblée générale, que faire ?

On remarque que, trop fréquemment, les syndics tardent à convoquer la première assemblée générale. Cela pose de nombreux problèmes :

a/ les copropriétaires paient des charges à partir d'un budget et de choix de gestion (exemple : tel type de contrat) non discutés,

b/ il n'y a pas de conseil syndical,

c/ les problèmes éventuels de malfaçons ne sont pas traités.

Souvent, un ou deux copropriétaires écrivent au syndic pour lui demander de convoquer la réunion d'assemblée générale. A quoi le syndic répond qu'il ne va pas tarder à le faire. Les mois passent..., on attend...!

Il ne faut donc pas hésiter à utiliser rapidement les dispositions prévues par l'article 8 du décret du 17 mars 1967, que nous avons déjà exposé page 95 de ce guide.

Concrètement, il faut recueillir la signature de copropriétaires représentant 25% des millièmes et adresser au syndic la lettre suivante en L.R.A.R. :

"Monsieur,

Les soussignés, conformément à l'article 8 du décret du 17 mars 1967, vous demandent de convoquer une assemblée générale avec l'ordre du jour suivant :

- confirmation du mandat du syndic, selon contrat à joindre ou, à défaut, élection d'un nouveau syndic selon contrat joint,
- approbation des comptes,
- quitus au syndic,
- ouverture d'un compte bancaire séparé,
- élection du conseil syndical,
- vote du budget prévisionnel,
- points sur les malfaçons."

4. Avant la première assemblée générale, que faire ?

1. Avant même d'envoyer votre lettre demandant une assemblée générale, il faudra avoir cherché un **autre** syndic.

Il est en effet toujours conseillé de ne pas garder le syndic du promoteur, mais, comme on ne peut pas élire en assemblée un syndic dont on n'aurait pas fourni le contrat en même temps que la convocation, il faut que vous ayez choisi un syndic avant d'adresser votre demande de convocation d'assemblée générale. Logique !

Pour savoir comment choisir un syndic, reportez-vous au chapitre n°10.

2. Une fois reçue la convocation, il faudra aller vérifier les comptes. Cette vérification est importante pour plusieurs raisons :

a/ souvent le syndic fait payer aux copropriétaires des charges qui reviennent aux promoteurs (eau et EDF nécessaires pour le chantier, assurance, etc...),

b/ souvent le syndic exonère le promoteur des charges concernant les logements non vendus (pour cela il modifie la base de répartition ; 8820 millièmes au lieu de 10 000, ce qui augmente la quote-part de chacun),

c/ par ailleurs, le syndic peut avoir signé des contrats qui engagent la copropriété. Il faut absolument aller les consulter avant l'assemblée générale.

N.B. : le syndic provisoire est obligé de faire approuver les comptes précédant la première assemblée générale. A noter que très peu de copropriétaires prennent la précaution d'aller vérifier les comptes. Et pourtant !

5. Comment éviter de garder le syndic du promoteur ?

Nous avons déjà abordé certains aspects de ce problème plus haut, mais il faut aller plus loin.

En effet, il n'est pas facile de "renvoyer" un syndic qu'en général personne ne connaît et qui n'a pas encore eu le temps de faire beaucoup de mal.

Souvent les copropriétaires se disent: "celui-là ou un autre ..." et le laissent en place.

. C'est pourquoi, il faudra avoir examiné le contrat qu'il propose et pouvoir montrer aux autres copropriétaires, présents à l'assemblée générale, ses "faiblesses" ; il faudra aussi avoir sélectionné des concurrents présentant des contrats plus intéressants ; enfin, il faudra expliquer aux copropriétaires qu'il est "dangereux" de garder le syndic du promoteur en raison **surtout** des problèmes de mise en jeu des **garanties**. Voyons cela.

6. Quel est le rôle du syndic par rapport aux malfaçons ?

. Le rôle du syndic est multiple et déterminant :

1. Il doit procéder à la réception des parties communes si cela n'a pas été fait, faire les réserves qui s'imposent, déceler les non-conformités, obliger les entreprises et le promoteur à reprendre les malfaçons.
2. Il doit, dans l'année qui suit la réception, signaler les désordres qui apparaissent et exiger la reprise, ceci quels que soient les désordres.
3. Enfin, il doit, après la première année, faire jouer soit la garantie biennale (de deux ans), soit la garantie décennale.

Sans entrer dans le détail très complexe de ces points, disons qu'on comprend l'importance qu'il y a à avoir un **syndic qui bouge vite**. S'il traîne un peu, comme c'est si souvent le cas, les délais vont passer avant même que les copropriétaires s'en aperçoivent.

Pour ceux qui sont intéressés par ces problèmes de malfaçons, de garanties et de techniques de mise en jeu de ces garanties, signalons que l'A.R.C. a consacré un ouvrage aux "Travaux en copropriété". Une bonne place est donnée à ces différents problèmes.

7. Comment réagir face au budget prévisionnel proposé ?

. De même que souvent les copropriétaires sont assez passifs face au syndic lors de la première assemblée générale, de même ils "laissent passer" le premier budget prévisionnel sans broncher. Or, ce budget, non seulement va conditionner le montant des appels de charges sur l'année à venir, mais va engager des choix pour la copropriété (contrats, type de personnel...).

. Il faut donc savoir réagir et agir. Comment faire ? C'est simple : il s'agit simplement de donner mandat au conseil syndical pour régler tel ou tel point. Exemple : "Le conseil syndical est mandaté pour proposer au syndic un nouveau contrat d'assurance" ; "Le conseil syndical est mandaté pour négocier un nouveau contrat de nettoyage".

Cette technique du "mandat" donnée au conseil syndical permet d'éviter d'avoir à entériner dans la précipitation les choix du syndic et donne le temps aux copropriétaires de trouver des solutions adaptées à leur situation.

. Par ailleurs, il ne faut pas hésiter à revoir certains chiffres à la baisse. Souvent l'eau est très surévaluée par exemple ; d'autre part, certaines dépenses sont non justifiées (exemple : un contrat complet pour l'ascenseur neuf qui est sous garantie pendant deux ans au moins !).

Là encore, le principal est d'avoir pris connaissance des comptes et des documents **avant** l'assemblée générale. Vous verrez vous-mêmes la plupart des anomalies. Pour le reste, venez nous voir.

CHAPITRE 25

DES MOYENS NOUVEAUX POUR AGIR DANS LES "COPROPRIÉTÉS EN DIFFICULTÉ"

L'ARC a été la première association à tirer la sonnette d'alarme sur la "copropriété en difficulté" et à signaler l'inadaptation de l'administration judiciaire classique.

En effet, quand un administrateur judiciaire était nommé dans une copropriété "défaillante" (par quoi il faut comprendre à la fois défaillante sur le plan financier et défaillante en matière de gros entretien), il ne pouvait rien faire de plus qu'un syndic normal (c'est à dire appeler les fonds sur les copropriétaires solvables). Aucun pouvoir précis ne lui était conféré ; aucun moyen spécifique n'existait. La loi du 21 juillet 1994 est venue, heureusement, combler ce vide. Nous allons passer les principales dispositions nouvelles.

1. Quand y a-t-il situation de "copropriété en difficulté" ?

La notion de "copropriété en difficulté" (inscrite désormais dans la loi) concerne les copropriétés qui sont :

- soit défaillantes financièrement (elles ne peuvent plus payer leurs fournisseurs et surtout GDF-EDF, la compagnie des eaux, voire la compagnie de chauffage),
- soit dans l'incapacité de faire faire des travaux urgents. A noter que cette incapacité peut résulter soit de problèmes financiers, soit de BLOCAGES internes à la copropriété (par exemple : blocage tenant à un ou plusieurs copropriétaires majoritaires ne voulant pas de travaux).

2. Qui peut saisir le juge pour faire nommer un administrateur judiciaire ?

Cet administrateur peut être désigné :

- soit par des copropriétaires recueillant plus de 15% des tantièmes,
- soit par le Procureur de la République,
- soit par le syndic en place.

On notera que le seuil de 15% est particulièrement bas (NB : il faut 25% pour demander une assemblée générale extraordinaire) et que cela doit donc permettre à des personnes très minoritaires mais motivées d'agir pour surmonter les difficultés.

On notera aussi que le Procureur de la République peut saisir le juge. Nous pensons que dans des cas d'insalubrité ou de péril, cela pourra permettre de trouver des solutions...

En ce qui concerne la possibilité de saisie par le syndic en place, nous espérons que cela ne sera pas, pour lui, une solution de facilité en cas de difficulté avec l'assemblée générale ou le conseil syndical et que les juges sauront faire "la part des choses". À noter que le décret prévoit que le juge peut ordonner toute instruction... Soulignons, en particulier, que l'article 62-4 du décret du 17 mars 1967 a prévu que le juge pouvait **ENTENDRE** le président du Conseil Syndical avant de rendre son ordonnance. Nous allons tout faire à l'ARC pour informer les magistrats de cette disposition et les inciter à l'utiliser.

3. Quels sont les pouvoirs de l'administrateur judiciaire ?

Ces pouvoirs sont de deux natures :

a/ D'abord, le juge pourra lui attribuer tout ou partie des pouvoirs de l'assemblée générale, du conseil syndical ou du syndic.

En clair, cela signifie que - sous contrôle du juge - l'administrateur pourra faire et décider ce qu'il veut, par exemple faire procéder à certains travaux. Jusqu'à la loi du 21 juillet 1994, l'administrateur judiciaire ne pouvait faire que ce que l'assemblée lui autorisait de faire.

b/ Ensuite, il pourra demander au juge d'interrompre toute action ou poursuite judiciaire engagée par des fournisseurs de la copropriété et en particulier de suspendre toute action visant à couper l'électricité, l'eau, le chauffage, le gaz (sur partie commune).

Les suspensions et interruptions ne pourront être que de six mois, renouvelables une fois (soit en tout un an), ce qui est déjà suffisant pour permettre à la copropriété de retrouver une certaine santé financière.

4. Quels sont les moyens de l'administrateur judiciaire ?

Malheureusement, la loi n'a pas prévu de moyens propres. Espérons que, bientôt, certains moyens seront accordés à la fois aux administrateurs et à la copropriété (exemple : ouverture du droit à l'aide judiciaire appelé maintenant aide juridictionnelle ; ouverture automatique à certaines aides concernant la gestion ou les travaux, etc...). L'ARC agira pour que ces moyens puissent être définis et mis en oeuvre.

D'autre part, nous souhaitons qu'une commission de suivi de cette réforme soit mise en place, associant des magistrats, des administrateurs judiciaires, des fonctionnaires des ministères concernés, des syndics, des représentants de Pact-Arim, et bien sûr des associations de copropriétaires comme l'ARC.

5. Quelles sont les obligations du syndic et du syndic judiciaire vis-à-vis de la copropriété ou du Conseil Syndical ?

Il est intéressant de noter que le décret du 15 février 1995 a prévu certaines obligations pour le syndic judiciaire. Nous vous invitons à lire, à ce sujet, les articles 62-1 et suivants du décret du 17 mars 1967.

a/ L'article 62-7 prévoit que l'administrateur judiciaire "**DOIT**", quand il est investi des pouvoirs de l'assemblée générale "recueillir l'avis du Conseil Syndical" (sauf urgence...).

b/ L'administrateur judiciaire **DOIT** inscrire ses "décisions" dans le registre des procès-verbaux.

c/ L'administrateur judiciaire "**DOIT** faire un compte-rendu écrit" de sa mission (sur demande du tribunal et de toute façon en fin de mission).

d/ Le syndic **DOIT** informer les copropriétaires de l'existence de ce rapport et du lieu où ils peuvent en prendre connaissance. Chaque copropriétaire peut en obtenir copie "à ses frais" (article 62-12).

e/ Si le syndic judiciaire fait un prérapport, les mêmes droits et obligations que ceux relatifs au "rapport" s'y rattachent.

Nous pensons que certaines de ces obligations sont intéressantes (avis du Conseil Syndical ; obligation de faire un rapport ; publicité de ce rapport). Néanmoins, nous pensons aussi que ces obligations sont insuffisantes et qu'il faut **absolument**, comme nous l'avons dit plus haut, définir un cahier des charges plus précis et des garde-fous pour éviter toute dérive ou abus possibles.

CHAPITRE 26

CONCLUSION PRATIQUE GÉNÉRALE : EN ATTENDANT DE CHANGER LA LOI

Pour améliorer le fonctionnement de la copropriété en France, il est certain qu'il faudrait changer la loi de 1965 ou, du moins, le décret de 1967.

Il est certain aussi que chacun, les professionnels d'un côté, les usagers de l'autre, veulent modifier la loi dans leur sens. Par exemple, les professionnels souhaitent supprimer les aspects les plus contraignants de la loi (règles concernant les Assemblées générales, abaissement des majorités, suppression des sanctions...) ; par contre les copropriétaires auraient plutôt tendance à souhaiter un renforcement de la loi.

C'est pourquoi, la loi étant souvent un compromis entre des intérêts contradictoires, il y a peu de chances pour que tel ou tel gouvernement y touche de façon sensible ; nous aurions plutôt à craindre que cela se fasse dans le sens demandé par les professionnels qui ont des arguments économiques auxquels sont toujours sensibles les pouvoirs en place, quels qu'ils soient.

Bien entendu, il ne convient pas pour nous, de renoncer aussi rapidement à cette voie de réforme, mais il ne faut pas s'y attacher exclusivement si l'on souhaite être efficace.

D'autres voies d'amélioration peuvent et doivent être explorées, dont deux que nous souhaiterions développer dans le présent chapitre :

- les modifications de règlement de copropriété,
- l'amélioration des "contrats" de syndic.

1. La modification des règlements de copropriété

Nous pensons en effet, que la modification des règlements de copropriété sur certains points précis peut constituer une voie d'amélioration très sensible en dehors des bouleversements législatifs.

On nous répondra peut-être : "pour améliorer les règlements de copropriété, il faut obtenir une majorité impossible (celle de l'article 26, qualifiée de double majorité)". A quoi nous répondons simplement : "si cette majorité était vraiment impossible, personne en France n'aurait jamais pu installer de digicode... Il n'y a donc pas de raison que des copropriétaires, désireux d'assurer une meilleure qualité de gestion n'arrivent pas à recueillir la majorité qu'ils ont recueillie pour assurer une meilleure sécurité d'accès à leur immeuble.

Voyons cela : le règlement de copropriété peut régler un certain nombre de points et tout particulièrement :

1. les obligations du syndic, ses devoirs, ses droits et, plus particuliè-

rement, ses pouvoirs,

2. les obligations des copropriétaires

3. les moyens concernant l'application du règlement de copropriété.

Bien entendu, nous ne revenons pas ici sur les problèmes des droits et du fonctionnement du Conseil syndical et renvoyons le lecteur au chapitre 11 et à l'annexe n° 2 qui y sont consacrés.

A. Dispositions concernant le syndic

En ce qui concerne le syndic, nous proposons d'introduire une série d'obligations qui ne font que reprendre les dispositions légales, mais surtout d'introduire des **sanctions précises.** En effet, la seule sanction crédible pour un syndic est, actuellement, la révocation, sanction insuffisante, car il est anormal qu'un syndic qui a porté un préjudice certain pour non-respect de ses obligations, ne soit pas sanctionné financièrement.

On peut introduire dans le règlement un article ainsi libellé :

"a/Obligations du syndic vis-à-vis du syndicat

- Le syndic devra communiquer son contrat à tous les copropriétaires,
- Il devra effectuer un préavis en cas de démission,
- Il devra fournir les coordonnées de sa police d'assurance responsabilité civile,
- Il devra, en cas de travaux, mettre des entreprises en concurrence,
- Il devra calculer les intérêts de retard aux défaillants,
- Il devra, en cas de 2ème Assemblée générale, convoquer celle-ci, au plus tard deux semaines après la première,
- Il devra respecter le protocole de recouvrement des charges éventuellement voté par l'Assemblée générale,
- Il devra fournir au président du Conseil syndical une liste à jour des copropriétaires.

b/Sanctions En cas de non respect des clauses ci-dessus, ce non-respect constaté par l'Assemblée générale entraînera :

a/une minoration des honoraires annuels de 25 %,

b/la prise en charge de l'incidence financière du non-respect des clauses, y compris en matière de recouvrement de charges (exemple : en cas de non calcul des intérêts de retard)."

B. Dispositions concernant les copropriétaires

On peut introduire dans le règlement un article ainsi libellé :

"Obligations vis-à-vis du syndicat

a/Chaque copropriétaire devra régler les charges conformément au protocole de recouvrement des charges éventuellement voté par l'Assemblée générale, b/Aucun copropriétaire ne pourra faire des travaux pouvant apporter une gêne durable à des voisins en dehors des heures et jours ouvrés et, en particulier, il ne devra faire aucun travaux pouvant entraîner une **baisse** de performance acoustique. c/Au cas où un copropriétaire serait absent et non représenté à une Assemblée générale, il devra régler les frais de convocation et de tenue de l'éventuelle deuxième Assemblée générale, avec les autres copropriétaires absents et non représentés."

C. Moyens permettant une meilleure application du règlement de copropriété

a/Le règlement de copropriété devra donner des pouvoirs d ' intervention au syndic, dans certains cas précis et après mise en demeure restée infructueuse, ces cas étant :

- encombrement des parties communes,
- empiètement sur parties communes avec appropriation de surface commune.

Dans ces cas, le règlement pourra prévoir que le syndic pourra faire procéder à l'enlèvement des objets ou à la remise en état des lieux aux frais du contrevenant.

b/Le règlement devra introduire des barèmes d'amende pour certains points précis tel le stationnement interdit.

Le règlement pourra prévoir des modalités précises ; par exemple : "Le syndic devra faire procéder à un constat (d'huissier de préférence), adresser la pénalité et imputer les frais de constat au contrevenant."

c/Enfin, le règlement devra introduire une clause d'aggravation des charges : Tout copropriétaire qui aggravera de son fait ou de celui d'une personne ou de celui d'un animal dont il a la charge, les dépenses de la copropriété, devra en assumer les frais".

D. Moyens permettant d'éviter des situations préjudiciables à la copropriété

Il faudra prévoir la possibilité, en cas d'absence du syndic (démission, décès) que le président du Conseil syndical puisse convoquer l'Assemblée générale appelée à élire un nouveau syndic.

2. Dispositions à introduire dans les contrats de syndic

Si vous ne pouvez modifier le Règlement de copropriété, au moins pouvez-vous essayer d'imposer au syndic des clauses qu'il introduira dans son contrat. Bien sûr, ces clauses ne concernent que les obligations du syndic vis-à-vis de la copropriété.

A titre indicatif, nous vous communiquons ci-dessous la "charte de transparence" que l'A.R.C. propose au syndic et qui permet d'introduire des garanties dans la gestion que ne fournissent pas les contrats courants :

Le syndic adhérent à la présente charte s'engage :

1. A communiquer son contrat à tous les copropriétaires lors de sa première élection et à chaque fois que les modifications vont au delà de simples augmentations contractuelles.
2. A faire voter - si ce n'est déjà fait - les modalités de consultation annuelle des comptes et pièces justificatives par le conseil syndical et les copropriétaires.
3. A fournir au conseil syndical copie de tout document demandé, des contrats concernant l'immeuble et la liste à jour de tous les copropriétaires.
4. A élaborer chaque année le budget prévisionnel avec le conseil syndical.
5. A ouvrir un compte au nom du syndicat des copropriétaires - compte séparé ou individualisé (un chéquier pour l'immeuble) - sans rémunération supplémentaire.
6. En cas de travaux votés par l'assemblée générale, à ouvrir un compte spécial, à faire des appels de fonds distincts et à placer les sommes recueillies, au profit du syndicat des copropriétaires.
7. A s'adresser aux fournisseurs ou prestataires de services désignés soit par le conseil syndical, soit par l'assemblée générale et à régler les factures à 30 jours au plus tard.
8. A consulter obligatoirement le conseil syndical sur le choix des avocats ou des architectes appelés à travailler avec la copropriété.
9. A ne faire travailler aucune entreprise liée de près ou de loin à lui-même ou à un actionnaire de son cabinet, sans en avoir obtenu au préalable l'accord exprès de l'assemblée générale.
10. En cas de projet de travaux, à faire un appel d'offre auprès de plusieurs entreprises, dans les règles.
11. A ne pas faire exécuter de travaux d'urgence sans consultation préalable du conseil syndical.
12. A n'accepter aucun pouvoir en blanc aux assemblées générales et à diffuser un pouvoir type qui en fasse mention.
13. A ne diffuser le procès-verbal d'assemblée générale qu'une fois celui-ci signé par tous les membres du bureau, ceci dans le délai maximum de deux mois suivant l'assemblée générale.
14. A appliquer et faire respecter par lui-même et par tous les copropriétaires sans exception le règlement de copropriété.
15. A agir sans délai auprès des débiteurs de mauvaise foi et d'abord à appliquer strictement les pénalités de retard prévues par l'art. 36 du décret du 17 mars 1967.
16. A ne pas démissionner de ses fonctions sans préavis et sans avoir convoqué I ' assemblée générale appelée à nommer un successeur.

A vous de faire introduire tout ou partie de ces dispositions dans le contrat de votre syndic.

ANNEXE 1

FAIRE UN REFERE SANS AVOCAT AU TRIBUNAL DE GRANDE INSTANCE

. Le tribunal de grande instance est difficile d'accès. D'abord parce que c'est le temple de la Justice de chaque département et qu'il impressionne les braves gens. Ensuite parce qu'il faut, en général, un avocat pour aller y plaider.

En général, sauf en matière de "référé".

Le référé (voir ici même page 135 ce dont il s'agit) est une procédure dispensée de l'assistance d'un avocat.

. La loi de 1965 et son décret prévoient quelques situations précises où la procédure de référé est possible.

Il est bon de savoir manier celle-ci, sans avocat, ce qui vous permettra des interventions efficaces, rapides et bon marché. Ces situations sont, essentiellement :

- la récupération des archives et fonds auprès de l'ancien syndic,
- la convocation d'une assemblée générale extraordinaire, quand celle-ci n'est pas convoquée malgré une demande en règle,
- la nomination d'un administrateur judiciaire en cas de CARENCE de syndic.

1. Aller au T.G.I.

- Vous allez aller au T.G.I. (tribunal de grande instance) et plus précisément au B.R.A. (bureau des renseignements des avocats),
- Vous allez acheter des modèles d'inscription en référé.

2. Demander une date d'audience au greffe du tribunal

3. Remplir le modèle (voir un exemple à la fin de cette annexe)

4. Aller voir un huissier pour lui remettre l'assignation remplie et lui demander de la délivrer à l'adversaire (ancien syndic ou syndic en place).

Vous verrez, c'est tout simple.

ANNEXE 1

FAIRE UN RÉFÉRÉ SANS AVOCAT AU TRIBUNAL DE GRANDE INSTANCE

. Le tribunal de grande instance est difficile d'accès. D'abord parce que c'est le temple de la Justice de chaque département et qu'il impressionne les braves gens. Ensuite parce qu'il faut, en général, un avocat pour aller y plaider.

En général, sauf en matière de "référé".

Le référé (voir ici même page 135 ce dont il s'agit) est une procédure dispensée de l' assistance d' un avocat.

. La loi de 1965 et son décret prévoient quelques situations précises où la procédure de référé est possible.

Il est bon de savoir manier celle-ci, sans avocat, ce qui vous permettra des interventions efficaces, rapides et bon marché. Ces situations sont, essentiellement:

- la récupération des archives et fonds auprès de l' ancien syndic,
- la convocation d'une assemblée générale extraordinaire, quand celle-ci n' est pas convoquée malgré une demande en règle,
- la nomination d'un administrateur judiciaire en cas de CARENCE de syndic.

1. Aller au T.G.I.

- Vous allez aller au T.G.I. (tribunal de grande instance) et plus précisément au B.R.A. (bureau des renseignements des avocats),
- Vous allez acheter des modèles d' inscription en référé.

2. Demander une date d'audience au greffe du tribunal

3. Remplir le modèle (voir un exemple à la fin de cette annexe)

4. Aller voir un huissier pour lui remettre l' assignation remplie et lui demander de la délivrer à l' adversaire (ancien syndic ou syndic en place).

Vous verrez, c'est tout simple.

ASSIGNATION A COMPARAITRE DEVANT M. LE JUGE DES REFERES DU TRIBUNAL DE GRANDE INSTANCE DE ....

L' an MIL NEUF CENT QUATRE VINGT, Mademoiselle, Madame, Monsieur ....
de nationalité française
né (e) le .... à ....
représentant le syndicat des copropriétaires de .... en tant que syndic,
donne assignation à

Monsieur ....
syndic de copropriété
domicilié à ....

à comparaître devant le tribunal de grande instane de ....
le .... à .... heures, siégeant au palais de justice de ladite ville, en audience de référé.

Il est rappelé au destinataire:

qu'il a la faculté de se défendre lui-même, mais qu'il a aussi la possibilité de se faire assister ou représenter par un avocat,

que faute de comparaître ou de se faire représenter comme il vient d'être précisé, il s'expose à ce qu'une ordonnance de M. le juge des référés soit prise sur les seuls éléments fournis par la partie adverse.

POUR:

Attendus

. Attendu que le syndicat des copropriétaires de .... réuni en assemblée générale ordinaire le .... n' a pas renouvelé son mandat de gestion au cabinet .... comme syndic de la copropriété et a désigné ce même jour Mr. Y .... comme nouveau syndic à compter de l'assemblée.

. Attendu que Mr Y., nouveau syndic, a demandé par courrier en date du .... au cabinet .... de lui communiquer les documents suivants, à savoir:
....
....

. Attendu que Mr Y. a également demandé la restitution des sommes suivantes illégalement retenues par le cabinet ....

. Attendu en effet, que ces sommes représentent .... et ne sont pas dues pour les raisons suivantes : ....

. Attendu que le syndic n'a pas répondu à ces demandes ou partiellement.

. Attendu que les délais prévus par l'article 18-2 de la loi du 10.07.65 sur la copropriété sont aujourd'hui dépassés.

. Attendu que par lettre recommandée A.R., le nouveau syndic a de nouveau mis en demeure le cabinet .... de lui fournir les documents suivants .... ceci, sans résultat.

Par ces motifs, le syndicat des copropriétaires:

. demande au tribunal de bien vouloir ordonner la remise des documents et sommes sulvantes: ....

. demande que le tribunal fixe pour cela un délai maximum de dix jours,

. demande qu'au delà de ce délai le cabinet .... soit condamné à verser une astreinte de 500 frs par jour de retard,

. demande que le cabinet .... soit condamné aux entiers dépens.

ANNEXE 2

MODÈLE DE RÈGLEMENT DE FONCTIONNEMENT D'UN CONSEIL SYNDICAL

. Proposition de règlement de fonctionnement du Conseil syndical à faire voter en assemblée générale

1. Composition du conseil

Le conseil syndical sera composé au maximum de .... membres.

L'assemblée pourra, si elle le juge à propos, désigner un ou plusieurs membres suppléants dans les mêmes conditions que les membres titulaires.

En cas de cessation définitive des fonctions des membres titulaires, les membres suppléants siègent au conseil syndical au fur et à mesure des vacances, dans l'ordre de leur élection, s'il y en a plusieurs, et jusqu'à la date d'expiration du mandat du membre titulaire qu'ils remplacent.

2. Fonctions spéciales des membres

Le conseil syndical élit un(e) président(e) parmi ses membres, à la majorité de ceux-ci, pour la durée qu'il fixe, à défaut, le président demeure en fonction pendant toute la durée de son mandat de conseiller syndical sauf révocation prononcée à la même majorité.

Par ailleurs, le conseil syndical ppeut désigner des membres pour s'occuper spécifiquement d'un problème. Dans ce cas, ces membres auront directement affaire au syndic en cas de besoin.

3. Convocation

Le conseil syndical se réunit à la demande du président au moins une fois tous les six mois. Il peut également être réuni à toute époque à la demande de l'un de ses membres. Les convocations sont adressées par lettre simple : elles contiennent l'ordre du jour de la réunion. Néanmoins, si un conseiller syndical souhaite être convoqué par lettre recommandée avec avis de réception, le président, ou la personne qui convoque, devra déférer à cette demande.

4. Votes

Les avis ou rapports du conseil syndical sont adoptés à la majorité simple et à la condition que la moitié au moins de ses membres soient présents ou représentés ; en cas de partage des voix, celle du président sera prépondérante.

Les délibérations du conseil syndical sont constatées par des procès-verbaux portés sur un registre ouvert à cet effet, signés par les membres ayant assisté à la réunion. Copies de ces procès-verbaux sont délivrées par le président du conseil syndical sur demande qui lui en est faite par les copropriétaires.

5. Frais du conseil syndical

Les dépenses exposées par les membres du conseil syndical dans l'exercice de leur mandat leur sont remboursées par le syndic sur justifications.

Les honoraires des techniciens par qui le conseil syndical peut se faire assister (experts-comptables, conseillers juridiques, architectes) ainsi que les frais de fonctionnement dudit conseil sont payés par le syndic sur l'indication du président du conseil syndical, dans le cadre des dépenses générales de l'administration de l'immeuble.

6. Accès aux documents

Le président du conseil syndical devra fournir à tous les membres du conseil syndical qui lui en feront la demande, copie des documents concernant la gestion de la copropriété, à charge pour lui de les demander au syndic et sur les comptes de la copropriété au cours de l'exercice écoulé. En outre, il rend compte de l'exécution des missions et délégations que l'assemblée générale aurait pu lui donner.

ANNEXE 3

QUELLES SONT LES ARCHIVES DE LA COPROPRIETE ?

1. Archives permanentes

Citons comme archives permanentes :

. Les règlements de copropriété et leurs modifications,

. Les contrats en cours de validité,

. Les registres des délibérations des assemblées générales,

. Les actes notariés,

. Les plans et descriptifs de la construction des immeubles,

. Les descriptifs et notices des équipements réalisés et en cours de fonctionnement, tels que ceux des ascenseurs, chaudières, pompes, interphones, constructions diverses, etc...,

. Les procès-verbaux de réception des parties communes d'un immeuble,

. Le permis de construire,

. Les déclarations d'achèvement de travaux,

. Les certificats de conformité des immeubles,

. Les statuts et cahiers des charges des associations syndicales et leur modifications, idem pour les unions de syndicats,

. Les conventions, règlements, plans et modifications relatifs aux ZAC,

. Les décisions de toutes juridictions à caractère général,

. Le registre du personnel,

. Le livre de paie,

2. Archives non permanentes

. Carnets de chèques,

. Relevés bancaires,

. Fiches de paie,

. Factures (surtout factures des travaux garantis 10 ans),

. Avis d'imposition,

. Justificatifs des versements aux organismes sociaux,

. Dossiers de procédure,

. Justificatifs de convocation aux assemblées générales.

ANNEXE 4

TEXTE DE LA LOI SUR LA COPROPRIETE (10 Juillet 1965) modifiée le 21 juillet 1994

Nous reproduisons ci-dessous l'intégralité de la loi du 10 juillet 1965, modifiée par la loi du 21 juillet 1994. Afin que le lecteur puisse mieux repérer les modifications faites - qui sont dans leur majorité des ajouts - nous avons fait figurer en **gras** les articles votés à cette date.

LOI N° 65-557 DU 10 JUILLET 1965 FIXANT LE STATUT DE LA COPROPRIÉTÉ DES IMMEUBLES BATIS

CHAPITRE 1
DÉFINITION ET ORGANISATION DE LA COPROPRIÉTÉ

Article 1er

La présente loi régit tout immeuble bâti ou groupe d'immeubles bâtis dont la propriété est répartie, entre plusieurs personnes, par lots comprenant chacun une partie privative et une quote-part des parties communes.

A défaut de convention contraire créant une organisation différente, la présente loi est également applicable aux ensembles immobiliers qui, outre des terrains, des aménagements et des services communs, comportent des parcelles, bâties ou non, faisant l'objet de droits de propriété privatifs.

Article 2

Sont privatives les parties des bâtiments et des terrains réservés à l'usage exclusif d'un copropriétaire déterminé.

Les parties privatives sont la propriété exclusive de chaque copropriétaire.

Article 3

Sont communes les parties des bâtiments et des terrains affectés à l'usage ou à l'utilité de tous les copropriétaires ou de plusieurs d'entre eux.

Dans le silence ou la contradiction des titres, sont réputés parties communes :

- le sol, les cours, les parcs et jardins, les voies d'accès,
- le gros oeuvre des bâtiments, les éléments d'équipement commun, y compris les parties de canalisation y afférentes qui traversent des locaux privatifs,
- les coffres, gaines et têtes de cheminées,
- les locaux des services communs,
- les passages et corridors.

Sont réputés droits accessoires aux parties communes dans le silence ou la contradiction des titres :

- le droit de surélever un bâtiment affecté à l'usage commun ou comportant plusieurs locaux qui constituent des parties privatives différentes, ou d'en affouiller le sol,

- le droit d'édifier des bâtiments nouveaux dans les cours, parcs ou jardins constituant des parties communes,
- le droit d'affouiller de tels cours, parcs ou jardins,
- le droit de mitoyenneté afférent aux parties communes.

Article 4

Les parties communes sont l'objet d'une propriété indivise entre l'ensemble des copropriétaires ou certains d'entre eux seulement ; leur administration et leur jouissance sont organisées conformément aux dispositions de la présente loi.

Article 5

Dans le silence ou la contradiction des titres, la quote-part des parties communes afférente à chaque lot est proportionnelle à la valeur relative de chaque partie privative par rapport à l'ensemble des valeurs desdites parties, telles que ces valeurs résultent lors de l'établissement de la copropriété, de la consistance, de la superficie et de la situation des lots, sans égard à leur utilisation.

Article 6

Les parties communes et les droits qui leur sont accessoires ne peuvent faire l'objet, séparément des parties privatives, d'une action en partage ni d'une licitation forcée.

Article 6-1

En cas de modification dans les quotes-parts des parties communes afférentes aux lots, quelle qu'en soit la cause, les droits soumis ou admis à publicité dont les lots sont l'objet s'éteignent sur les quotes-parts qui en sont détachées et s'étendent à celles qui y sont rattachées.

En cas de changement de l'emprise d'une copropriété résultant de l'aliénation volontaire ou forcée ou de l'acquisition de parties communes, les droits soumis ou admis à publicité, autres que les servitudes, dont les lots sont l'objet, s'éteignent sur le bien cédé et s'étendent au bien acquis.

Toutefois, l'extension prévue à l'alinéa précédent, qui s'opère avec le rang attaché à la publicité primitive, n'a lieu que par la publication au fichier immobilier de la déclaration faite par le syndic ou un créancier que le bien acquis est libre de tout droit de même nature au jour de la mutation ou qu'il est devenu libre de ces mêmes droits. L'inexactitude de cette déclaration entraîne le rejet de la formalité de publicité.

Article 7

Les cloisons ou murs, séparant des parties privatives et non compris dans le gros oeuvre, sont présumés mitoyens entre les locaux qu'ils séparent.

Article 8

Un règlement conventionnel de copropriété, incluant ou non l'état descriptif de division, détermine la destination des parties tant privatives que communes, ainsi que les conditions de leur jouissance ; il fixe également, sous réserve des dispositions de la présente loi, les règles relatives à l'administration des parties communes.

Le règlement de copropriété ne peut imposer aucune restriction aux droits des copropriétaires en dehors de celles qui seraient justifiées par la destination de l'immeuble, telle qu'elle est définie aux actes, par ses caractères ou sa situation.

Article 9

Chaque copropriétaire dispose des parties privatives comprises dans son lot ; il use et jouit librement des parties privatives et des parties communes sous la condition de ne porter atteinte ni aux droits des autres copropriétaires ni à la destination de l'immeuble.

Toutefois, si les circonstances l'exigent et à condition que l'affectation, la consistance ou la jouissance des parties privatives comprises dans son lot n'en soient pas altérées de manière durable, aucun des copropriétaires ou de leurs ayants droit ne peut faire obstacle à l'exécution, même à l'intérieur de ses parties privatives, des travaux régulièrement et expressément décidés par l'assemblée générale en vertu des e, g, h, et i de l'article 25 et des articles 26-1 et 30.

Les travaux entraînant un accès aux parties privatives doivent être notifiés aux copropriétaires au moins huit jours avant le début de leur réalisation, sauf impératif de sécurité ou de conservation des biens.

Les copropriétaires qui subissent un préjudice par suite de l'exécution des travaux, en raison soit d'une diminution définitive de la valeur de leur lot, soit d'un trouble de jouissance grave, même s'il est temporaire, soit de dégradations, ont droit à une indemnité.

Cette indemnité, qui est à la charge de l'ensemble des copropriétaires, est répartie, s'agissant des travaux décidés dans les conditions prévues par les e, g, h, et i de l'article 25 et par les articles 26-1 et 30, en proportion de la participation de chacun au coût des travaux.

Article 10

Les copropriétaires sont tenus de participer aux charges entraînées par les services collectifs et les éléments d'équipement commun en fonction de l'utilité que ces services et éléments présentent à l'égard de chaque lot.

Ils sont tenus de participer aux charges relatives à la conservation, à l'entretien et à l'administration des parties communes proportionnellement aux valeurs relatives des parties privatives comprises dans leurs lots, telles que ces valeurs résultent des dispositions de l'article 5.

Le règlement de copropriété fixe la quote-part afférente à chaque lot dans chacune des catégories de charges.

Article 11

Sous réserve des dispositions de l'article 12 ci-dessous, la répartition des charges ne peut être modifiée qu'à l'unanimité des copropriétraires. Toutefois, lorsque des travaux ou des actes d'acquisition ou de disposition sont décidés par l'assemblée générale statuant à la majorité exigée par la loi, la modification de la répartition des charges ainsi rendue nécessaire peut être décidée par l'assemblée générale statuant à la même majorité.

En cas d'aliénation séparée d'une ou plusieurs fractions d'un lot, la répartition des charges entre ces fractions est, lorsqu'elle n'est pas fixée par le règlement de copropriété, soumise à l'approbation de l'assemblée générale statuant à la majorité prévue à l'article 24.

A défaut de décision de l'assemblée générale modifiant les bases de répartition des charges dans les cas prévus aux alinéas précédents, tout copropriétaire pourra saisir le tribunal de grande instance de la situation de l'immeuble à l'effet de faire procéder à la nouvelle répartition rendue nécessaire.

Article 12

Dans les cinq ans de la publication du règlement de copropriété au fichier immobilier, chaque copropriétaire peut poursuivre en justice la révision de la répartition des charges si la part correspondant à son lot est supérieure de plus d'un quart, ou si la part correspondant à celle d'un autre copropriétaire est inférieure de plus d'un quart, dans l'une ou l'autre des catégories de charges, à celle qui résulterait d'une répartition conforme aux dispositions de l'article 10. Si l'action est reconnue fondée, le tribunal procède à une nouvelle répartition des charges.

Cette action peut également être exercée par le propriétaire d'un lot avant l'expiration d'un délai de deux ans à compter de la première mutation à titre onéreux de ce lot intervenue depuis la publication du règlement de copropriété au fichier immobilier.

Article 13

Le règlement de copropriété et les modifications qui peuvent lui être apportées ne sont opposables aux ayants cause à titre particulier des copropriétaires qu'à dater de leur publication au fichier immobilier.

Article 14

La collectivité des copropriétaires est constituée en un syndicat qui a la personnalité civile.

Le syndicat peut revêtir la forme d'un syndicat coopératif régi par les dispositions de la présente loi.

Le règlement de copropriété doit expressément prévoir cette modalité de gestion.

Il établit, s'il y a lieu, et modifie le règlement de copropriété.

Il a pour objet la conservation de l'immeuble et l'administration des parties communes. Il est responsable des dommages causés aux copropriétaires ou aux tiers par le vice de construction ou à défaut d'entretien des parties communes, sans préjudice de toutes actions récursoires.

Article 15

Le syndicat a qualité pour agir en justice, tant en demandant qu'en défendant, même contre certains des copropriétaires ; il peut notamment agir, conjointement ou non avec un ou plusieurs de ces derniers, en vue de la sauvegarde des droits afférents à l'immeuble.

Tout copropriétaire peut néanmoins exercer seul les actions concernant la copropriété ou la jouissance de son lot, à charge d'en informer le syndic.

Article 16

Tous actes d'acquisition ou d'aliénation des parties communes ou constituant de droits réels immobiliers au profit ou à la charge de ces dernières, à la condition qu'ils aient été décidés conformément aux dispositions des articles 6, 25, et 26, sont valablement passés par le syndicat lui-même et de son chef.

Le syndicat peut acquérir lui-même, à titre onéreux ou gratuit, des parties privatives sans que celles-ci perdent pour autant leur caractère privatif. Il peut les aliéner dans les conditions prévues à l'alinéa précédent. Il ne dispose pas de voix, en assemblée générale, au titre des parties privatives acquises par lui.

Article 16-1

Les sommes représentant le prix des parties communes cédées se divisent de plein droit entre les copropriétaires dans les lots desquels figuraient ces parties communes et proportionnellement à la quotité de ces parties afférentes à chaque lot.

La part du prix revenant à chaque copropriétaire lui est remise directement par le syndic et ce, nonobstant l'existence de toute sûreté grevant son lot.

Les présentes dispositions ne dérogent pas à celles de l'article L. 12-3 du code de l'expropriation pour cause d'utilité publique.

CHAPITRE II
ADMINISTRATION DE LA COPROPRIÉTÉ

Section 1 :
Article 17

Les décisions du syndicat sont prises en assemblée générale des copropriétaires ; leur exécution est confiée à un syndic placé éventuellement sous le contrôle d'un conseil syndical.

Dans les cas où, avant la réunion de la première assemblée générale, un syndic a été désigné par le règlement de copropriété ou par tout autre accord des parties, cette désignation doit être soumise à la ratification de cette première assemblée générale.

A défaut de nomination, le syndic est désigné par le président du tribunal de grande instance saisi à la requête d'un ou plusieurs copropriétaires.

Dans le cas où l'administration de la copropriété est confiée à un syndicat coopératif, la constitution d'un conseil syndical est obligatoire et le syndic est élu par les membres de ce conseil et choisi parmi ceux-ci.

Article 18

Indépendamment des pouvoirs qui lui sont conférés par d'autres dispositions de la présente loi ou par une délibération spéciale de l'assemblée générale, le syndic est chargé, dans les conditions qui seront éventuellement définies par le règlement d'administration publique prévu à l'article 47 ci-dessous :

- d'assurer l'exécution des dispositions du règlement de copropriété et des délibérations de l'assemblée générale,
- d'administrer l'immeuble, de pourvoir à sa conservation, à sa garde et à son entretien et, en cas d'urgence, de faire procéder de sa propre initiative à l'exécution de tous travaux nécessaires à la sauvegarde de celui-ci,

- d'établir le budget prévisionnel du syndicat et de le soumettre au vote de l'assemblée générale et de tenir pour chaque syndicat une comptabilité séparée qui fait apparaître la position de chaque copropriétaire à l'égard du syndicat, ainsi que la situation de trésorerie du syndicat,

- de soumettre au vote de l'assemblée générale, lors de sa première désignation et au moins tous les trois ans, la décision d'ouvrir ou non un compte bancaire ou postal séparé au nom du syndicat sur lequel seront versées toutes les sommes ou valeurs reçues par ce dernier. Cette décision est prise à la majorité mentionnée à l'article 25 de la présente loi. Le syndic dispose d'un délai de six mois pour exécuter la décision de l'assemblée générale lorsqu'elle a pour effet de modifier les modalités de dépôt des fonds du syndicat. Faute par le syndic de faire délibérer l'assemblée sur l'ouverture ou non d'un compte séparé dans les conditions ci-dessus définies, son mandat est nul de plein droit ; toutefois les actes qu'il aurait passés avec les tiers de bonne foi demeurent valables,

- de représenter le syndicat dans tous les actes civils et en justice dans les cas visés aux articles 15 et 16 ci-dessus, ainsi que pour la publication de l'état descriptif de division du règlement de copropriété ou des modifications apportées à ces actes, sans que soit nécessaire l'intervention de chaque copropriétaire à l'acte ou à la réquisition de publication.

Seul responsable de sa gestion, il ne peut se faire substituer. L'assemblée générale peut seule autoriser, à la majorité prévue par l'article 25, une délégation de pouvoir à une fin déterminée.

En cas d'empêchement du syndic pour quelque cause que ce soit ou en cas de carence de sa part à exercer les droits et actions du syndicat et à défaut de stipulation du règlement de copropriété, un administrateur provisoire peut être désigné par décision de justice.

- de soumettre, lors de la première désignation et au moins tous les trois ans, au vote de l'assemblée générale la décision de constituer des provisions spéciales en vue de faire face aux travaux d'entretien ou de conservation des parties communes et des éléments d'équipement commun, susceptibles d'être nécessaires dans les trois années à échoir et non encore décidés par l'assemblée générale. Cette décision est prise à la majorité mentionnée à l'article 25 de la présente loi.

Article 18-1

Pendant le délai s'écoulant entre la convocation de l'assemblée générale appelée à connaître des comptes et la tenue de celle-ci, les pièces justificatives des charges de copropriété, notamment les factures, les contrats de fourniture et d'exploitation en cours et leurs avenants ainsi que la quantité consommée et le prix unitaire ou forfaitaire de chacune des catégories de charges, sont tenues à la disposition de tous les copropriétaires par le syndic au moins un jour ouvré, selon des modalités définies par l'assemblée générale. Celle-ci peut décider que la consultation aura lieu un jour où le syndic reçoit le conseil syndical pour examiner les pièces mentionnées ci-dessus, tout copropriétaire pouvant se joindre au conseil syndical ; toutefois, tout copropriétaire ayant manifesté son opposition à cette procédure lors de l'assemblée générale pourra consulter individuellement les pièces le même jour.

Article 18-2

En cas de changement de syndic, l'ancien syndic est tenu de remettre au nouveau syndic, dans le délai d'un mois à compter de la cessation de ses fonctions, la situation de trésorerie, la totalité des fonds immédiatement disponibles et l'ensemble des documents et archives du syndicat.

Dans le délai de deux mois suivant l'expiration du délai mentionné ci-dessus, l'ancien syndic est tenu de verser au nouveau syndic le solde des fonds disponibles après apurement des comptes, et de lui fournir l'état des comptes des copropriétaires ainsi que celui des comptes du syndicat.

Après mise en demeure restée infructueuse, le syndic nouvellement désigné ou le président du conseil syndical pourra demander au juge, statuant en référé, d'ordonner sous astreinte la remise des pièces et des fonds mentionnés aux deux premiers alinéas du présent article ainsi que le versement des intérêts dus à compter du jour de la mise en demeure.

Article 19

Les créances de toute nature du syndicat à l'encontre de chaque copropriétaire sont, qu'il s'agisse de provision ou de paiement définitif, garanties par une hypothèque légale sur son lot. L'hypothèque peut être inscrite soit après mise en demeure restée infructueuse d'avoir à payer une dette devenue exigible, soit dès que le copropriétaire invoque les dispositions de l'article 33 de la présente loi.

Le syndic a qualité pour faire inscrire cette hypothèque au profit du syndicat ; il peut valablement en consentir la mainlevée et requérir la radiation, en cas d'extinction de la dette, sans intervention de l'assemblée générale.

Le copropriétaire défaillant peut, même en cas d'instance au principal, sous condition d'une offre de paiement suffisante ou d'une garantie équivalente, demander mainlevée totale ou partielle au président du tribunal de grande instance statuant comme en matière de référé.

Aucune inscription ou inscription complémentaire ne peut être requise pour des créances exigibles depuis plus de cinq ans.

Les créances visées à l'alinéa 1er bénéficient, en outre, du privilège prévu par l'article 2102-1° du code civil en faveur du bailleur. Ce privilège porte sur tout ce qui garnit les lieux, sauf si ces derniers font l'objet d'une location non meublée.

Dans ce dernier cas, il est reporté sur les loyers dus par le locataire.

Article 19-1

L'obligation de participer aux charges et aux travaux mentionnés aux articles 10 et 30 est garantie par le privilège immobilier spécial prévu par l'article 2103 du code civil.

Article 20

Lors de la mutation à titre onéreux d'un lot, et si le vendeur n'a pas présenté au notaire un certificat du syndic ayant moins d'un mois de date, attestant qu'il est libre de toute obligation à l'égard du syndicat, avis de la mutation doit être donné par le notaire au syndic de l'immeuble, par lettre recommandée avec avis de réception. Avant l'expiration d'un délai de quinze jours à compter de la réception de cet avis, le syndic peut former, au domicile élu, par acte extrajudiciaire, opposition au versement des fonds

pour obtenir le paiement des sommes restant dues par l'ancien propriétaire. Cette opposition contient élection de domicile dans le ressort du tribunal de grande instance de la situaton de l'immeuble et, à peine de nullité, énonce le montant et les causes de la créance. Les effets de l'opposition sont limités au montant ainsi énoncé.

Tout paiement ou transfert amiable ou judiciaire du prix opéré en violation des dispositions de l'alinéa précédent est inopposable au syndic ayant fait régulièrement opposition.

L'opposition régulière vaut au profit du syndicat mise en œuvre du privilège mentionné à l'article 19-1.

Le présent article entre en vigueur le 1er janvier 1995. Il s'applique aux créances nées antérieurement à son entrée en vigueur.

Article 21

Dans tout syndicat de copropriétaires, un conseil syndical assiste le syndic et contrôle sa gestion.

En outre, il donne son avis au syndic ou à l'assemblée générale sur toutes questions concernant le syndicat, pour lesquelles il est consulté et dont il se saisit lui-même. L'assemblée générale des copropriétaires statuant à la majorité de l'article 25, arrête un montant des marchés et des contrats à partir duquel la consultation du conseil syndical est rendue obligatoire.

Il peut prendre connaissance, et copie, à sa demande, et après en avoir donné avis au syndic, de toutes pièces ou documents, correspondances ou registres se rapportant à la gestion du syndic et, d'une manière générale, à l'administration de la copropriété.

Il reçoit, en outre, sur sa demande, communication de tout document intéressant le syndicat.

Les membres du conseil syndical sont désignés par l'assemblée générale parmi les copropriétaires, les associés dans le cas prévu par le premier alinéa de l'article 23 de la présente loi, les accédants ou les acquéreurs à terme mentionnés à l'article 41 de la loi n° 84-595 du 12 juillet 1984 définissant la location-accession à la propriété immobilière, leurs conjoints ou leurs représentants légaux. Lorsqu'une personne morale est nommée en qualité de membre du conseil syndical, elle peut s'y faire représenter, à défaut de son représentant légal ou statutaire, par un fondé de pouvoir spécialement habilité à cet effet.

Le syndic, son conjoint, ses ascendants ou descendants, ses préposés, même s'ils sont copropriétaires, associés ou acquéreurs à terme, ne peuvent être membres du conseil syndical. Les dispositions du présent alinéa ne sont pas applicables aux syndicat coopératifs.

Le conseil syndical élit son président parmi ses membres.

Lorsque l'assemblée générale ne parvient pas, faute de candidature ou faute pour les candidats d'obtenir la majorité requise, à la désignation des membres du conseil syndical, le procès-verbal, qui en fait explicitement mention, est notifié dans un délai d'un mois, à tous les copropriétaires.

Sauf dans le cas des syndicats coopératifs, l'assemblée générale peut décider par une délibération spéciale, à la majorité prévue par l'article 26, de ne pas instituer de conseil syndical. La décision contraire est prise à la majorité des voix de tous les copropriétaires.

A défaut de désignation par l'assemblée générale à la majorité requise, et sous réserve des dispositions de l'alinéa précédent, le juge, saisi par un ou plusieurs copropriétaires ou par le syndic, peut avec l'acceptation des intéressés, désigner les membres du conseil syndical ; il peut également constater l'impossibilité d'instituer un conseil syndical.

Article 22

Le règlement de copropriété détermine les règles de fonctionnement et les pouvoirs des assemblées générales, sous réserve des dispositions du présent article, ainsi que de celles des articles 24 à 26 ci-dessous.

Chaque copropriétaire dispose d'un nombre de voix correspondant à sa quote-part dans les parties communes. Toutefois, lorsqu'un copropriétaire possède une quote-part des parties communes supérieure à la moitié, le nombre des voix dont il dispose est réduit à la somme des voix des autres copropriétaires.

Tout copropriétaire peut déléguer son droit de vote à un mandataire que ce dernier soit ou non membre du syndicat.

Chaque mandataire ne peut recevoir plus de trois délégations de vote.

Un mandataire peut recevoir plus de trois délégations de vote si le total des voix dont il dispose lui-même et de celles de ses mandants n'excède pas 5 pour cent des voix du syndicat.

Le mandataire peut, en outre, recevoir plus de trois délégations de vote s'il participe à l'assemblée générale d'un syndicat principal et si tous ses mandants appartiennent à un même syndicat secondaire.

Le syndic, son conjoint, et ses préposés ne peuvent présider l'assemblée ni recevoir mandat pour représenter un copropriétaire.

Article 23

Lorsque plusieurs lots sont attribués à des personnes qui ont constitué une société propriétaire de ces lots, chaque associé participe néanmoins à l'assemblée du syndicat et y dispose d'un nombre de voix égal à la quote-part dans les parties communes correspondant au lot dont il a la jouissance.

En cas d'indivision ou d'usufruit d'un lot, les intéressés doivent, sauf stipulation contraire du règlement de copropriété, être représentés par un mandataire commun qui sera, à défaut d'accord, désigné par le président du tribunal de grande instance à la requête de l'un d'entre eux ou du syndic.

Article 24

Les décisions de l'assemblée générale sont prises à la majorité des voix des copropriétaires présents ou représentés, s'il n'en est autrement ordonné par la loi.

Lorsque le règlement de copropriété met à la charge de certains copropriétaires seulement les dépenses d'entretien d'une partie de l'immeuble ou celles d'entretien et de fonctionnement d'un élément d'équipement, il peut être prévu par ledit règlement que ces propriétaires seuls prennent part au vote sur les décisions qui concernent ces dépenses. chacun d'eux vote avec un nombre de voix proportionnel à sa participation aux dites dépenses.

Article 25

Ne sont adoptées qu'à la majorité des voix de tous les copropriétaires les décisions concernant :

a/ Toute délégation du pouvoir de prendre l'une des décisions visées à l'article précédent,

b/ L'autorisation donnée à certains copropriétaires d'effectuer à leurs frais des travaux affectant les parties communes ou l'aspect extérieur de l'immeuble, et conformes à la destination de celui-ci,

c/ La désignation ou la révocation du ou des syndics et des membres du conseil syndical,

d/ Les conditions auxquelles sont réalisés les actes de disposition sur les parties communes ou sur les droits accessoires à ces parties communes, lorsque ces actes résultent d'obligations légales ou réglementaires telles que celles relatives à l'établissement de cours communes, d'autres servitudes ou à la cession de droits de mitoyenneté,

e/ Les modalités de réalisation et d'exécution des travaux rendus obligatoires en vertu de dispositions législatives ou réglementaires,

f/ La modification de la répartition des charges visées à l'alinéa 1er de l'article 10 ci-dessus rendue nécessaire par un changement de l'usage d'une ou plusieurs parties privatives.

g/ A moins qu'ils ne relèvent de la majorité prévue par l'article 24, les travaux d'économie d'énergie pourtant sur l'isolation thermique du bâtiment, le renouvellement de l'air, le système de chauffage et la production d'eau chaude.

Seuls sont concernés par la présente disposition les travaux amortissables sur une période inférieure à dix ans.

La nature de ces travaux, les modalités de leur amortissement, notamment celles relatives à la possibilité d'en garantir, contractuellement, la durée, sont déterminées par décret en Conseil d'Etat, après avis du comité consultatif de l'utilisation de l'énergie,

h/ La pose dans les parties communes de canalisations, de gaines, et la réalisation des ouvrages, permettant d'assurer la mise en conformité des logements avec les normes de salubrité, de sécurité et d'équipement définies par les dispositions prises pour l'application de l'article 1er de la loi n° 67-561 du 12 juillet 1967 relative à l'amélioration de l'habitat,

i/ A moins qu'ils ne relèvent de la majorité prévue par l'article 24, les travaux d'accessibilité aux personnes handicapées à mobilité réduite, sous réserve qu'ils n'affectent pas la structure de l'immeuble ou ses éléments d'équipement essentiels,

j/ L'installation ou la modification d'une antenne collective ou d'un réseau interne à l'immeuble raccordé à un réseau câblé, établi ou autorisé en application de l'article 34 de la loi n° 86-1067 du 30 septembre 1986 relative à la liberté de communication (loi du 13 juillet 1992).

A défaut de décision prise dans les conditions de majorité prévues au présent article, une nouvelle assemblée générale statue dans les conditions prévues à l'article 24.

Article 26

Sont prises à la majorité des membres du syndicat représentant au moins les deux tiers des voix les décisions concernant :

a/ Les actes d'acquisition immobilière et les actes de disposition autres que ceux visés à l'article 25 d, b/ La modification, ou éventuellement l'établissement, du règlement de copropriété dans la mesure où il concerne la jouissance, l'usage et l'administration des parties communes,

c/ Les travaux comportant transformation, addition ou amélioration, à l'exception de ceux visés aux e, g, h, i et j de l'article 25.

L'assemblée générale ne peut, à quelque majorité que ce soit, imposer à un copropriétaire une modification à la destination de ses parties privatives ou aux modalités de leur jouissance, telles qu'elles résultent du règlement de copropriété.

Elle ne peut, sauf à l'unanimité des voix de tous les copropriétaires, décider l'aliénation des parties communes dont la conservation est nécessaire au respect de la destination de l'immeuble.

A défaut d'avoir été approuvés dans les conditions de majorité prévues au premier alinéa du présent article, les travaux d'amélioration mentionnés au c/ ci-dessus qui ont recueilli l'approbation de la majorité des membres du syndicat représentant au moins les deux tiers des voix des copropriétaires présents ou représentés peuvent être décidés par une nouvelle assemblée générale, convoquée à cet effet, qui statue à cette dernière majorité.

Article 26-1

Par dérogation aux dispositions de l'avant-dernier alinéa de l'article 26, l'assemblée générale peut décider, à la double majorité qualifiée prévue au premier alinéa dudit article, les travaux à effectuer sur les parties communes en vue d'améliorer la sécurité des personnes et des biens au moyen de dispositifs de fermeture permettant d'organiser l'accès de l'immeuble.

Article 26-2

Lorsque l'assemblée générale a décidé d'installer un dispositif de fermeture prévu à l'article 26-1, elle détermine également aux mêmes conditions de majorité, les périodes de fermeture totale de l'immeuble compatibles avec l'exercice d'une activité autorisée par le règlement de copropriété. La fermeture de l'immeuble en dehors de ces périodes ne peut être décidée qu'à l'unanimité, sauf si le dispositif de fermeture permet une ouverture à distance.

Article 27

Lorsque l'immeuble comporte plusieurs bâtiments, les copropriétaires dont les lots composent l'un ou plusieurs de ces bâtiments peuvent, réunis en assemblée spéciale, décider aux conditions de majorité prévues à l'article 25, la constitution entre eux d'un syndicat dit secondaire.

Ce syndicat a pour objet d'assurer la gestion, l'entretien et l'amélioration interne de ce ou ces bâtiments, sous réserve des droits résultant pour les autres copropriétaires des dispositions du règlement de copropriété. Cet objet peut être étendu avec l'accord de l'assemblée générale de l'ensemble des copropriétaires statuant à la majorité prévue à l'article 24.

Le syndicat secondaire est doté de la personnalité civile. Il fonctionne dans les conditions prévues par la présente loi. Il est représenté au conseil syndical du syndicat principal, s'il en existe un.

Article 28

Lorsque l'immeuble comporte plusieurs bâtiments et que la division en propriété du sol est possible, les copropriétaires dont les lots composent un ou plusieurs de ces bâtiments peuvent, réunis en assemblée spéciale et statuant à la majorité prévue à l'article 25, demander que le ou les bâtiments en question soient retirés de la copropriété initiale pour constituer une propriété séparée.

L'assemblée générale statue à la majorité prévue à l'article 25 sur la demande formulée par l'assemblée spéciale.

Le règlement de copropriété relatif à l'ensemble immobilier reste applicable jusqu'à l'établissement d'un nouveau règlement de copropriété par chacun des syndicats.

Le syndicat initial ne peut être dissous tant qu'il existe des parties communes ou des ouvrages d'intérêt commun à l'ensemble des copropriétaires, à moins qu'il ne soit pourvu d'une autre manière à l'entretien, à la gestion et, éventuellement, à l'exécution de ces ouvrages, notamment par une association syndicale de propriétaires fonciers régie par la loi du 21 juin 1865.

Le transfert de propriété de ces éléments communs peut être décidé au profit de l'organisme qui en prend la charge, par décision de l'assemblée générale statuant à la majorité prévue à l'article 25.

Article 29

Les sociétés de construction et les syndicats qui existent dans le cadre d'un même ensemble immobilier peuvent constituer entre eux des unions.

Les syndicats coopératifs de copropriété et les syndicats dont le syndic est un copropriétaire peuvent, même s'ils n'appartiennent pas au même ensemble, constituer entre eux des unions ayant pour objet de créer et gérer des services destinés à faciliter leur gestion, ainsi que la vie sociale des copropriétés.

Chaque syndicat décide, parmi les services proposés par une union, ceux dont il veut bénéficier.

Section 2

Article 29-1

Dispositions particulières aux copropriétaires en difficulté

Si l'équilibre financier du syndicat des copropriétaires est gravement compromis ou si le syndicat est dans l'impossibilité de pourvoir à la conservation de l'immeuble, le président du tribunal de grande instance statuant comme en matière de référé ou sur requête peut désigner un administrateur provisoire du syndicat. Le président du tribunal de grande instance ne peut être saisi à cette fin que par des copropriétaires représentant ensemble 15 pour cent au moins des voix du syndicat, par le syndic ou par le procureur de la République.

Le président du tribunal de grande instance charge l'administrateur provisoire de prendre les mesures nécessaires au rétablissement du fonctionnement normal de la copropriété. A cette fin, il lui confie tout ou partie des pouvoirs de l'assemblée générale des copropriétaires, à l'exception de ceux prévus aux a et b de l'article 26, du conseil syndical et, le cas échéant, du syndic. Le conseil syndical et l'assemblée générale, convoqués et présidés par l'administrateur provisoire, et le syndic continuent à exercer ceux

des autres pouvoirs qui ne seraient pas compris dans la mission de l'administrateur provisoire.

La décision désignant l'administrateur provisoire fixe la durée de sa mission. Le président du tribunal de grande instance peut à tout moment modifier la mission de l'administrateur provisoire, la prolonger ou y mettre fin.

Article 29-2

Le président du tribunal de grande instance statuant comme en matière de référé peut, pour les nécessités de l'accomplissement de la mission confiée à l'administrateur provisoire et à la demande de celui-ci, suspendre ou interdire, pour une période d'au plus six mois renouvelable une fois, toute action en justice de la part des créanciers dont la créance contractuelle a son origine antérieurement à cette décision et tendant :

- à la condamnation du syndicat débiteur au paiement d'une somme d'argent,

- à la résolution d'un contrat de fourniture d'eau, de gaz, d'électricité ou de chaleur pour défaut de paiement d'une somme d'argent. La décision de suspension ou d'interdiction provisoire des poursuites arrête toute voie d'exécution à l'encontre du syndicat et suspend les délais impartis à peine de déchéance ou de résolution des droits.

Article 29-3

Les actions en justice et les voies d'exécution autres que celles suspendues, interdites ou arrêtées dans les conditions prévues à l'article 29-2 sont poursuivies à l'encontre du syndicat après mise en cause de l'administrateur provisoire.

Article 29-4

Les dispositions de la loi n° 84-148 du 1er mars 1984 relative à la prévention et au règlement amiable des difficultés des entreprises et de la loi n° 85-98 du 25 janvier 1985 relative au redressement et à la liquidation judiciaires des entreprises ne sont pas applicables aux syndicats de copropriétaires.

CHAPITRE III
AMÉLIORATIONS, ADDITIONS DE LOCAUX PRIVATIFS ET EXERCICE DU DROIT DE SURÉLÉVATION

Article 30

L'assemblée générale des copropriétaires, statuant à la double majorité prévue à l'article 26, peut, à condition qu'elle soit conforme à la destination de l'immeuble, décider toute amélioration, telle que la transformation d'un ou plusieurs éléments d'équipement existants, l'adjonction d'éléments nouveaux, l'aménagement de locaux affectés à l'usage commun ou la création de tels locaux.

Elle fixe alors, à la même majorité, la répartition du coût des travaux et de la charge des indemnités prévues à l'article 36 ci-après, en proportion des avantages qui résulteront des travaux envisagés pour chacun des copropriétaires, sauf à tenir compte de l'accord de certains d'entre eux pour supporter une part de dépenses plus élevée.

Elle fixe, à la même majorité, la répartition des dépenses de fonctionnement, d'entretien et de remplacement des parties communes ou des éléments transformés ou créés.

Lorsque l'assemblée générale refuse l'autorisation prévue à l'article 25b, tout copropriétaire ou groupe de copropriétaires peut être autorisé par le tribunal de grande instance à exécuter, aux conditions fixées par le tribunal tous travaux d'amélioration visés à l'alinéa 1er ci-dessus, le tribunal fixe en outre les conditions dans lesquelles les autres copropriétaires pourront utiliser les installations ainsi réalisées. Lorsqu'il est possible d'en réserver l'usage à ceux des copropriétaires qui les ont exécutées, les autres copropriétaires ne pourront être autorisés à les utiliser qu'en versant leur quote-part du coût de ces installations, évalué à la date où cette faculté est exercée.

Article 31 (Abrogé)

Article 32

Sous réserve des dispositions de l'article 34, la décision prise oblige les copropriétaires à participer, dans les proportions fixées par l'assemblée, au paiement des travaux, à la charge des indemnités prévues à l'article 36, ainsi qu'aux dépenses de fonctionnement, d'administration, d'entretien et de remplacement des parties communes ou des éléments transformés ou créés.

Article 33

La part du coût des travaux, des charges financières y afférentes, et des indemnités incombant aux copropriétaires qui n'ont pas donné leur acord à la décision prise peut n'être payée que par des annuités égales au dixième de cette part. Lorsque le syndicat n'a pas contracté d'emprunt en vue de la réalisation des travaux, les charges financières dues par les copropriétaires payant par annuités sont égales au taux légal d'intérêt en matière civile.

Toutefois, les sommes visées au précédent alinéa deviennent immédiatement exigibles lors de la première mutation entre vifs du lot de l'intéressé, même si cette mutation est réalisée par voie d'apport en société.

Les dispositions qui précèdent ne sont pas applicables lorsqu'il s'agit de travaux imposés par le respect d'obligations légales ou réglementaires.

Article 34

La décision prévue à l'article 30 n'est pas opposable au copropriétaire opposant qui a, dans le délai prévu à l'article 42, alinéa 2, saisi le tribunal de grande instance en vue de faire reconnaître que l'amélioration décidée présente un caractère somptuaire eu égard à l'état, aux caractéristiques et à la destination de l'immeuble.

Article 35

La surélévation ou la construction de bâtiments aux fins de créer de nouveaux locaux à usage privatif ne peut être réalisée par les soins du syndicat que si la décision en est prise à l'unanimité de ses membres.

La décision d'aliéner aux mêmes fins le droit de surélever un bâtiment existant exige, outre la majorité prévue à l'article 26, l'accord des copropriétaires de l'étage supérieur du bâtiment à surélever et, si l'immeuble comprend plusieurs bâtiments, la confirmation par une assemblée spéciale des copropriétaires des lots composant le bâtiment à surélever statuant à la majorité indiquée ci-dessus.

Si le règlement de copropriété stipule une majorité supérieure pour prendre la décision prévue à l'alinéa précédent, cette clause ne peut être modifiée qu'à cette même majorité.

Article 36

Les copropriétaires qui subissent, par suite de l'exécution des travaux de surélévation prévus à l'article 35, un préjudice répondant aux conditions fixées à l'article 9 ont droit à une indemnité. Celle-ci, qui est à la charge de l'ensemble des copropriétaires, est répartie selon la proportion initiale des droits de chacun dans les parties communes.

Article 37

Toute convention par laquelle un propriétaire ou un tiers se réserve l'exercice de l'un des droits accessoires visés à l'article 3 autre que le droit de mitoyenneté devient caduque si ce droit n'a pas été exercé dans les dix années qui suivent ladite convention.

Si la convention est antérieure à la promulgation de la présente loi, le délai de dix ans court de ladite promulgation.

Avant l'expiration de ce délai, le syndicat peut, statuant à la majorité prévue à l'article 25, s'opposer à l'exercice de ce droit, sauf à en indemniser le titulaire dans le cas où ce dernier justifie que la réserve du droit comportait une contrepartie à sa charge.

Toute convention postérieure à la promulgation de la présente loi, et comportant réserve de l'un des droits visés ci-dessus, doit indiquer, à peine de nullité, l'importance et la consistance des locaux à construire et les modifiations que leur exécution entraînerait dans les droits et charges des copropriétaires.

CHAPITRE IV
RECONSTRUCTION

Article 38

En cas de destruction totale ou partielle, l'assemblée générale des copropriétaires dont les lots composent le bâtiment sinistré peut décider à la majorité des voix de ces copropriétaires, la reconstruction de ce bâtiment ou la remise en état de la partie endommagée. Dans le cas où la destruction affecte moins de la moitié du bâtiment, la remise en état est obligatoire si la majorité des copropriétaires sinistrés le demande. Les copropriétaires qui participent à l'entretien des bâtiments ayant subi les dommages sont tenus de participer dans les mêmes proportions et suivant les mêmes règles aux dépenses des travaux.

Article 39

En cas d'amélioration ou d'addition par rapport à l'état antérieur au sinistre, les dispositions du chapitre III sont applicables.

Article 40

Les indemnités représentatives de l'immeuble détruit sont, sous réserve des droits des créanciers inscrits, affectés par priorité à la reconstruction.

Article 41

Si la décision est prise, dans les conditions prévues à l'article 38 ci-dessus, de ne pas remettre en état le bâtiment sinistré, il est procédé à la liquidation des droits dans la copropriété et à l'indemnisation de ceux des copropriétaires dont le lot n'est pas reconstitué.

CHAPITRE V
DISPOSITIONS D'ORDRE GÉNÉRAL

Article 42

Sans préjudice de l'application des textes spéciaux fixant les délais plus courts, les actions personnelles nées de l'application de la présente loi entre les copropriétaires, ou entre un copropriétaire et le syndicat, se prescrivent par un délai de dix ans. Les actions qui ont pour objet de contester les décisions des assemblées générales doivent, à peine de déchéance être introduites par les copropriétaires opposants ou défaillants dans un délai de deux mois à compter de la notifiation des dites décisions qui leur est faite à la diligence du syndic, dans un délai de deux mois à compter de la tenue de l'assemblée générale. Sauf en cas d'urgence, l'exécution par le syndic des travaux décidés par l'assemblée générale en application des articles 25 et 26 est suspendue jusqu'à l'expiration du délai mentionné à la première phrase du présent alinéa.

En cas de modification par l'assemblée générale des bases de répartition des charges dans les cas où cette faculté lui est reconnue par la présente loi, le tribunal de grande instance, saisi par un copropriétaire, dans le délai prévu ci-dessus, d'une contestation relative à cette modification, pourra, si l'action est reconnue fondée, procéder à la nouvelle répartition. Il en est de même en ce qui concerne les répartitions votées en application de l'article 30.

Le montant de l'amende civile dont est redevable, en application de l'article 32-1 du nouveau code de procédure civile, celui qui agit en justice de manière dilatoire ou abusive est de 1 000 francs à 20 000 francs lorsque cette action a pour objet de contester une décision d'une assemblée générale concernant les travaux mentionnés au *c* de l'article 26.

Article 43

Toutes clauses contraires aux dispositions des articles 6 à 37, 42, et celles du règlement d'administration publique prises pour leur application sont réputées non écrites.

Lorsque le juge, en application de l'alinéa premier du présent article, répute non écrite une clause relative à la répartition des charges, il procède à leur nouvelle répartition.

Article 44

Les associations syndicales existantes sont autorisées à se transformer en unions de syndicats coopératifs définies à l'article 29 ci-dessus sans que cette opération entraîne création d'une nouvelle personne morale.

Article 45

Pour les copropriétés antérieures à la date d'entrée en vigueur de la présente loi, l'action en révision de la répartition des charges prévue à l'article 12 ci-dessus est ouverte pendant un délai de deux ans à compter de l'entrée en vigueur de la présente loi.

Article 46 (Abrogé)

Article 47

Un règlement d'administration publique fixera dans le délai de six mois suivant la promulgation de la loi les conditions de son application.

La présente loi est applicable dans les territoires d'outre-mer. Des règlements d'administration publique préciseront les modalités de son application dans ces territoires.

ANNEXE 5

DÉCRET DU 17 MARS 1967 MODIFIÉ PAR LE DÉCRET DU 15 FÉVRIER 1995 portant règlement d'administration publique pour l'application de la loi du 10 juillet 1965 fixant le statut de la copropriété des immeubles bâtis

Nous mettons en gras toutes les modifications apportées par le décret du 15 février 1995

SECTION I
ACTES CONCOURANT À L'ÉTABLISSEMENT ET À L'ORGANISATION DE LA COPROPRIÉTÉ D'UN IMMEUBLE BÂTI

Article 1er

Le règlement de copropriété mentionné par l'article 8 de la loi du 10 juillet 1965 susvisée comporte les stipulations relatives aux objets visés par l'alinéa 1er dudit article ainsi que l'état de répartition des charges prévu au dernier alinéa de l'article 10 de ladite loi.

Cet état définit les différentes catégories de charges et distingue celles afférentes à la conservation, à l'entretien et à l'administration de l'immeuble, celles relatives au fonctionnement et à l'entretien de chacun des éléments d'équipement communs et celles entraînées par chaque service collectif.

L'état de répartition des charges fixe, conformément aux dispositions de l'article 10 (alinéa 3) et, s'il y a lieu, de l'article 24 (alinéa 2) de la loi du 10 juillet 1965, la quote-part qui incombe à chaque lot dans chacune des catégories de charges ; à défaut, il indique les bases selon lesquelles la répartition est faite pour une ou plusieurs catégories de charges.

Article 2

Le règlement de copropriété peut également comporter :

1° L'état descriptif de division de l'immeuble, établi conformément aux dispositions de l'article 71 du décret n° 55-1350 du 14 octobre 1955,

2° La ou les conventions prévues à l'article 37 de la loi du 10 juillet 1965 et relatives à l'exercice de l'un des droits accessoires aux parties communes.

Article 3

Les règlements, états et conventions énumérés aux articles qui précèdent peuvent faire l'objet d'un acte conventionnel ou résulter d'un acte judiciaire, suivant le cas, ayant pour objet de réaliser, constater ou ordonner la division de la propriété d'un immeuble dans les conditions fixées par l'article 1er de la loi du 10 juillet 1965.

Si le règlement de copropriété comprend un état descriptif de division et les conventions visées à l'article 2 ci-dessus, il doit être rédigé de manière à éviter toute confusion entre ses différentes parties et les clauses particulières au règlement de copropriété doivent se distinguer nettement des autres.

Dans ce cas, seules les stipulations dont l'objet est précisé à l'article 1er du présent décret constituent le règlement de copropriété au sens et pour l'application de ladite loi.

Article 4

Tout acte conventionnel réalisant ou constatant le transfert de propriété d'un lot ou d'une fraction de lot, ou la constitution sur ces derniers d'un droit réel, doit mentionner expressément que l'acquéreur ou le titulaire du droit a eu préalablement connaissance, s'ils ont été publiés dans les conditions prévues par l'article 13 de la loi du 10 juillet 1965, du règlement de copropriété ainsi que des actes qui l'ont modifié, lorsqu'ils existent et ont été publiés.

Le règlement de copropriété, l'état descriptif de division et les actes qui les ont modifiés, même s'ils n'ont pas été publiés au fichier immobilier, s'imposent à l'acquéreur ou au titulaire du droit s'il est expressément constaté aux actes visés au présent article qu'il a eu préalablement connaissance et qu'il a adhéré aux obligations qui en résultent.

Article 5

Le syndic adresse, avant l'établissement de l'un des actes visés au précédent article, au notaire chargé de recevoir l'acte, à la demande de ce dernier ou à celle du copropriétaire partie à acte, un état daté qui, en vue de l'information des parties et, le cas échéant, des créanciers inscrits, indique d'une manière même approximative, pour le lot considéré, et sous réserve de l'apurement des comptes :

***a*/Les sommes qui correspondent à la quote-part du copropriétaire intéressé :**

- dans les charges dont le montant n'est pas encore liquidé ou devenu exigible à l'encontre du syndicat ;

- dans les charge qui résulteront d'une décision antérieurement prise par l'assemblée générale mais non encore exécutée :

***b*/Éventuellement, le solde des versements effectués par le copropriétaire intéressé à titre d'avance ou de provision, à quelque titre que ce soit, ainsi que les décisions de l'assemblée générale d'où résultent ces avances et provisions ;**

***c*/S'il y a lieu, le montant des sommes restant dues à un titre quelconque au syndicat et leur justification ;**

***d*/Le montant des charges afférentes au lot considéré, pour le dernier exercice approuvé et le dernier budget prévisionnel voté.»**

Article 5-1

Pour l'application des dispositions de l'article 20 de la loi du 10 juillet 1965 modifiée, il n'est tenu compte que des créances du syndicat effectivement et *exigibles* à la date de la mutation.

L'opposition éventuellement formée par le syndic doit énoncer d'une manière précise :

1° Le montant et les causes des créances du syndicat afférentes aux charges et travaux mentionnés aux articles 10 et 30 de la loi du 10 juillet 1965 de l'année courante et des deux années dernières échues ;

2° Le montant et les causes des créances du syndicat afférentes aux charges et travaux mentionnés aux articles 10 et 30 de la loi du 10 juillet 1965 des deux dernières années antérieures aux deux dernières années échues ;

3° Le montant et les causes des créances de toute nature du syndicat garanties par une hypothèse légale et non comprises dans les créances privilégiées,

visées au 1° et 2° ci-dessus ;

4° Le montant et les causes des créances de toute nature du syndicat non comprises dans les créances visées au 1°, 2° et 3° ci-dessus.

Si le lot fait l'objet d'une vente sur licitation ou sur saisie immobilière, l'avis de mutation prévu par l'article 20 de la loi du 10 juillet 1965 précitée est donné au syndic, selon le cas, soit par le notaire, soit par l'avocat du demandeur ou du créancier poursuivant ; si le lot fait l'objet d'une expropriation pour cause d'utilité publique ou de l'exercice d'un droit de préemption publique, l'avis de mutation est donné au syndic, selon le cas, soit par le notaire ou par l'expropriant, soit par le titulaire du droit de préemption ; si l'acte est reçu en la forme administrative, l'avis de mutation est donné u syndic par l'autorité qui authentifie la convention.

Art. 5-2

L'année, au sens de l'article 2103-1° *bis* du code civil, s'entend de l'année civile comptée du 1er janvier au 31 décembre.

Article 6

Tout transfert de propriété d'un lot ou d'une fraction de lot, toute constitution sur ces derniers d'un droit d'usufruit, de nue-propriété, d'usage ou d'habitation, tout transfert de l'un de ces droits est notifié, sans délai, au syndic soit par les parties, soit par le notaire qui établit l'acte, **soit par l'avocat ou** soit par l'avoué qui a obtenu la décision judiciaire, acte ou décision qui, suivant le cas, réalise, atteste, constate ce transfert ou cette constitution.

Cette notification comporte la désignation du lot ou de la fraction de lot intéressé ainsi que l'indication des nom, prénoms, domicile réel ou élu de l'acquéreur ou du titulaire de droit et, le cas échéant, du mandataire commun prévu à l'article 223 (alinéa 2) de la loi du 10 juillet 1965.

Cette notification doit être faite indépendamment de l'avis de mutation prévu à l'article 30 de la loi du 10 juillet 1965 modifiée.

Article 6-1

Le notaire, ou, selon le cas, l'une des personnes mentionnées au dernier alinéa de l'article 5-1, informe les créanciers inscrits à l'opposition formée par le syndic et, sur leur demande, leur en adresse copie.

SECTION II
LES ASSEMBLÉES GÉNÉRALES DE COPROPRIÉTAIRES

Article 7

Dans tout syndicat de copropriété, il est tenu, au moins une fois chaque année, une assemblée générale des copropriétaires.

Sous réserve des dispositions prévues aux articles 8 (alinéas 2 et 3), 47 et 50 du présent décret, l'assemblée générale est convoquée par le syndic.

Article 8

La convocation de l'assemblée est de droit lorsqu'elle est demandée au syndic soit par le conseil syndical, s'il en existe un, soit par un ou plusieurs copropriétaires représentant au moins un quart des voix de tous les copropriétaires, à moins que le règlement de copropriété ne prévoie un nombre inférieur de voix. La demande, qui est notifiée au syndic, précise les questions dont l'inscription à l'ordre du jour de l'assemblée est demandée.

Dans les cas prévus au précédent alinéa, l'assemblée générale des copropriétaires est valablement convoquée par le président du conseil syndical, s'il en existe un, après mise en demeure au syndic restée infructueuse, pendant plus de huit jours.

Dans les mêmes cas, s'il existe pas de conseil syndical ou si les membres de ce conseil n'ont pas été désignés ou si le président de ce conseil ne procède pas à la convocation de l'assemblée, tout copropriétaire peut alors provoquer ladite convocation dans les conditions prévues à l'article 50 du présent décret.

Lorsque l'assemblée est convoquée en application du présent article, la convocation est notifiée au syndic.

Article 9

La convocation contient l'indication des lieu, date et heure de la réunion, ainsi que l'ordre du jour qui précise chacune des questions soumises à la délibération de l'assemblée. A défaut de stipulation du règlement de copropriété ou de décision de l'assemblée générale, la personne qui convoque l'assemblée fixe le lieu et l'heure de la réunion.

La convocation rappelle les modalités de consultation des pièces justificatives des charges telles qu'elles ont été arrêtées par l'assemblée générale en application de l'article 18-1 de la loi du 10 juillet 1965.

Sauf urgence, cette convocation est notifiée au moins quinze jours avant la date de la réunion, à moins que le règlement de copropriété n'ait prévu un délai plus long.

Sous réserve des stipulations du règlement de copropriété, l'assemblée générale est réunie dans la commune de la situation de l'immeuble.

Article 10

Dans les six jours de la convocation, un ou plusieurs copropriétaires ou le conseil syndical, s'il en existe un, notifient à la personne qui a convoqué l'assemblée les questions dont ils demandent l'inscription à l'ordre du jour. Ladite personne notifie aux membres de l'assemblée générale un état de ces questions cinq jours au moins avant la date de cette réunion.

Article 11

Sont notifiés au plus tard en même temps que l'ordre du jour :

1° Lorsque l'assemblée est appelée à approuver les comptes, le compte des recettes et des dépenses de l'exercice écoulé, un état des dettes et des créances et la situation de trésorerie, ainsi que, s'il existe un compte bancaire ou postal séparé, le montant du solde de ce compte,

2° Le budget prévisionnel accompagné des documents prévus au 1° ci-dessus, lorsque l'assemblée est appelée à voter les crédits du prochain exercice,

3° Le projet de règlement de copropriété, de l'état descriptif de division, de l'état de répartition des charges ou le projet de modification desdits actes, lorsque l'assemblée est appelée, suivant le cas, à établir ou à notifier ces actes, notamment s'il est fait application des articles 11 (alinéas 1er et 2), 25f, 26b, 27, 28 et 30 (alinéa 3) de la loi du 10 juillet 1965,

4° Les conditions essentielles du contrat proposé, lorsque l'assemblée est appelée à approuver ou à autoriser une transaction, un devis ou un marché pour la réalisation de travaux ou l'un des contrats visés aux articles 25 d et 26 a de la loi du 10 juillet 1965 et aux articles 29 et 39 du présent décret,

5° Le projet de résolution lorsque l'assemblée est appelée à statuer sur l'une des questions visées aux articles 18 (4e tiret de l'alinéa 1 et alinéa 2), 25 a et b (alinéas 1er et 2), 35 et 37 (alinéas 3 et 4) et 39 de la loi du 10 juillet 1965 et à autoriser, s'il y a lieu, le syndic à introduire une demande en justice,

6° L'avis rendu par le conseil syndical lorsque sa consultation est obligatoire, en application du deuxième alinéa de l'article 21 de la loi du 10 juillet 1965.

7° Les conclusions du rapport de l'administrateur provisoire lorsqu'il en a été désigné un par le président du tribunal de grande instance en application des dispositions de l'article 29-1 de la loi du 10 juillet 1965 précitée et si l'assemblée est appelée à statuer sur une question dont la mention à l'ordre du jour résulte de ces conclusions.

Article 12

Pour l'application de l'article 23 de la loi du 10 juillet 1965, chacun des associés reçoit notification des convocations ainsi que des documents visés au précédent article et il participe aux assemblées générales du syndicat dans les mêmes conditions que les copropriétaires.

A cet effet, le représentant légal de la société est tenu de communiquer, sans frais, au syndic ainsi que, le cas échéant, à toute personne habilitée à convoquer l'assemblée et à la demande de ces derniers, les nom et domicile, réel ou élu, de chacun des associés. Il doit immédiatement informer le syndic de toute modification des renseignements ainsi communiqués.

A l'égard du syndicat, la qualité d'associé résulte suffisamment de la communication faite en application de l'alinéa qui précède.

La convocation de l'assemblée générale des copropriétaires est également notifiée au représentant légal de la société visée audit article 23 (alinéa 1er) ; ce dernier peut assister à la réunion avec voix consultative.

Article 13

L'assemblée ne délibère valablement que sur les questions inscrites à l'ordre du jour et dans la mesure où les notifications ont été faites conformément aux dispositions des articles 9 à 11 du présent décret.

Article 14

Il est tenu une feuille de présence qui indique les nom et domicile de chaque copropriétaire ou associé, et, le cas échéant, de son mandataire, ainsi que le nombre de voix dont il dispose, compte tenu, s'il y a lieu, des dispositions de l'article 22 (alinéa 2 et 3) modifié et de l'article 24 (alinéa 2) de la loi du 10 juillet 1965.

Cette feuille est émargée par chaque copropriétaire ou associé présent, ou par son mandataire. Elle est certifiée exacte par le président de l'assemblée.

Article 15

Au début de chaque réunion, l'assemblée générale désigne, sous réserve des dispositions de l'article 50 (alinéa 1er) du présent décret, son président et, le cas échéant, son bureau.

Le syndic assure le secrétariat de la séance, sauf décision contraire de l'assemblée générale.

Article 16

Les majorités de voix exigées par les dispositions de la loi du 10 juillet 1965 pour le vote des décisions de l'assemblée générale et le nombre de voix prévu à l'article 8 (alinéa 1er) du présent décret sont calculés en tenant compte de la réduction résultant, s'il y a lieu, de l'application du deuxième alinéa de l'article 22 modifié de ladite loi.

Article 17

Il est établi un procès-verbal des délibérations de chaque assemblée, qui est signé par le président, par le secrétaire et par les membres du bureau s'il en a été constitué un.

Le procès-verbal comporte le texte de chaque délibération. Il indique le résultat de chaque vote et précise les noms des copropriétaires ou associés qui se sont opposés à la décision de l'assemblée, de ceux qui n'ont pas pris part au vote et de ceux qui se sont abstenus.

Sur la demande d'un ou plusieurs copropriétaires ou associés opposants, le procès-verbal mentionne les réserves éventuellement formulées par eux sur la régularité des délibérations.

Les procès-verbaux des séances sont inscrits, à la suite les uns des autres, sur un registre spécialement ouvert à cet effet.

Article 18

Le délai prévu à l'article 42 (alinéa 2) de la loi du 10 juillet 1965 pour contester les décisions de l'assemblée générale court à compter de la notification de la décision à chacun des copropriétaires opposants ou défaillants. Dans le cas prévu à l'article 23 (alinéa 1er) de la loi du 10 juillet 1965, cette notification est adressée au représentant légal de la société lorsqu'un ou plusieurs associés se sont opposés ou ont été défaillants.

La notification ci-dessus prévue doit mentionner les résultats du vote et reproduire le texte de l'article 42 (alinéa 2) de ladite loi.

En outre, dans le cas prévu à l'article 23 (alinéa 1er) de la loi du 10 juillet 1965, un extrait du procès-verbal de l'assemblée est notifié au représentant légal de la société propriétaire de lots s'il n'a pas assisté à la réunion.

Article 19

Dans le cas prévu par l'article 25 (dernier alinéa) de la loi du 10 juillet 1965, lorsqu'à défaut de décision prise à la majorité définie audit article 25, une nouvelle assemblée générale doit être réunie pour statuer dans les conditions de majorité prévues par l'article 24 de la loi, et si l'ordre du jour de cette nouvelle assemblée ne porte que sur des questions déjà inscrites à l'ordre du jour de la précédente assemblée, le délai de convocation peut être réduit à 8 jours et les notifications prévues à l'article 11 ci-dessus n'ont pas à être renouvelées.

Article 19-1

Lorsqu'un projet de résolution relatif à des travaux d'amélioration prévus au *c* de l'article 26 de la loi du 10 juillet 1965 a recueilli le vote favorable de la majorité des membres du syndicat représentant au moins les deux tiers des voix des copropriétaires présents ou représentés, une nouvelle assemblée générale des copropriétaires doit être convoquée par le syndic en application du dernier alinéa de l'article 26 de cette même loi. Les notifications prévues à l'article 11 du présent décret n'ont pas à être renouvelées si l'ordre du jour de cette nouvelle assemblée ne porte que sur des questions déjà inscrites à l'ordre du jour de cette nouvelle assemblée ne porte que sur des questions déjà inscrites à l'ordre du jour de la précédente assemblée.

La convocation à cette nouvelle assemblée doit mentionner que les décisions

portant sur des travaux d'amélioration prévus au *c* de l'article 26 de la loi du 10 juillet 1965 pourront être prises à la majorité des membres du syndicat représentant au moins les deux tiers des voix des copropriétaires présents ou représentés à cette nouvelle assemblée générale.

Article 20

Une délégation de pouvoir donnée, en application de l'article 25 a de la loi du 10 juillet 1965, par l'assemblée générale au syndic, au conseil syndical ou à toute autre personne ne peut porter que sur un acte ou une décision expressément déterminés.

Elle peut toutefois autoriser son bénéficiaire à décider de certaines dépenses jusqu'à un montant dont la délégation fixe le maximum.

Elle ne peut, en aucun cas, priver l'assemblée générale de son pouvoir de contrôle sur l'administration de l'immeuble et la gestion du syndic.

Il sera rendu compte à l'assemblée de l'exécution de la délégation.

SECTION III
LE CONSEIL SYNDICAL

Article 22

A moins que le règlement de copropriété n'ait fixé les règles relatives à l'organisation et au fonctionnement du conseil syndical, ces règles sont fixées ou modifiées dans les conditions de majorité prévues à l'article 25 de la loi du 10 juillet 1965 par l'assemblée générale qui désigne les membres du conseil syndical.

Le mandat des membres du conseil syndical ne peut excéder trois années renouvelables.

Pour assurer la représentation prévue au dernier alinéa de l'article 27 de la loi du 10 juillet 1965, il est tenu compte, en cas de constitution d'un ou plusieurs syndicats secondaires, des dispositions de l'article 24 ci-après pour fixer le nombre des membres du conseil syndical du syndicat principal. Chaque syndicat secondaire dispose de plein droit d'un siège au moins à ce conseil.

Article 23
Supprimé

Article 24

Lorsqu'il existe un ou plusieurs syndicats secondaires, la représentation au conseil syndical du syndicat principal attribuée à un syndicat secondaire est proportionnelle à l'importance du ou des lots qui constituent ce syndicat secondaire par rapport à celle de l'ensemble des lots qui composent le syndicat principal.

Le ou les copropriétaires du ou des lots qui ne sont pas constitués en syndicat secondaire disposent ensemble, s'il y a lieu, des autres sièges au conseil syndical du syndicat principal.

En l'absence de stipulation particulière du règlement de copropriété du syndicat principal, les copropriétaires désignent leurs représentants au conseil syndical secondaire, dans le cas prévu à l'alinéa précédent.

Article 25

Un ou plusieurs membres suppléants peuvent être désignés dans les mêmes conditions que les membres titulaires. En cas de cessation définitive des fonctions du membre titulaire, ils siègent au conseil syndical, à mesure des vacances, dans l'ordre de leur élection s'il y en a plusieurs, et jusqu'à la date d'expiration du mandat du membre titulaire qu'ils remplacent.

Dans tous les cas, le conseil syndical n'est plus régulièrement constitué si plus d'un quart des sièges devient vacant pour quelque cause que ce soit.

Article 26

Le conseil syndical contrôle la gestion du syndic, notamment la comptabilité du syndicat, la répartition des dépenses, les conditions dans lesquelles sont passés et exécutés les marchés et tous autres contrats, ainsi que l'élaboration du budget prévisionnel dont il suit l'exécution.

Il peut recevoir d'autres missions ou délégations de l'assemblée générale dans les conditions prévues à l'article 25a de la loi du 10 juillet 1965 et à l'article 21 du présent décret.

Un ou plusieurs membres du conseil syndical, habilités à cet effet par ce dernier, peuvent prendre connaissance et copie au bureau du syndic, ou au lieu arrêté en accord avec lui, des diverses catégories de documents mentionnés au troisième alinéa de l'article 21, de la loi du 10 juillet 1965.

Article 27

Les fonctions de président et de membre du conseil syndical ne donnent pas lieu à rémunération.

Le conseil syndical peut se faire assister par tout technicien de son choix.

Les honoraires de ces techniciens ainsi que les frais nécessités par le fonctionnement du conseil syndical constituent des dépenses d'administration. Ils sont payés par le syndic dans les conditions fixées par le règlement de copropriété éventuellement modifié ou complété par la décision de l'assemblée générale visée à l'article 22 du présent décret.

SECTION IV
LE SYNDIC

Article 28

Sous réserve des dispositions de l'article L. 443-15-1 du Code de l'habitation et de la construction et des stipulations particulières du règlement de copropriété, les fonctions de syndic peuvent être assumées par toute personne physique ou morale.

En dehors de l'hypothèse prévue par l'article L. 443-15-1 précité, la durée des fonctions de syndic ne peut excéder trois années. Toutefois, pendant le délai prévu à l'article 1792 du Code civil, elle ne peut dépasser une année lorsque le syndic, son conjoint, leurs commettants ou employeurs, leurs préposés, leurs parents ou alliés jusqu'au troisième degré inclus, ont, directement ou indirectement, à quelque titre que ce soit, même par personne interposée, participé à la construction de l'immeuble.

L'assemblée générale peut renouveler les fonctions du syndic dans les conditions fixées à l'article 25 de la loi du 10 juillet 1965, pour les durées prévues à l'alinéa précédent.

Article 29

Les conditions de la rémunération du syndic sous réserve, le cas échéant, de la réglementation y afférente ainsi que les modalités particulières d'exécution de son mandat sont fixées, dans le cadre de la loi du 10 juillet 1965 et du présent décret, par l'assemblée générale, à la majorité prévue par l'article 24 de cette loi.

La décision d'ouvrir un compte séparé est prise dans les conditions de majorité prévues à l'article 25 de la même loi.

Article 30

A l'occasion de l'exécution de sa mission, le syndic peut se faire représenter par l'un de ses préposés.

Article 31

Le syndic engage et congédie le personnel du syndicat et fixe les conditions de son travail suivant les usages locaux et les textes en vigueur.

L'assemblée générale a seule qualité pour fixer le nombre et la catégorie des emplois.

Article 32

Le syndic établit et tient à jour une liste de tous les copropriétaires avec l'indication des lots qui leur appartiennent, ainsi que de tous les titulaires des droits visés à l'article 6 ci-dessus ; il mentionne leur état civil ainsi que leur domicile réel ou élu.

Article 33

Le syndic détient les archives du syndicat, notamment une expédition ou une copie des actes énumérés aux articles 1er à 3 ci-dessus, ainsi que toutes conventions, pièces, correspondances, tous plans, registres, documents et toutes décisions de justice relatifs à l'immeuble et au syndicat.

Il détient, en particulier, les registres contenant les procès-verbaux des assemblées générales des copropriétaires et les pièces annexes.

Il délivre des copies ou extraits, qu'il certifie conformes, de ces procès-verbaux.

Article 34

L'action visée au troisième alinéa de l'article 18-2 de la loi du 10 juillet 1965 peut être introduite après mise en demeure effectuée dans les formes prévues par l'article 63 du présent décret ou par acte d'huissier de justice, adressée à l'ancien syndic et restée infructueuse pendant un délai de huit jours. Elle est portée devant le président du tribunal de grande instance du lieu de situation de l'immeuble.

Article 35

Le syndic peut exiger le versement :

1° De l'avance de trésorerie permanente prévue au règlement de copropriété ;

2° Au début de chaque exercice, d'une provision qui, sous réserve des stipulations du règlement de copropriété ou, à défaut, des décisions de l'assemblée générale, ne peut excéder, soit le quart du budget prévisionnel voté pour l'exercice considéré, soit la moitié de ce budget si le règlement de copropriété ne prévoit pas le versement d'une avance de trésorerie permanente ;

3° En cours d'exercice, soit une somme correspondant au remboursement des dépenses régulièrement engagées et effectivement acquittées, soit de provisions trimestrielles qui ne peuvent chacune excéder le quart du budget prévisionnel pour l'exercice considéré ;

4° De provisions spéciales destinées à permettre l'exécution de décisions de l'assemblée générale, comme celles de procéder à la réalisation des travaux prévus aux chapitres III et IV de la loi du 10 juillet 1965, dans les conditions fixées par décisions de ladite assemblée.

L'assemblée générale décide, s'il y a lieu, du mode de placement des fonds ainsi recueillis.

5° De provisions spéciales éventuellement décidées par l'assemblée générale en application de l'article 18 de la loi du 10 juillet 1965 modifiée en vue de faire face aux travaux d'entretien et de conservation des parties communes des éléments d'équipement commun susceptibles d'être nécessaires dans les trois années à échoir et non encore décidés.

Article 36

Sauf stipulation contraire du règlement de copropriété, les sommes dues au titre du précédent article portent intérêt au profit du syndicat. Cet intérêt, fixé au taux légal en matière civile, est dû à compter de la mise en demeure adressée par le syndic au copropriétaire défaillant.

Article 37

Lorsqu'en cas d'urgence le syndic fait procéder, de sa propre initiative, à l'exécution de travaux nécessaires à la sauvegarde de l'immeuble, il en informe les copropriétaires et convoque immédiatement une assemblée générale.

Par dérogation aux dispositions de l'article 35 ci-dessus, il peut, dans ce cas, en vue de l'ouverture du chantier et de son premier approvisionnement, demander, sans délibération préalable de l'assemblée générale mais après avoir pris l'avis du conseil syndical, s'il en existe un, le versement d'une provision qui ne peut excéder le tiers du montant du devis estimatif des travaux.

Article 38

Dans le cas où l'immeuble est administré par un syndic qui n'est pas soumis aux dispositions (Décret n° 73-748 du 26 juillet 1973) de la loi n° 70-9 du 2 janvier 1970 et des textes pris pour son application, toutes sommes ou valeurs reçues au nom et pour le compte du syndicat doivent être versées sans délai à un compte bancaire ou postal ouvert au nom du syndicat. Le règlement de copropriété ou une décision de l'assemblée générale peut, le cas échéant, dans les conditions et sous réserve des garanties qu'il détermine, fixer le montant maximal des fonds que le syndic peut être autorisé à ne pas verser à ce compte.

Article 39

Toute convention entre le syndicat et le syndic, ses préposés, parents ou alliés jusqu'au troisième degré inclus, ou ceux de son conjoint au même degré, doit être spécialement autorisée par une décision de l'assemblée générale.

Il en est de même des conventions entre le syndicat et une entreprise dont les personnes ci-dessus visées sont propriétaires ou associés, ou dans lesquelles elles exercent les fonctions de gérant, d'administrateur ou de directeur, de salarié ou de préposé.

SECTION V
DISPOSITIONS PARTICULIÈRES AUX SYNDICATS COOPÉRATIFS

Article 40

Outre les dispositions de la loi du 10 juillet 1965, les syndicats coopératifs de copropriétaires, dont la création est prévue à l'article 14 (alinéa 2) de cette loi, sont régis par les dispositions de la présente loi et celles non contraires du présent décret.

Il en est ainsi pour les syndicats de copropriétaires pour lesquels le règlement de copropriété initial ou une délibération de l'assemblée générale prise dans les conditions fixées à l'article 26 de la loi du 10 juillet 1965 a expressément adopté la forme de syndicat coopératif.

Article 41

Dans un syndicat coopératif, le syndic est élu par le conseil syndical, à la majorité des membres qui le constituent, et il est choisi parmi eux. Il exerce, de plein droit, les fonctions de président du conseil syndical.

En outre, le conseil peut élire, dans les mêmes conditions, un vice-président qui supplée le syndic en cas d'empêchement de celui-ci.

Ils sont l'un et l'autre révocables dans les mêmes conditions.

En aucun cas, le syndic et le vice-président ne peuvent conserver ces fonctions après l'expiration de leur mandat de membre du conseil syndical.

Article 42

Le syndic et le conseil syndical peuvent se faire assister par tout technicien de leur choix dans les conditions prévues à l'article 27 ci-dessus.

La mission d'un technicien choisi par le syndic ne peut excéder la durée des fonctions de ce dernier, sauf renouvellement de ladite mission.

SECTION VI
LES UNIONS DE SYNDICATS DE COPROPRIÉTAIRES

Article 43

Les unions de syndicats de copropriétaires, visées au premier alinéa de l'article 29 de la loi du 10 juillet 1965, sont des groupements dont l'objet est d'assurer la création, la gestion et l'entretien d'éléments d'équipements communs à plusieurs syndicats, ainsi que la satisfaction d'intérêts communs audits syndicats. Ces unions, ainsi que celles qui sont constituées en application du deuxième alinéa de l'article 29 de la même loi, peuvent être propriétaires des biens nécessaires à leur objet. Les statuts de l'union déterminent les conditions de son fonctionnement sous réserve des dispositions de la présente section.

Les unions mentionnées au premier alinéa de l'article 29 de la loi du 10 juillet 1965 précitée peuvent recevoir l'adhésion de sociétés immobilières et de tous autres propriétaires dont les immeubles sont contigus ou voisins de ceux de ses membres.

Article 44

L'adhésion à une union est décidée par l'assemblée générale de chaque syndicat, à la majorité fixée par l'article 26 de la loi du 10 juillet 1965.

L'assemblée générale de l'union est constituée par les syndics des syndicats, les représentants légaux des sociétés et les propriétaires qui ont adhéré à l'union.

Les syndics participent à l'assemblée générale de l'union en qualité de mandataire du ou des syndicats qu'ils représentent.

Article 45

Les syndicats coopératifs visés à l'article 14 (alinéa 2) de la loi du 10 juillet 1965 peuvent adhérer à des unions coopératives auxquelles s'appliquent les dispositions de la présente section.

Des syndicats non coopératifs peuvent adhérer à des unions coopératives, avec l'accord de ces dernières, sans perdre de plein droit leur forme initiale.

SECTION VII
PROCÉDURE

Sous-section 1 - Dispositions générales

Article 46

A défaut de nomination du syndic par l'assemblée des copropriétaires dûment convoqués à cet effet, le président du tribunal de grande instance désigne le syndic par ordonnance sur requête d'un ou plusieurs copropriétaires ou sur requête d'un ou plusieurs membres du conseil syndical.

La même ordonnance fixe la mission du syndic et, sous réserve des dispositions du dernier alinéa du présent article, la durée de celle-ci ; la durée de cette mission peut être prorogée et il peut y être mis fin suivant la même procédure.

Indépendamment de missions particulières qui peuvent lui être confiées par l'ordonnance visée à l'alinéa 1er du présent article, le syndic ainsi désigné administre la copropriété dans les conditions prévues par les articles 18, 18-1 et 18-2 de la loi susvisée du 10 juillet 1965 et par le présent décret. Il doit notamment convoquer l'assemblée générale en vue de la désignation d'un syndic deux mois avant la fin de ses fonctions.

La mission du syndic désigné par le président du tribunal cesse de plein droit à compter de l'acceptation de son mandat par le syndic désigné par l'assemblée générale.

Article 47

Dans tous les cas, autres que celui prévu par le précédent article, où le syndicat est dépourvu de syndic, le président du tribunal de grande instance statuant par ordonnance sur requête, à la demande de tout intéressé, désigne un administrateur provisoire de la copropriété qui est notamment chargé, dans les délais fixés par l'ordonnance, de se faire remettre les fonds et l'ensemble des documents et archives du syndicat et sous réserve de l'application des dispositions de l'article 9 ci-dessus, de convoquer l'assemblée générale en vue de la désignation d'un syndic.

Les fonctions de cet administrateur provisoire cessent de plein droit à compter de l'acceptation de son mandat par le syndic désigné par l'assemblée générale.

Article 48

A défaut de désignation dans les conditions prévues par les articles 21 de la loi du 10 juillet 1965 et au troisième alinéa de l'article 24 du présent décret, le président du tribunal de grande instance, sur requête du syndic ou d'un ou plusieurs copropriétaires, désigne par ordonnance les membres du conseil syndical.

S'il s'agit de désigner les membres du conseil syndical du syndicat principal, la requête peut être présentée aussi bien par le syndic du syndicat principal que par celui du syndicat secondaire.

L'ordonnance qui désigne les membres du conseil syndical fixe la durée de leurs fonctions.

Ces fonctions cessent de plein droit à compter de l'acceptation de leur mandat par les membres du conseil syndical désignés par l'assemblée générale.

Article 49

Sous réserve des dispositions des articles 8 et 50 du présent décret, dans les cas d'empêchement ou de carence du syndic visés à l'article 18 (alinéa 3) de la loi du 10 juillet 1965, le syndic en fonction peut être assigné par tout intéressé devant le président du tribunal de grande instance statuant en matière de référé en vue de la désignation d'un administrateur provisoire de la copropriété.

L'ordonnance fixe la durée de la mission de l'administrateur provisoire ; sauf si cette ordonnance la limite expressément à un ou plusieurs objets, la mission ainsi confiée est celle qui est définie par l'article 18 de la loi susvisée du 10 juillet 1965 et par le présent décret.

Sauf s'il y a urgence à faire procéder à l'exécution de certains travaux nécessaires à la sauvegarde de l'immeuble et au fonctionnement des services d'équipement commun, la demande ne sera recevable que s'il est justifié d'une mise en demeure adressée au syndic et demeurée infructueuse pendant plus de huit jours.

Article 50

Dans l'hypothèse prévue à l'article 8 (3e alinéa) ci-dessus, le président du tribunal de grande instance, statuant en matière de référé, peut, à la requête de tout copropriétaire, habiliter un copropriétaire ou un mandataire de justice à l'effet de convoquer l'assemblée générale. Dans ce cas, il peut charger ce mandataire de présider l'assemblée.

Une mise en demeure, restée infructueuse pendant plus de huit jours, faite au syndic et, le cas échéant, au président du conseil syndical, doit précéder l'assignation à peine d'irrecevabilité. Celle-ci est délivrée au syndic et, le cas échéant, au président du conseil syndical.

Article 51

Copie de toute assignation délivrée par un copropriétaire qui, en vertu de l'article 15 (alinéa 2) de la loi du 10 juillet 1965, exerce seul les actions concernant la propriété ou la jouissance de son lot, est adressée par l'huissier au syndic par lettre recommandée avec demande d'avis de réception.

Article 52

L'action en justice visée à l'article 12 de la loi du 10 juillet 1965 est intentée à l'encontre du syndicat lorsqu'elle est fondée sur le fait que la part, dans l'une ou l'autre des catégories de charges, incombant au lot du demandeur est supérieure de plus d'un quart à celle qui résulterait d'une répartition conforme à l'article 10 de cette loi.

Article 53

Si la part d'un propriétaire est inférieure de plus d'un quart, dans l'une ou l'autre des catégories de charges, à celle qui résulterait d'une répartition conforme aux dispositions de l'article 10 de la loi du 10 juillet 1965, l'action en justice visée à l'article 12 de ladite loi est intentée à l'encontre de ce copropriétaire.

A peine d'irrecevabilité de l'action, le syndicat est appelé en cause.

Article 54

Chaque fois qu'une action en justice intentée contre le syndicat a pour objet ou peut avoir pour conséquence une révision de la répartition des charges, et indépendamment du droit pour tout copropriétaire d'intervenir personnellement dans l'instance, le syndic ou tout copropriétaire peut, s'il existe des oppositions d'intérêts entre les copropriétaires qui ne sont pas demandeurs, présenter requête au président du tribunal de grande instance en vue de la désignation d'un mandataire ad hoc.

Dans ce cas, la signification des actes de procédure est valablement faite aux copropriétaires intervenants ainsi qu'au mandataire ad hoc.

Article 55

Le syndic ne peut agir en justice au nom du syndicat sans y avoir été autorisé par une décision de l'assemblée générale.

Une telle autorisation n'est pas nécessaire pour les actions en recouvrement de créance, la mise en œuvre des voies d'exécution forcée à l'exception de la saisie en vue de la vente d'un lot, les mesures conservatoires et les demandes qui relèvent des pouvoirs du juge des référés, ainsi que pour défendre aux actions intentées contre le syndicat.

Dans tous les cas, le syndic rend compte à la prochaine assemblée générale de ses actions.

Article 56

Tout intéressé peut demander au président du tribunal de grande instance, statuant sur requête, de désigner un mandataire *ad hoc* pour

ester en justice au nom du syndicat lorsque celui-ci est partie dans une instance relative à l'exécution de la construction de l'immeuble, aux garanties dues aux responsabilités encourues à cette occasion, si le syndic, son conjoint, leurs commettants ou employeurs, leurs préposés, leurs parents ou alliés jusqu'au troisième degré inclus ont, directement ou indirectement, à quelque titre que ce soit, même par personne interposée, participé à ladite construction.

Article 57 - Abrogé.

Article 58

Les dispositions des articles 819, 821, 824 et 825 du Code de procédure civile sont applicables au recouvrement des créances visées à l'article 19 (alinéa 1er) de la loi du 10 juillet 1965 et à l'article 55 du présent décret.

Article 59

A l'occasion de tous litiges dont est saisie une juridiction et qui concernent le fonctionnement d'un syndicat ou dans lesquels le syndicat est partie, le syndic avise chaque copropriétaire de l'existence et de l'objet de l'instance.

Les actes de procédure concernant le syndicat des copropriétaires sont régulièrement signifiés, suivant les cas, au syndic ou à la requête de celui-ci.

Dans les cas prévus aux articles 46 à 48 ci-dessus, l'ordonnance est notifiée dans le mois de son prononcé, par le syndic ou l'administrateur provisoire désigné, à tous les copropriétaires qui peuvent en référer au président du tribunal de grande instance dans les quinze jours de cette notification.

Article 60

Nonobstant toutes dispositions contraires, toute demande formée par le syndicat à l'encontre d'un ou plusieurs copropriétaires, suivant la procédure d'injonction de payer, est portée devant la juridiction du lieu de la situation de l'immeuble.

Article 61

Pour l'application de l'article 23 (alinéa 2) de la loi du 10 juillet 1965, le président du tribunal de grande instance statue, par ordonnance sur requête, lorsqu'en cas d'indivision ou d'usufruit la désignation d'un mandataire commun est demandée en justice.

Article 62

Tous les litiges nés de l'application de la loi du 10 juillet 1965 et du présent décret sont de la compétence de la juridiction du lieu de la situation de l'immeuble.

Sous-section 2
Dispositions particulières aux copropriétés en difficulté

Article 62-1
La demande tendant à la désignation d'un administrateur provisoire du syndicat est portée devant le président du tribunal de grande instance du lieu de situation de l'immeuble.

Article 62-2
Lorsque la demande émane de copropriétaires représentant ensemble 15 p. 100 au moins des voix du syndicat, le président du tribunal de grande instance est saisi par la voie d'une assignation dirigée contre le syndicat représenté par le syndic.

Lorsque la demande émane du syndic, le président du tribunal de grande instance est saisi par la voie d'une requête accompagnée des pièces de nature à justifier de la demande. L'autorisation prévue à l'alinéa 1er de l'article 55 du présent décret n'est pas dans ce cas nécessaire.

Lorsque la demande émane du procureur de la République, il présente au président du tribunal de grande instance une requête indiquant les faits de nature à motiver cette demande. Le président du tribunal, par les soins du greffier, fait convoquer le syndicat représenté par le syndic, par acte d'huissier de justice, à comparaître dans le délai qu'il fixe. À cette convocation est jointe la requête du procureur de la République.

Article 62-3
Toute demande tendant à la désignation d'un administrateur provisoire du syndicat est communiquée au procureur de la République, qui est avisé, s'il y a lieu, de la date de l'audience.

Article 62-4
À effet de charger l'administrateur provisoire de prendre les mesures nécessaires au rétablissement du fonctionnement normal de la copropriété, notamment de définir les pouvoirs dont l'exercice est confié à celui-ci, le président du tribunal de grande instance peut ordonner toutes les mesures d'instruction légalement admises. Il peut entendre le président du conseil syndical.

Article 62-5
L'ordonnance qui désigne l'administrateur provisoire fixe la durée de sa mission et l'étendue de ses pouvoirs par rapport à ceux qui sont, notamment, maintenus au syndic.

L'ordonnance est portée à la connaissance des copropriétaires dans le mois de son prononcé, à l'initiative du syndic ou de l'administrateur provisoire désigné, soit par remise contre émargement, soit par lettre recommandée avec demande d'avis de réception.

Cette communication reproduit soit le texte de l'article 490 du nouveau code de procédure civile s'il s'agit d'une ordonnance du président statuant comme en matière de référé, soit le texte de l'article 496 du même code s'il s'agit d'une ordonnance sur requête.

Article 62-6
Le syndic transmet à l'administrateur provisoire désigné un exemplaire de

la liste des copropriétaires et des titulaires de droits mentionnée à l'article 32 du présent décret et lui communique, à sa demande, tout document nécessaire à l'accomplissement de sa mission.

Article 62-7

Lorsque l'administrateur provisoire est investi par le président du tribunal de grande instance de tout ou partie des pouvoirs de l'assemblée générale, il doit avant de pendre à ce titre les décisions qui lui paraissent nécessaires à l'accomplissement de sa mission, sauf urgence, recueillir l'avis du conseil syndical.

Il peut aussi convoquer les copropriétaires pour les informer et les entendre.

À ces occasions, il doit préciser le mode de financement pour la mise en œuvre de la ou les décisions envisagées.

Article 62-8

Les décisions prises par l'administrateur provisoire sont mentionnées, à leur date, sur le registre des délibérations prévu à l'article 17 du présent décret.

Article 62-9

L'administrateur provisoire, ou le syndic si ce pouvoir lui est maintenu, adresse copie aux copropriétaires de la ou les décisions prises et joint, s'il y a lieu, l'appel de fonds correspondant.

Article 62-10

Lorsque l'administrateur provisoire du syndicat, pour les nécessités de l'accomplissement de sa mission, présente une demande en application de l'article 29-2 de la loi du 10 juillet 1965 modifiée, il saisit le président du tribunal de grande instance par la voie d'une assignation dirigée contre chacun des créanciers concernés.

Article 62-11

L'administrateur provisoire du syndicat rend compte par écrit de sa mission au président du tribunal de grande instance à la demande de celui-ci et en tout état de cause à la fin de sa mission.

Il dépose son rapport au secrétariat-greffe de la juridiction qui en adresse une copie au procureur de la République et au syndic de la copropriété concernée.

Dans l'hypothèse où il rédige un prérapport, dans les conditions prévues à l'article 62-13, celui-ci fait l'objet des mêmes formalités.

Article 62-12

Le syndic informe les copropriétaires par lettre recommandée avec demande d'avis de réception ou remise contre émargement, qu'ils peuvent prendre connaissance du rapport de l'administrateur provisoire à son bureau, ou en tout autre lieu fixé par l'assemblée générale, pendant les heures ouvrables, dans le mois qui suit. Une copie de tout ou partie du rapport peut être adressée par le syndic aux copropriétaires qui en feraient la demande, aux frais de ces derniers.

Article 62-13

Si un prérapport est déposé par l'administrateur provisoire avant la fin de

sa mission, le prérapport est porté à la connaissance des copropriétaires, à l'initiative de l'administrateur provisoire ou, le cas échéant, du syndic, dans les formes et conditions prévues à l'article 62-12.

Article 62-14

Si les conclusions du rapport ou du prérapport de l'administrateur provisoire préconisent que certaines questions soient soumises à l'assemblée générale, elles doivent être portées à l'ordre du jour de la prochaine assemblée générale ou d'une assemblée générale convoquée spécialement à cet effet.

SECTION VIII
DISPOSITIONS DIVERSES

Article 63

Toutes les notifications et mises en demeure prévues par la loi du 10 juillet 1965 et par le présent décret, à l'exception de la mise en demeure visée à l'article 19 de ladite loi, sont valablement faites par lettre recommandée avec demande d'avis de réception.

Toutefois, la notification des convocations prévues au présent décret ainsi que celle de l'avis mentionné à l'article 59 ci-dessus peuvent valablement résulter d'une remise contre récépissé ou émargement.

Article 64

En vue de l'application de l'article précédent, chaque copropriétaire ou titulaire d'un droit d'usufruit ou de nue propriété sur un lot ou une fraction de lot doit notifier au syndic son domicile réel ou élu soit en France métropolitaine si l'immeuble y est situé, soit dans le département ou le territoire d'outre-mer de la situation de l'immeuble.

Les notifications et mises en demeure prévues par l'article 63 du présent décret sont valablement faites au dernier domicile notifié au syndic.

Les notifications, mises en demeure ou significations intéressant le syndicat sont valablement faites au siège du syndicat ou au domicile du syndic.

Article 65

Le présent décret est applicable dans les territoires d'outre-mer, sous réserve des règles de procédure particulière à ces territoires.

Article 66

Le garde des Sceaux, ministre de la Justice, le ministre d'État chargé des Départements et Territoires d'outre-mer, le ministre de l'Équipement et le secrétaire d'État au Logement sont chargés, chacun en ce qui le concerne, de l'exécution du présent décret, qui sera publié au *Journal officiel* de la République française.

ANNEXE 6
TABLEAUX DES MAJORITÉS

DÉCISIONS À PRENDRE	CARACTÉRISTIQUES	MAJORITÉ EXIGÉE
ASCENSEUR Contrat d'entretien. Frais de vérification et en général les travaux au coût peu élevé.	Travaux d'entretien courant.	Majorité simple
Installation aux frais de tous.	Travaux d'amélioration.	Double majorité allégée
Installation aux frais de certains copropriétaires.	Autorisation donnée à certains copropriétaires de faire des travaux à leurs frais.	Majorité absolue
Mise en conformité avec les normes de sécurité.	Réalisation des travaux obligatoires.	Majorité absolue
Changement d'un ascenseur.	Travaux d'amélioration.	Double majorité allégée
ANTENNE COLLECTIVES OU CABLE	Travaux d'adaptation.	Majorité absolue
CAGE D'ESCALIER Peinture. Nettoyage du tapis.	Travaux d'entretien courant.	Majorité simple
CANALISATIONS Calorifugeage des canalisations.	Travaux d'économie d'énergie amortissables sur une période inférieure à 10 ans.	Majorité absolue
CHAUFFAGE Nettoyage des brûleurs. Graissage des robinets. Purge des radiateurs...	Travaux d'entretien courant.	Majorité simple
Pose de compteur de chaleur et d'eau chaude.	Réalisation des travaux obligatoires.	Majorité absolue
Création d'un chauffage collectif.	Travaux d'amélioration.	Double majorité allégée
Amélioration de l'équilibre des installations de chauffage. Achat et pose d'appareils permettant un réglage automatique et manuel de la température.	Travaux d'économie d'énergie amortissables sur une période inférieure à 10 ans.	Majorité absolue
Installation d'un chauffage électrique.	Travaux d'amélioration.	Double majorité allégée

DÉCISIONS À PRENDRE	CARACTÉRISTIQUES	*MAJORITÉ EXIGÉE*
Suppression du chauffage central	Travaux portant atteinte aux modalités de jouissance de l'immeuble.	*Unanimité*
COMPTES (approbation de).	Acte d'administration.	*Majorité simple*
CONSEIL SYNDICAL	Nomination ou révocation.	*Majorité absolue*
EAU. Pose d'un adoucisseur d'eau. Installation d'eau. COMPTEURS (pose de).	Travaux d'amélioration. Travaux facilitant l'amélioration de la répartition.	*Double majorité allégée* *Double majorité allégée*
ELECTRICITÉ Réfection à l'identique. Achat et pose de minuterie d'éclairage.	Travaux d'entretien. Travaux d'économie d'énergie amortissables sur une période inférieure à 10 ans.	*Majorité simple* *Majorité absolue*
Installation de l'électricité dans la cave.	Travaux d'amélioration.	*Double majorité allégée*
ETANCHÉITÉ Amélioration de l'étanchéité des portes et des fenêtres. Travaux d'étanchéité. Façades repeintes.	Travaux d'économie d'énergie. Travaux de remise en état. Travaux d'entretien.	*Majorité absolue* *Majorité simple* *Majorité simple*
Gardien. Concierge.	Suppression pure et simple du poste. Suppression du poste et remplacement par un autre service collectif.	*Unanimité* *Double majorité renforcée*
GAZ. Installation du gaz.	Travaux dans les parties communes facilitant l'amélioration des logements.	*Majorité absolue*
HALL D'ENTRÉE Peinture. Pose de paillassons. Pose d'un tableau d'affichage.	Travaux d'entretien courant.	*Majorité simple*

DÉCISIONS À PRENDRE	CARACTÉRISTIQUES	MAJORITÉ EXIGÉE
INTERPHONE Pose d'un interphone ou de tout dispositif d'ouverture.	Travaux d'améliorations communes.	*Double majorité*
ISOLATION THERMIQUE Amélioration de l'isolation des toitures, terrasses, des planchers.	Travaux d'économie d'énergie amortissables sur une période inférieure à 10 ans. Travaux d'économie d'énergie amortissables sur une période supérieure à 10 ans.	*Majorité absolue* *Double majorité allégée*
LOGE	Vente de la loge.	*Double majorité*
PARKING Edification de cloisons clôturant un parking. Transformer une place en un box.	Autorisation donnée à certains copropriétaires de faire des travaux à leur frais.	*Majorité absolue* *Majorité absolue*
Tranformer une cour commune en parking.	Travaux changeant la destination des lieux.	*Unanimité*
PORTE Ouverture d'une porte dans un mur commun.	Autorisation donnée à certains copropriétaires de faire des travaux à leurs frais.	*Majorité absolue*
PLAQUES Pose de plaques ou enseignes publicitaires.	Autorisation donnée à certains copropriétaires de faire des travaux à leurs frais.	*Majorité absolue*
RAVALEMENT A l'initiative des copropriétaires car l'immeuble est en mauvais état. A l'initiative des copropriétaires mais l'immeuble est en bon état.	Travaux d'entretien. Travaux d'amélioration. A noter : en cas d'injonction administrative.	*Majorité simple* *Double majorité allégée* *Majorité absolue*

DÉCISIONS À PRENDRE	CARACTÉRISTIQUES	MAJORITÉ EXIGÉE
SONNETTES Installation de sonnettes, de boîtes aux lettres.	Travaux d'améliorations.	*Double majorité*
Suppression de sonnettes, de boîtes aux lettres.	Travaux modifiant les conditions de jouissance des parties privatives des copropriétaires.	*Unanimité*
SYNDIC - élection, révocation. - fixation des honoraires.		*Majorité absolue* *Majorité simple*
TOITURE (Réfection d'une partie de la toiture).	Travaux exceptionnels de réfection conservation.	*Majorité simple*
TRAVAUX Dans les parties privatives affectant les parties communes : création d'une salle de bains, wc (raccordement aux canalisations), par exemple.	Travaux effectués sur les parties privatives et affectant les parties communes.	*Majorité absolue*
VIDE-ORDURES Installation d'un vide-ordures Éclairage du local du vide-ordures.	Travaux d'amélioration. Travaux d'entretien courant.	*Double majorité allégée* *Majorité simple*
VOIES D'ACCES Rampes et élargissement des voies d'accès.	Travaux d'accessibilité de l'immeuble aux handicapés moteurs.	*Majorité absolue*

ANNEXE 7

POUR ALLER PLUS LOIN AVEC L'ARC LISTE DES OUVRAGES DISPONIBLES REALISÉS PAR L'ARC

L'A.R.C. a déjà réalisé cinq guides pratiques dont nous donnons ci-dessous la description :

1. Les travaux en copropriété (1991)
Un guide complet qui, en vingt chapitres et quatre annexes, donne les informations juridiques, méthodologiques, techniques, pratiques, nécessaires à la maîtrise d'une opération de travaux (264 pages). Il s'agit d'un guide-classeur grand format.

2. Gérer soi-même sa copropriété (3ème édition 1994)
Le guide présente l'ensemble des documents et informations nécessaires aux syndics non professionnels. Il s'agit aussi d'un guide-classeur grand format.

3. Faites baisser vos charges (1992)
Avec ce guide vous saurez tout sur les secrets du contrôle des charges, des comptes et de la comptabilité du syndic. Vous pourrez ainsi engager facilement un programme d'économie. (240 pages)

4. Mettre en place la comptabilité de sa copropriété (1993)
Ce guide permet, même à un débutant ignorant la comptabilité, de mettre en place, sans difficulté, une comptabilité manuelle de sa copropriété.

5. Le traitement des impayés en copropriété (1993)
En 50 chapitres ce guide permet d'avoir une approche pratique et efficace des problèmes d'impayés de charges de copropriété et de recouvrement. Cette approche liée à l'expérience de l'ARC permet aussi de résoudre des cas difficiles ne pouvant être résolus par des procédures classiques.

Enfin, l'A.R.C. a également réalisé un guide **gratuit** de 80 pages concernant les produits et équipements nécessaires en copropriété :
- étude des matériels,
- critères de choix,
- coût.

Ce guide peut être envoyé sur simple demande moyennant 15 frs en timbres pour les frais de port.

Catalogue des guides pratiques réalisés par l'Association des Responsables de Copropriété

COMMENT GÉRER SA COPROPRIÉTÉ

Ce guide présente l'ensemble des documents et informations néces-saires aux syndics non profes-sionnels. Il s'agit d'un guide grand format (21 x 29,7).

(dernière édition mise à jour : 1993)
Prix public : 120,00 F

COMMENT METTRE EN PLACE LA COMPTABILITÉ DE SA COPROPRIÉTÉ

Petit guide très simple et très clair permettant à des copropriétaires-syndics de mettre en place la comp-tabilité de leur copropriété, et aux autres copropriétaires de mieux comprendre les comptes de leur syndic.

(dernière mise à jour : 1993)
Prix public : 30,00 F

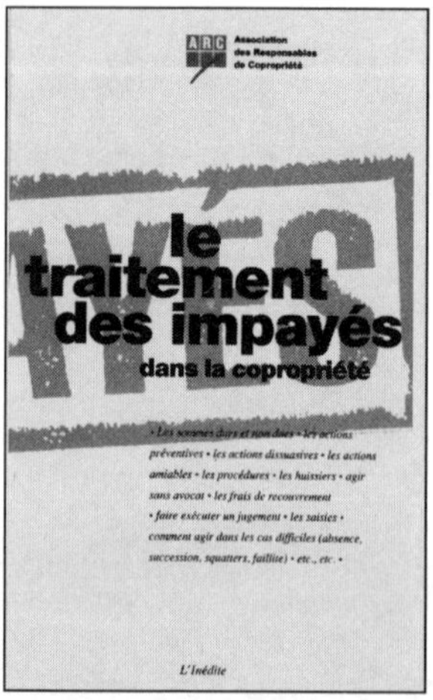

LE TRAITEMENT DES IMPAYÉS EN COPROPRIÉTÉ

En 50 chapitres ce guide permet d'avoir une approche pratique et efficace des problèmes d'impayés de charges de copropriété et de recouvrement. Cette approche très pratique liée à l'expérience de l'ARC permet aussi de résoudre des cas difficiles ne pouvant être résolus par des procédures classiques.

(dernière édition mise à jour : 1993)
Prix public : 70, 00 F

GUIDE DES TRAVAUX EN COPROPRIÉTÉ

Un guide complet qui, en vingt chapitres et quatre annexes, donne les informations pratiques, méthodologiques, techniques, juridiques nécessaires au contrôle des travaux en copropriété. Il s'agit d'un classeur grand format.

(dernière édition mise à jour : 1990)
Prix public : 140,00 F

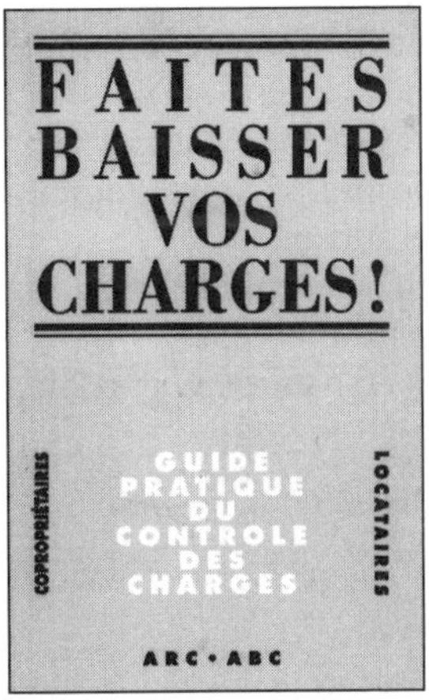

FAITES BAISSER VOS CHARGES

Ce guide donne toutes les clefs des contrôles des comptes et les économies possibles en matière de charges d'immeuble : concerne les copropriétaires et les locataires.

(dernière édition mise à jour : 1992)
Prix public : 60,00 F

COPROPRIÉTÉ LE MANUEL DU CONSEIL SYNDICAL

Toutes les informations juridiques, pratiques, techniques, comptables, financières permettant au conseil syndical d'exercer sa mission. Le guide traite aussi du contrôle du personnel d'immeuble, du contrôle des contrats (chauffage, ascenseur, syndics, compteurs d'eau, etc.), du contrôle et suivi des impayés. Enfin, il aborde **tous** les problèmes «psychologiques» qui concernent le fonctionnement d'un conseil syndical comme «petit groupe».

(Parution avril 1995 - 1ère édition) - Prix public : 78,00 F

Les ouvrages de l'ARC sont disponibles : soit en librairie, soit directement au siège social de l'ARC (27, rue Joseph-Python, 75020 Paris - Métro Porte de Bagnolet). Les ouvrages peuvent également vous être adressés par voie postale après règlement (l'ARC ne pratiquant plus le contre-remboursement

INDEX

A

B

C

D

E

F

G

H

Dépôt légal : 2e trimestre 1995

Photocomposition : Germinal
10, impasse Mousset - 75012 Paris

Imprimé sur les presses de Primavéra-Quotidienne
70, rue des Maraîchers - 75020 Paris